Uwe Rada DIE ODER Lebenslauf eines Flusses

Blick von den Saatener Bergen auf den Nationalpark Unteres Odertal und die Kirche von Zatoń Dolna/Niedersaaten

DIE ODER

UWE RADA

Lebenslauf eines Flusses

Gustav Kiepenheuer Verlag

Morgenstimmung im Zwischenoderland im Nationalpark Unteres Odertal

Inhalt

Die Wiederentdeckung der Oder 7

Über die Ufer.
Ist die Oderflut von 1997 vergessen? 25

Grenzlandliteratur.
Gibt es eine Poetik der Oder? 41

Mitteleuropa im Mittelalter.
Die Oder zwischen den Mächten 73

Modernisierung und Militarisierung.
Die Oder unter Friedrich dem Großen 95

Der nationale Fluß.
Die Ideologien der Oder 115

Zeit der Begegnungen.
Brücken über die Oder-Neiße-Grenze 139

Die Oder in Europa.
Das Beispiel Glogau 155

Von Tiefen und Untiefen.
Die Schiffahrt auf der Oder 175

Fluß(t)räume.
Welche Oder wollen wir? 193

Eine Flußreise durch Europa 7

ANHANG

Zeittafel 215
Verwendete Literatur 218
Bildnachweis 222
Karte des Odereinzugsgebietes 223
Widmung und Dank 224

Der Breslauer Marktplatz zur Zeit des polnischen EU-Referendums im Juni 2003. Am Rathaus steht: »Breslau sagt ja«.

Die Wiederentdeckung der Oder

Es gibt Flüsse, die kennt man, bevor man zum ersten Mal an ihre Ufer tritt. Der Rhein zum Beispiel, jener Grenzfluß, der einst die Römer von den Germanen, später dann die rechtsrheinischen Kleinstaaten von den Truppen Napoleons trennte, hat sich früh ins kollektive Gedächtnis der Deutschen geschrieben. Als »Vater Rhein« steht er zunächst für göttliche Erhabenheit und mit Rheinwein begossene Sinnesfreude. Mit dem beginnenden 19. Jahrhundert wird er, national aufgeladen mit der »Wacht am Rhein«, zum Symbol für den deutschen Kampf gegen den »Erbfeind Frankreich«. Als weibliches Pendant des »Vater Rhein« gilt die Loreley, diese – je nach Sichtweise – zauberhafte Elfe oder männermordende Sirene auf dem 112 Meter hohen Felsen bei Sankt Goarshausen. Ihr haben Clemens von Brentano, Heinrich Heine und Friedrich Silcher zu literarischem und musikalischem Ruhm verholfen.

Die Donau verlieh einst einer ganzen Monarchie ihren Namen und trug, wie Claudio Magris in seiner Geistesgeschichte dieses europäischen Flusses gezeigt hat, die vielstimmige

Eine Flußreise durch Europa

Olmütz und die Oderquelle

Mit etwas mehr als 100 000 Einwohnern ist Olomouc/Olmütz nicht die größte Stadt in Böhmen und Mähren, wohl aber eine der schönsten. Das wußte bereits die österreichische Kaiserin Maria Theresia, die das mährische und damit zu Habsburg gehörende Olmütz kurzerhand zu ihrer Lieblingsstadt erkor. Dabei wird aber nicht nur die Freude an der barocken Pracht am Ober- und Unterring im Spiel gewesen sein, dessen Baumeister die Kunst vollbracht haben, alle Geometrie vom Stadtbild fernzuhalten und Plätze, Straßen und Brunnen mit den sanften Hügeln am Ufer der March/Moravia in Einklang zu bringen. Seit Maria Theresias Kontrahent, der preußische König Friedrich II., seine Herrschaft 1740 mit der Eroberung des zu Österreich gehörenden Schlesien begonnen hatte, wurde Olmütz auch zur umkämpften Stadt. Maria Theresia selbst ließ es sich nicht nehmen, ihre Lieblingsstadt zu einer Festung auszubauen, wie sie Europa bis dahin noch nicht gesehen hatte. Nach den Plänen des Generals Petr Filip Bechade de Rochepine wurden zwischen 1747 und 1753 nicht nur moderne Befestigungsanlagen rund um den alten Bischofssitz errichtet. Verteidigungszwecken diente auch eine über einen Kilometer breite Freifläche rund um die Stadt. Sie konnte im Ernstfall binnen Minuten geflutet werden.

Maria Theresias Bemühungen hatten Erfolg. Nachdem Olmütz im ersten Schlesischen Krieg vier Monate lang unter preußischer Besatzung gelitten hatte, widerstand die Festung im dritten Schlesischen Krieg, den man auch den Siebenjährigen nennt, der Belagerung durch Friedrich. Olmütz, so verfügte es Maria Theresia, durfte fortan den Titel einer königlichen Hauptstadt tragen. Und die Grenze zwischen dem Königreich Preußen und der Habsburger Monarchie blieb dort, wo auch heute noch die Grenze zwischen Polen und der Tschechischen Republik verläuft – am Oberlauf der

Melodie (und die kaiserlich-königlichen Anordnungen) der österreich-ungarischen Doppelmonarchie von Wien und Budapest bis fast ans Schwarze Meer. Anders als der Rhein symbolisiert die Donau weniger eine Grenze zwischen »Zivilisation« und »Barbarei«. Vielmehr steht sie bei Magris für das friedliche, wenn auch nicht konfliktfreie Zusammenleben im ehemaligen Vielvölkerreich Österreich-Ungarn.

Die Weichsel wiederum ist jedem Schulkind in Polen als der »polnischste aller polnischen Flüsse« bekannt. Schon im 16. Jahrhundert wurden ihr Hymnen wie diese gewidmet: »Fließe, meine liebe Weichsel, bis zum Seehafen und helfe, so gut du kannst, dem Königreich Polen.« Als dieses Königreich 1772 erstmals zwischen Preußen, Rußland und der Habsburger Monarchie aufgeteilt wurde, wurde die Weichsel zum Symbol des nationalen Überlebenswillens und hat sogar Einzug gehalten in die polnische Nationalhymne.

Auch die Moldau ist ein nationaler Mythos. Als blaues Band ist sie die Schlagader Böhmens, ein Fluß, der als »kalte« und »warme« Moldau im Böhmerwald entspringt und in seinem Lauf Städte und Erinnerungsorte wie an einer Perlenkette aneinanderreiht: Český Krumlov/Krummau, České Budějovice/Budweis, Praha/Prag. Bedřich Smetana hat der Moldau in seiner Symphonie »Má Vlast« – »Mein Vaterland« ein musikalisches Denkmal gesetzt, das ebenfalls nicht frei ist von den nationalen Tönen des 19. Jahrhunderts. Zugleich ist der Patriotismus von Smetana auch ein Verweis auf die schwierige Nationalitätenpolitik und die Brüchigkeit im Selbstbild der Donaumonarchie, der Böhmen bis zum Ende des Ersten Weltkriegs angehört hatte.

In diesen Flußbildern spiegeln sich die vielstimmigen und oft widersprüchlichen Selbstverständigungen jener, denen der Fluß Lebensader ist oder auch nur Sehnsuchtsort. Sie sind Ausdruck kollektiver Erzählungen einzelner Nationen wie an der Weichsel, nationaler und kultureller Grenzerfahrungen wie am Rhein oder vielsprachigen Alltags wie an der

Mythos Rhein. Der »Loreley«-Felsen bei St. Goarshausen am Rhein. Gouache und Pastell von Johann Ludwig Bleuler, um 1840

Der Marktplatz im mährischen Olomouc/Olmütz mit der Dreifaltigkeitssäule aus dem Jahr 1754

Der Odergott Viadrus auf einer Medaille anläßlich des Todes von Prinz Leopold 1785

Oder zwischen dem polnischen Chałupki und dem tschechischen Bohumín.

Die Reste der Olmützer Festungsanlagen stehen noch heute. In der Nähe der *Tereská brána*, des alten Theresientors, wartet Miroslav in seinem Taxi auf Kundschaft. Ich habe mir vorgenommen, zur Quelle der Oder zu fahren, die keine 20 Kilometer von Olmütz entfernt im Odergebirge liegt. Doch Miroslav schüttelt den Kopf. Oderquelle? Wo, um Himmels willen, soll die sein? In der Nähe von Kozlov, erkläre ich und breite meine Karte der *Oderské vrchy*, des Odergebirges, vor ihm aus. Daß es nicht einfach sein würde, zur Quelle zu kommen, habe ich schon bei meinen Erkundungen in Olmütz geahnt. Im kollektiven Gedächtnis der Stadt

Donau, deren geographischer Bezugsraum das einst vergessene und nun wiederentdeckte Mitteleuropa ist.

Vergleichbares läßt sich von der Oder nicht sagen. Kein Mythos wie der des »Vater Rhein« ist ihr zu eigen, kein Komponist vom Range eines Bedřich Smetana hat ihr eine Symphonie gewidmet, keine Untiefe hat es an der an Untiefen beileibe nicht armen Oder zu literarischem Ruhm gebracht wie jene unterm Felsen der Loreley. Nicht einmal eine Eisenbahn fährt an ihren Ufern wie an Rhein, Elbe und Moldau und gibt dem Reisenden Gelegenheit, durchs Fenster hindurch von diesem Fluß zu träumen. Selbst der Flußgott der Oder, der »Viadrus«, der vom barocken Hafentor in Stettin und von der Aula Leopoldina in Breslau auf die Touristen herabschaut, ist nur einigen Hobbyhistorikern bekannt.

Wenn der Oder ein Odium anhaftete, war es das von Mühe und Schweiß. Das haben auch die wenigen Dichter erkannt, die der Oder einige Zeilen gewidmet haben. In seinem 1912 erschienenen »Märchen von den deutschen Flüssen« verlieh der deutsche Volksdichter Paul Keller denselben Menschengestalt. Während ihm die Elbe dabei zur schönen Gräfin wird, bleibt der Oder nur das Schicksal eines Bauernweibes:

»Die Oder ist ein edles Bauernweib. Mit stillen, sicheren Schritten geht sie durch ihre Lande. Kalk- und Kohlestaub liegen manchmal auf ihrem Kleid, zu ihrem einförmigen Lied klopft der Holzschläger den Takt. Sie hat immer Arbeit, schleppt ihren Kindern Kohle und Holz, Getreide und hundertfachen Lebensbedarf ins Haus. Zu Grünberg nippt sie ein gutes, bescheidenes Hausträniklein. Die bei ihr wohnen, sind geborgen und glücklich, und wenn sie ans Meer kommt, breitet sie angesichts der Ewigkeit weit und fromm ihre Arme aus.«

Zeichnet Keller die Oder immerhin als durchgehende Flußlandschaft von der Quelle bis zur Mündung, bereist Theodor Fontane in seinen »Wanderungen durch die Mark

Auf dem Weg zur Oderquelle bei Olomouc/Olmütz

Die Oderquelle in den Oderbergen liegt auf 633 Meter über Normalnull.

haben zwar Maria Theresia, die Römer, die die Stadt gegründet haben sollen, und General Lafayette, der hier eingekerkert saß, ihren Platz, nicht aber jener Fluß, um den die österreichische Kaiserin mit ihrem gleichaltrigen preußischen Gegenspieler 23 Jahre lang Krieg geführt hatte.

Miroslav ruft beim Taxifunk an, offenbar will er sich rückversichern. Nachdem er sein Funkgerät wieder eingehängt hat, nickt er. 1 000 Kronen will er haben, das sind 30 Euro, wir sind im Geschäft. Miroslav wird mich hoch nach Kozlov auf den *Fidlův kopec*, den Fiedlhübl, fahren, an dessen Osthang die Oder auf 633 Meter über Null entspringt. Dann wird er eine knappe Stunde warten, bevor es wieder zurück nach Olmütz ans Theresientor geht.

Das Odergebirge – oder sollte man weniger hochstapelnd die Oderberge sagen? – sieht man schon hinter Olmütz. Die Sonne scheint, es liegt Schnee auf den Gipfeln. Eine halbe Stunde, und wir haben das Bergdörfchen Kozlov erreicht. Ein Schild mit der Aufschrift *Pramen Odry*, Oderquelle, weist den Weg. Doch nach wenigen Metern ist Schluß – militärisches Sperrgebiet. Durchfahrt nur am Wochenende gestattet. So steht es, keinen Widerspruch duldend, auf einer Tafel. Bis zur Wende war noch der gesamte *Fidlův kopec* gesperrt, jetzt hat man wenigstens den Weg zur Oderquelle freigegeben. Ich steige aus, drücke Miroslav die ersten

Brandenburg« das »Oderland« lediglich von Frankfurt bis Schwedt. Günter Eich wiederum konzentriert sich in seinem Gedicht »Oder, mein Fluß« auf den Ort seiner Kindheit: »Glockengeläut aus Frankfurt und die Sagen der Reitweiner Berge, die Fähre in Lebus und das Haus rechts an der Oder, wo ich geboren bin.« Gustav Freytags Oder, das ist die enge (und nicht selten antisemitische) Welt der Breslauer Bürger. In den Bildern und Selbstbildern ihrer Dichter und Denker kommt die Oder zumeist als Ausschnitt, als Fragment vor.

Manchmal, wie bei Joseph von Eichendorff, verschwindet sie sogar ganz aus dem Blickfeld. Am 14. November 1809 notierte der in Schloß Lubowitz bei Ratibor geborene Romantiker, der wegen Geldmangels auf einem Oderkahn in Richtung Berlin reisen wollte:

»Es war ein heller Tag und Schiff und Gegend des Morgens mit Reif geschmückt. Wir waren noch nicht weit gefahren, als unser erstes Schiff auf eine Sandbank lief. Wir warfen daher alle in der Mitte des Stromes die Anker aus, aber erst gegen Mittag gelang der vereinten Kraft der Knechte aller Schiffe jenes Schiff wieder flott zu machen, während welch langweiliger Pause ich wieder Tagebuch schrieb.«

Einen Tag später folgte bereits das nächste Unglück: »Gleich beim Umwenden auf die Crossener Brücke zu (…) segelte das Schiff des Herrn Beyers einen am Ufer stehenden beladenen Kahn samt einem darauf sitzenden Weibe in Grund und Boden, und stürzte mit der Spitze noch zur Zugabe einen Gartenzaun mit fürchterlichem Geprassel um, welches alles uns nachher solche Grobheit und langwierige Händel zuzog, daß wir, zu unserem größten Ärger, heute hier übernachten mußten. Wir beide latschten daher vor Abend noch im größten Regen und Kot durch alle Gassen Crossens, das größer und besser als Ratibor ist.«

Als es am Morgen des 18. November auch noch geschneit

hatte, entschloß sich der 21jährige, seine Reise nach Berlin zu Fuß oder mit der Kutsche anzutreten. Die Oder spielte in seinem Werk fortan keine große Rolle mehr.

Gibt es also überhaupt »die Oder«? Oder ist das die bloße Konstruktion eines Flusses, dessen Landschaft eher die Summe seiner Fragmente ist denn ein zusammenhängender Kulturraum? Reden wir heute, wenn wir »an die Oder« fahren, über den Fluß, der in 633 Meter Höhe im mährischen Odergebirge bei Kozlava entspringt, 59 Kilometer durch die tschechische Republik mäandert, 580 Kilometer lang ein polnischer Fluß ist, auf 162 Kilometern die deutsch-polnische Grenze markiert, bevor er, wiederum als polnischer Fluß, ins Stettiner Haff mündet und von dort als Peenestrom, Swine/Świna und Dievenow/Dziwna in die Ostsee? Meinen wir jenen Fluß, der mit seinen 860 Kilometern der Länge nach die Nummer drei in Deutschland und die Nummer 13 in Europa ist und der von den Hydrologen wegen seines mächtigen Einzugsgebiets von 118 611 Quadratkilometern in den Rang eines Stroms gehoben wird?

Oder meinen wir wie Fontane, wenn wir die Oder vor Augen haben, nur einen Ausschnitt: die einzigartige Auenlandschaft im Unteren Odertal; die von Berlin schnell erreichbare Oder, die unter der Stadtbrücke zwischen Frankfurt (Oder) und Słubice hindurchfließt; die Oder, auf deren Buhnen die Angler sitzen; die Oder, in der es gefährlich ist zu schwimmen; die liebliche Oder mit ihrer Insellandschaft mitten in Breslau?

Was wissen wir von den Mäandern an ihrem Oberlauf, die sieben Kilometer lang die tschechisch-polnische Grenze bilden und, wenn der Fluß einmal wieder eigenmächtig seinen Lauf geändert hat, ganze Heerscharen von Vermessern, Kartographen und Diplomaten auf Trab bringen? Was von den Schlössern und Burgen, die an ihren Ufern gebaut wurden und heute, Ruinen nur noch, von untergegangenen Kulturen

Was meinen wir, wenn wir von der Oder sprechen? Brücke über die Oder in Wrocław/Breslau

500 Kronen in die Hand und mache mich auf den Weg.

Nach 20 Minuten bin ich angekommen. An einer kleinen Lichtung liegt die Quelle der Oder, jenes Stromes, der mit seinen 860 Kilometern Länge als Nummer 13 in Europa zählt – wenn man die Ströme im sibirischen Teil Rußlands nicht mitrechnet. Um die Quelle herum wurden schon 1850 eine kleine Holzhütte und ein Brunnen gebaut. Die Initiative ging von einem Frankfurter Kaufmann und seinem Breslauer Partner aus, weiß der Berliner Oderkenner Karl Spiegelberg: »Beide waren durch den Fernhandel entlang der Oder zu Reichtum gelangt. Mit der Markierung der Quelle setzten die Geschäftsfreunde der Nachwelt ein Denkmal.«

Heute hängt in der Holzhütte eine Wanderkarte der *Oderské vrchy*. Neben der Hütte Pfützen im Schnee, Wasser und, kaum erkennbar, das Oderrinnsal. Von Plätschern keine Rede. Die Oder, noch ein Neugeborenes, ganz still. Auf leisen Sohlen mache ich mich wieder auf den Rückweg. Miroslav wartet schon, ich spüre seine Ungeduld, er will zurück nach Olomouc.

Der wilde Fluß

Die Oder, schreibt Günter Eich, ist der »Fluß, der von weither kommt«. Weither, das war in der jungen Bundesrepublik, in der das Gedicht des

erzählen? Was von der betörenden Schönheit ihrer Flußlandschaft, nicht nur im Nationalpark Unteres Odertal, sondern auch im Mittleren Odertal zwischen Głogów und Brzeg Dolny? Können wir uns noch vorstellen, wie an den sonnigen Oderhügeln von Crossen und Tschicherzig Wein angebaut wurde? Und wenn ja, was wäre uns die Oder dann? Ein neuer Bezugspunkt unseres Denkens, eine Kulturlandschaft mitten in Europa, eine der Vergessenheit entrissene Region im »Europa der Regionen«? Oder einmal mehr eine geographische Chiffre für eine europäische Peripherie, über deren Brücken und Untiefen die Zukunft hinweggeht: nach Berlin, Warschau, Prag?

Fragen wie diese hat man sich auch an anderen Flüssen gestellt. »Der einheitliche große Rhein«, schrieb Lucien Febvre, einer seiner Biographen, bereits 1931, »ist eine moderne Erfindung des Menschen: von Politikern, Ökonomen, Industriellen und Händlern.« Bis zum 19. Jahrhundert habe es »mehrere Rheine« gegeben, die zu unterschiedlichen Zeiten mehr oder weniger erfolgreich gewesen seien. »Um die Rolle des großen Stromes bei der Herausbildung und den Fortschritten Europas zu verstehen«, folgerte Febvre, »muß man also die Vorstellung von einem einheitlichen Flußband zwischen Basel und Rotterdam aufgeben und sie durch die Vorstellung eines Gitters mit gekreuzten, aber hinsichtlich Kraft und Abständen ungleichen Stäben ersetzen.«

Gleichwohl, sagte Febvre, ist die Vorstellung des einen großen Flusses nicht nur retrospektive Konstruktion oder pathosgeladene Projektion. Jenseits der Fragmentierung in die »mehreren Rheine« habe es immer auch einen »Geist des Rheines« gegeben, den Rhein als Fluß, »der sich als einziger auf den Flügeln des Windes, der Leben spendet und Kulturen verbindet, im gesamten Rheintal von den Alpen bis zum Meer frei bewegen kann – ohne Rücksicht auf Hindernisse, Grenzen, Burgen, Landesfürsten«.

Was aber ist der »Geist der Oder«? Welche Erzählungen spinnen sich um einen Fluß, der schon bei der »freien Bewegung« Probleme aufwirft? Acht Monate im Jahr ist die Oder schiffbar, wenn man Glück hat. Doch im Sommer geht oft gar nichts mehr, dann ist die Oder an manchen Stellen nicht einmal einen Meter tief. Die wenigen Reeder, die ihr die Treue gehalten haben, beschränken sich deshalb auf die Verbindungen Berlin – Stettin und Breslau – Oberschlesien.

Im Hafen bleiben müssen die Kähne aber auch bei Hochwasser. Zweimal im Jahr, im Frühjahr, wenn die Schneeschmelze in den Bergen begonnen hat, und im Sommer, wenn der Regen kommt, steigt der Pegel. Nicht mehr die Kapitäne und Reeder beschäftigen sich dann mit der Oder, sondern die Deichwächter. Und dann ist da noch das Eis. Die Zahl der Tage mit Eisstand, an denen das Treibeis zum Stehen kommt, beträgt in Racibórz/Ratibor 25, in Schwedt sogar 40. Am Rhein dagegen ist Eisstand unbekannt. So kommt es, daß die Oder der Schiffahrt immer ein Hindernis war, dem sie kreuzenden Verkehr dagegen nicht. Das Gitter, das man nach der Ansicht Febvres über die Flüsse legen soll, um eine Vorstellung der Kräfte zu bekommen, die an ihnen wirken, hat an der Oder, diesem Fluß, der soviel Mühe macht, besonders dicke Stäbe.

Das gilt auch für die politische und wirtschaftliche Geschichte des Oderraumes. Lange bevor die Oder 1945 zum Grenzfluß zwischen Deutschen und Polen wurde und damit zu einem »europäischen Schicksalsfluß«, wie es der Osteuropahistoriker Karl Schlögel formuliert, war sie bereits ein in vielerlei Hinsicht geteilter Fluß. Zwischen Odergebirge und Ostsee siedelten bis zum 10. Jahrhundert die slawischen Stämme der Slensanen, Polanen, Pomoranen und Lausitzer. Namentlich an den Oderufern errichteten sie burgstädtische Siedlungen und bildeten damit die Grenze zum karolingischen Reich und später zum Reich der Ottonen. Mit der Krönung des Piastenfürsten Bolesław Chrobry zum ersten

1907 in Lebus an der Oder geborenen Dichters entstand, eine Metapher für die schier unüberwindlichen Grenzen der Nachkriegszeit. Das galt auch und gerade für einen Fluß, der seit 1945 in der Tschechoslowakei entsprang, nach 135 Kilometern die Grenze zur Volksrepublik Polen erreichte und nach weiteren 580 Kilometern 162 Kilometer lang die Grenze zwischen Volkspolen und der DDR markierte. Oder, das war kein mährischer, schlesischer, preußischer und pommerscher Fluß mehr. Oder, das war ein Synonym für Oder-Neiße-Grenze, die Teilung Europas in der Nachkriegszeit.

Dabei ist die Geschichte der Oder länger als die Zeit, in der sie Europa trennte. Erstmals erwähnt wurde sie bereits in der Spätantike. Der griechische Geograph Ptolemäus hatte ihr in seinem achtbändigen Werk *Geographike hyphegesis* im 2. Jahrhundert nach Christus den lateinischen Namen *Viadrus* gegeben. Das heißt soviel wie »der Strom, der sich durchschlängelt«. Aber auch »Odra«, wie die Oder auf polnisch und tschechisch heißt, trägt dieses »muddling through« in sich. Odra stammt im polnischen von drzeć, przezierać, was soviel heißt wie reißen, durchdringen, vordrängen, der Durchbruch des Stromes zum Meer. Tatsächlich gibt es in den weiten Odertälern, die der Strom ab Breslau in die Landschaft geschnitten hat, kaum eine Stelle, die nicht von sich behaupten könnte, ein-

*Was ist der Geist der Oder?
Überschwemmung beim Hochwasser 1997*

mal der Oderlauf gewesen zu sein. Die Oder ist ein Fluß, der sich schon immer herausgenommen hat, selbst zu bestimmen, wo er fließt, zumindest vor dem 18. Jahrhundert, bevor ihn Friedrich II. begradigen und mittels des Durchstiches von 20 Flußschleifen um 190 Kilometer verkürzen ließ.

Daß die Oder vom Natur- zum Kulturstrom geformt werden mußte, hängt mit ihrer morphologischen Gestalt zusammen. Berge oder gar Gebirge findet man am Oderlauf nur an der Quelle. Dort ist auch das Gefälle am höchsten. Doch schon im polnischen Racibórz/Ratibor angekommen, hat die Oder 451 Meter an Höhe verloren. Auf dem 200 Kilometer langen Abschnitt von Ratibor bis Breslau überwindet sie nur noch 60 Meter Höhenunterschied. Die mittlere

polnischen König und der Errichtung des Erzbistums Gniezno/Gnesen wurde diese Grenze gewissermaßen zur »Staatsgrenze« des piastischen Königsreichs zum Heiligen Römischen Reich Deutscher Nation.

Zu Beginn der europäischen Ostsiedlung, als deutschrechtliche Städte zwischen dem 12. und 14. Jahrhundert gegründet wurden, verschob sich diese Grenze nach Osten. Gleichzeitig differenzierte sich der Oderraum politisch aus. Mit den schlesischen Piasten entstand eine eigenständige Herrscherlinie, die sich mehr und mehr von der polnischen Krone unabhängig machte. Der böhmische Einfluß in Schlesien wurde größer, bis schließlich der polnische König Kasimir III. 1335 ganz auf Schlesien verzichtete, das fortan böhmisch wurde. Knapp zweihundert Jahre später fiel das überwiegend protestantische Schlesien 1526 ans katholische Habsburg. So hatte jeder seine eigene Oder: das Herzogtum Mähren am Oberlauf, die schlesischen Fürstentümer zwischen Ratibor und Grünberg, die Brandenburger und die Pommern. Erst mit der Eroberung Schlesiens durch Friedrich II. fiel der größte Teil des Oderraums in eine einzige, nunmehr preußische Hand.

Diese politische Fragmentierung der Oder, meint Karl Schlögel, sei neben den Hindernissen, die sie der Schiffahrt aufgab, der Grund dafür, daß sie »zu keiner Zeit eine staatsbildende oder kulturraumbildende Achse« gebildet habe. Statt dessen hätten sich in ihrem Bassin die Peripherien übernationaler dynastischer Zusammenhänge getroffen. »Die Oderregion«, sagt Schlögel, »orientiert sich geistig, kulturell, politisch an Zentren außerhalb der Region: Prag, Wien, Stockholm, Berlin.« Eine Ausnahme bilde lediglich Breslau, »das wohl kompakteste an Kulturzusammenhang, was sich entlang der Oder herausgebildet hat«.

An der Fragmentierung des Oderraums konnte auch die Schiffahrt nichts ändern, die auf der Oder seit dem Codex

Diplomaticus Silesiae von 1211 nachgewiesen ist. In jenem Jahr hatte der schlesische Herzog Heinrich I. dem Kloster in Leubus das Privileg zugestanden, zweimal im Jahr Boisalz aus Guben an der Neiße auf dem Wasserwege herbeizuschaffen. Dieses Unterfangen erwies sich freilich als äußerst mühselig, wie es in zeitgenössischen Berichten heißt. Den Booten der Mönche mußten nämlich Knechte vorausreiten, die die Aufgabe hatten, das günstigste Fahrwasser des Flusses zu suchen und dasselbe mit Zweigen abzustecken.

Doch nicht nur der Flußlauf gab den mittelalterlichen Oderschiffern reichlich Mühe auf, sondern auch seine Nutzung als Energiequelle. »Um Mühlen zu bauen«, schreibt Kurt Hermann in seiner Geschichte der Oder, »wurde die Oder mit Wehren verbaut und den Schiffen darin nur eine arge Schwierigkeiten bietende Durchfahrt gelassen.«

Zahlreiche Versuche einer »Oderräumung«, wie sie schon Kaiser Karl IV. gefordert hatte, waren an den Privilegien der Mühlenbesitzer gescheitert. Das letzte Mühlenwehr in Beuthen an der Oder wurde erst 1856 beseitigt.

Ein weiteres Hindernis für die Schiffahrt und mit ihr die Herausbildung eines zusammenhängenden Flußraumes waren die Niederlagsrechte, die Frankfurt (Oder) 1250, Breslau 1274 und Stettin 1308 zugestanden wurden. Wer auf der Oder Waren transportierte, mußte in diesen Städten die »Odersperre« passieren und sich verpflichten, seine Waren drei Tage lang auf dem Markt feilzubieten. Auf diese Weise brachten es sogar kleine Orte wie Oderberg zu einigem Reichtum.

Ist der »Geist der Oder« also der einer fortgesetzten Zerrissenheit? Ihr Lied eine unvollendete Komposition ohne innere Harmonie und ohne ein Publikum, das ihr – zumindest verhalten – applaudiert hätte? War die Geschichte der Oder im 18. Jahrhundert bereits zu Ende, bevor sie überhaupt begonnen hatte?

Die Oder als Schiffahrtsstraße: ein Breslauer Kahn in Stettin

Abflußmenge ist mit 600 Kubikmetern je Sekunde deutlich geringer als beim Rhein mit 2 200 Kubikmetern. Die Oder ist damit ein Strom, dessen Wasserstand extremen Schwankungen ausgesetzt ist. Zweimal im Jahr führt die Oder Hochwasser, im Sommer kommt es dagegen oft zu Niedrigwassern und zur Bildung von Untiefen, die die Schiffahrt nahezu unmöglich machen.

Historische Quellen nennen die Oder deshalb nicht nur den »reichsten Fluß des Slawenlandes«, so wie der Geograph und Kleriker Adam von Bremen im 11. Jahrhundert. Die Oder galt auch, wie der polnische Historiker Jan Długosz vierhundert Jahre später schrieb, als »gleichsam räuberisch, reißt sie doch in ihrem raschen Lauf Beute von Feldern und Wäldern mit sich«. Damit hatte Długosz auch den Ton vorgegeben, in dem später die Dichter diesen »wilden Fluß« beschreiben sollten. Im bereits erwähnten Gedicht von Günter Eich heißt es am Ende: »Hier gedeiht das Vollkommene nicht, hier bändigt niemand zu edlem Maß das Ungebärdige, und das Dunkle ist wie vor der Schöpfung ungeschieden vom Hellen.«

Geschichten aus Odry

Ob das auch für das »Kuhländchen« gilt? Für »dieses schöne, liebliche Land, das sich mit seinen fruchtbaren Hügeln und seinen saftigen Wiesen an der jungen Oder heiter ausbreitet«, wie es der deutsche Heimatdichter J.W. Giernoth einmal beschrieb?

Tatsächlich ist das Kuhländchen, wie es vor dem Krieg von seinen deutschen Bewohnern genannt wurde, die erste Kulturlandschaft, die der Oderlauf hervorgebracht hat. Hier wurde, wie schon der Name verrät, vor allem Rinderzucht betrieben. Aber auch zahlreiche Industriebetriebe haben sich gegen Ende des 19. Jahrhunderts angesiedelt. Nicht zuletzt aber war das fruchtbare Odertal zwischen Odergebirge und Mährischer Pforte ein Landstrich, den nicht nur Deutsche, sondern auch Tschechen besiedelten. 1910 zählte das Kuhländchen neben 70 deutschen auch 25 tschechische Gemeinden. Zahlreiche berühmte Persönlichkeiten wurden hier geboren,

Eine Hochwasserkatastrophe hatte 1736 den Ausschlag dafür gegeben, nicht nur Deiche nach niederländischem Vorbild zu bauen, sondern auch die Teilung des Flusses zu beenden und ihn zur modernen Wasserstraße auszubauen. Die Oder – so wollte es der preußische König Friedrich II., der nach dem Tod seines Vaters, des Soldatenkönigs Friedrich Wilhelm I., 1740 den Thron bestieg – sollte zur »Beförderung des Commercii« und zur »Facilitirung der Schiffahrt« »recht navigabel« gemacht werden. So begann ein gewaltiges Werk von Menschenhand. Die Oder wurde begradigt, eingedeicht, ihre Sumpfregionen wie das Oderbruch wurden trockengelegt, um Land für Neusiedler zu schaffen. All dies zusammen, meint der Oderhistoriker Kurt Herrmann, war ein »Siegeszug des menschlichen Geistes, der den Naturstrom zu einem Kulturstrom umgestaltet hat«.

Das Modernisierungsprojekt, das die Preußen im 18. Jahrhundert begonnen hatten, sollte bis ins 20. Jahrhundert dauern. Zwischen Cosel, das zum zweitgrößten Binnenhafen des Deutschen Reichs wurde, und der schlesischen Metropole Breslau wurden 26 Staustufen gebaut. Die Kanäle nach Berlin wurden dem modernen Schiffsverkehr angepaßt. Der Klodnitzkanal verband die Oder mit dem oberschlesischen Industrierevier. 1913 wurden 15 Millionen Tonnen Güter auf der Schiffahrtsstraße transportiert, die die Oder geworden war. Jedes fünfte deutsche Binnenschiff war damals auf der Oder unterwegs. Die Oder, so schien es, sollte endlich ihren Platz finden, wenn schon nicht im Mythenschatz der Deutschen, so doch als wichtige Wasserstraße auf der europäischen Landkarte.

Daß die Oder diesen Platz dennoch nicht finden konnte, ist das Ergebnis des 20. Jahrhunderts. Nach dem Ersten Weltkrieg, dem Vertrag von Versailles und der »Wiedergeburt« des polnischen Staates wurde die schlesische Oder zum »gefühlten« Grenzfluß zwischen Deutschen und Polen. Ihre Städte waren plötzlich »Brückenköpfe« und »Ausfalltore«, der Fluß selbst wurde von den Nationalisten zum »Fluß des deutschen Ostens« und zum »Träger des deutschen Geistes« stilisiert. An seinen Ufern entstanden die Bunker und Schützengräben der »Oderstellung«.

Später dann, als der deutsche Geist in den Krieg mündete, an dessen Ende der »Fluß des deutschen Ostens« polnisch wurde, versuchten sich andere an einer Ideologie des Flusses. Nun galt es für polnische Historiker und Archäologen nachzuweisen, daß die Oder schon immer Polens Grenze zum Westen war, slawische Muttererde also, die wieder ihren rechtmäßigen Besitzern anheimfiel. Die Oder-Neiße-Grenze, die die Machthaber in Ostberlin und Warschau gerne als »Friedensgrenze« gesehen hätten, war in Wirklichkeit eine der bestbewachten Grenzen der Welt. Knapp zweihundert Jahre nach dem Beginn ihres Ausbaus wurde die Oder zu einem »Gewässer am Kartenrand«. Die Grenzoder wurde zum Niemandsland mitten in Europa, zum vergessenen Fluß, der Kulturstrom verwandelte sich wieder in einen Naturstrom.

Um so faszinierender ist es, daß wir seit einiger Zeit Zeugen einer Wiederentdeckung dieses europäischen Flußraumes sein können. Überall wenden sich die Städte wieder ihrem Fluß und seinen Ufern zu, so als gelte es, eine über Jahrzehnte hinweg gewahrte Distanz zu überwinden. Man nimmt plötzlich Verbindung auf zu den anderen Städten, die an der Oder liegen und nun ein gemeinsames Band bilden, ein Oderband. Auf den Oderinseln in Breslau, dieser beschaulichen Idylle inmitten des pulsierenden Großstadtlebens, hat man Uferwege und Fußgängerbrücken neu gebaut. Stadt und Fluß, noch nie schienen sie so gut miteinander zu harmonieren wie heute.

In Leubus, das nun Lubiąż heißt, hat man mit der schrittweisen Renovierung des prächtigen Zisterzienserklosters begonnen. Wo einst die Schiffahrt auf der Oder ihren Lauf nahm, ist ein neues, kulturelles Zentrum für die Oderregion entstanden.

unter ihnen Sigmund Freud, der Begründer der Psychoanalyse, sowie der Biologe Johann Gregor Mendel.

Eines der schönsten Städtchen des Kuhländchens ist damals wie heute Odry/Odrau. Von Suchdol nad Odrou bringt mich die für Tschechien so typische Kleinbahn oderaufwärts ins 7000 Einwohner zählende Städtchen. Die Fahrtkarte kostet einen Spottpreis. Dennoch scheint sich der Betrieb für die tschechische Bahn zu lohnen. Die Stichstrecke führt von Suchdol aus nach Budišov nad Budišovkou, sie ist also eine richtige Kuhlandbahn.

Zwei Stationen nach Suchdol erreichen wir Odry. Schon von weitem sind das mächtige Schloß und die Oderberge zu sehen. Im Reisegepäck habe ich das Buch eines außergewöhnlichen Tschechen. Zdĕnek Mateiciuc hat es 2002 über diesen Teil des Altvaterlandes geschrieben und damit ein Tabu gebrochen. Bis dahin wurde die deutsche Geschichte der Orte und Dörfer um Odry verschwiegen. Doch Mateiciuc wollte schon als kleiner Junge in den fünfziger Jahren mehr wissen als das, was ihm zu Ohren kam. »Als ich ein Kind war, konnten wir in die Apotheke gehen, und die Schubladen, in denen die Medizin aufbewahrt war, waren alle mit deutschen Etiketten versehen«, erinnert er sich. Als Mateiciuc viele Jahrzehnte später 1992 in einer alten Seidenspinnerei eine Plastikfabrik eröffnete, fand er auf dem Dachboden

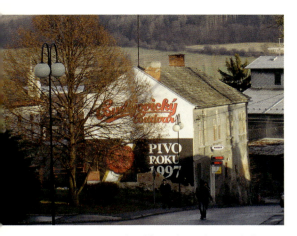

Im Odertal bei Odry/Odrau entdeckt man die deutsche Geschichte.

des Gebäudes zahlreiche Hinweise auf die deutsche Familie, die die Spinnerei einst gegründet hatte. Wenig später brachte ihm ein Nachbar einen Karton mit mehr als 200 Fotos auf Glasnegativen. Zděnek Mateiciuc, der Sohn tschechischer Neusiedler in Odry, wurde zum Hobbyhistoriker.

Aus den 200 Fotos sind mit der Zeit 600 geworden und schließlich das Buch »Altvaterland«, über das auch die deutschen Heimatvertriebenen glücklich sind. Zum 50. Jahrestag seiner Gründung hat der Verein »Alte Heimat, Verein heimattreuer Kuhländler e.V.« sogar die Bürgermeister der Städte Odry, Fulnek, Vítkov und Budišov nad Budišovkou in die deutsche Patenstadt Ludwigsburg in Baden-Württemberg eingeladen.

In Głogów/Glogau, das zum Ende des Krieges zu 95 Prozent zerstört war, setzen polnische Architekten und Städtebauer den in den achtziger Jahren begonnenen Wiederaufbau der Altstadt fort und erfinden ihre Stadt neu. Am Oderufer sollen in Zukunft Einheimische und Touristen promenieren. Selbst eine Marina für Yachten ist geplant.

In Krosno Odrzańskie ist ein neuer Fähranleger fertiggestellt und das Oderufer zur Promenade geworden. Wer auf ihr flaniert, hat einen wunderbaren Blick auf die Oderberge am anderen Ufer, auf denen die Villen und Bürgerhäuser in der Sonne blinken.

Auch in Frankfurt, das sich mit dem Wiederaufbau der Innenstadt nach dem Krieg um die eigene Achse gedreht und dem Fluß wie dem polnischen Słubice den Rücken zugewandt hatte, kann man wieder an der Oder promenieren. Gleichzeitig wurde mit der Wiedergründung der Europa-Universität Viadrina, die dem Namen nach ja nichts anderes ist als eine Oderuniversität, ein Zeichen gesetzt für das Zusammenwachsen Europas. Der Oder wurde neben Breslau und Stettin ein drittes geistiges Zentrum geschaffen.

In Stettin hat der Wiederaufbau der Altstadt mit ihren Cafés die Stadt wieder an den Fluß geführt. Die Neuentdeckung der Oder feiert man auch auf den Hakenterrassen mit ihrem prächtigen Blick auf den Fluß. Ihren Erbauer Hermann Haken, der von 1878 bis 1907 Oberbürgermeister war, haben die Stettiner unlängst sogar zum zweitbeliebtesten »Stettiner des Jahrhunderts« gewählt. Vor ihm lag nur noch der erste Nachkriegsstadtpräsident des polnischen Szczecin, Piotr Zaremba.

Die Wiederentdeckung der Oder ist aber nicht nur das Werk von Städtebauern und Flaneuren. Sie ist auch den Umwelt- und Naturschützern zu verdanken. »Zeit für die Oder« heißt ein Bündnis, in dem sich mehr als 30 Umweltinitiativen aus Deutschland, Polen und Tschechien zusammengefunden haben. Ihre Leistung besteht nicht nur darin, den Schutz der Auenwälder und die Schaffung natürlicher Überschwemmungsflächen auf die politische Agenda gesetzt zu haben. Sie haben die Oder auch als zusammenhängenden Fluß, von der Quelle bis zur Mündung, gezeichnet. Kartographisch ist damit gleichfalls der Anfang vom Ende der Teilung der Oder gemacht worden. Nun kann man sie vor sich ausbreiten, diese »Enzyklopädie« der mitteleuropäischen Kulturgeschichte (Karl Schlögel). Auf den neuen Landkarten der Oder findet man Camillo Sittes Planungen für Ostrau ebenso wie Mendelsohns Kaufhaus in Breslau oder die Amazonas-Landschaft am Unterlauf des Flusses.

So ist es nicht erstaunlich, daß die Oder auch für die Touristiker wieder interessant wird. Mittlerweile gibt es sogar ein Ereignis, auf das die Oderstädte jedes Jahr hinfiebern. Immer im Juli macht sich das Flis Odrzański, das Oderfloß, auf den Weg von Brzeg/Brieg nach Szczecin/Stettin. 16 Tage lang sind Flößer, Begleitschiffe, Tourismusmanager, Fotografen und Journalisten auf der Oder unterwegs und berichten über die Veranstaltungen und Feste, die anläßlich des »Flis« in jedem noch so kleinen Oderdorf abgehalten werden.

Am nachhaltigsten ist freilich die Wiederentdeckung der ehedem auseinandergerissenen Geschichte der Oder. In zahlreichen Orten und Städten haben sich Hobbyhistoriker und engagierte Bürger in den vergangenen Jahren um die Neuentdeckung und Bewahrung des kulturellen Erbes bemüht. In Breslau, Glogau oder Krosno ist die deutsche Geschichte kein Tabu mehr, sondern Verpflichtung. Auf der deutschen Seite sind die Enkel der Vertriebenen zu engagierten Verfechtern einer grenzüberschreitenden Zusammenarbeit geworden.

Die Wiederentdeckung der Oder, sie ist in vollem Gange. Manche sagen, wieder sei es ein Hochwasser, das »Jahrhunderthochwasser« von 1997 gewesen, das der Neuerfindung

Das »Kuhländchen« bei Odry/Odrau ist eine alte Kulturlandschaft.

Als erster Tscheche wurde Mateiciuc für seine Bemühungen um Versöhnung mit der »Kuhländler Medaille« geehrt.

Am barocken Marktplatz, dem *Masarykovo Náměstí*, von Odry angekommen, fangen Schneeflocken an zu tanzen. In kürzester Zeit sind die Dächer der zweistöckigen Bürgerhäuser mit Puderzucker überzogen. Mit hochgeschlagenem Mantelkragen mache ich mich auf die Suche nach Zdeněk Mateiciuc. Der Besitzer einer Gaststätte gibt mir die Telefonnummer der Plastikfabrik. Doch am andern Ende der Leitung ist nur ein Mitarbeiter. Leider, sagt er, sei Herr Mateiciuc dieser Tage nicht in Odry, ich solle es später noch einmal versuchen. In einer Kneipe, in die ich mich vor dem Schneetreiben gerettet habe, schaue ich noch einmal in Mateiciucs Buch. Im Vorwort schreibt er: »Es kam das Jahr 1989. Es schien, es sei ein freier Raum geschaffen, um über die Geschichte neu zu denken. Der Raum ist da, der Wille fehlt. Die Wahrheit ist oft unangenehm. Sie einzugestehen erfordert Mut und auch eben guten Willen.«

Zu Fuß wandere ich an der schmalen Oder zurück in Richtung Suchdol nad Odrou. Es hat aufgehört zu schneien, die Hügel links des Odertals glänzen in der Sonne. Wird Mateiciuc den nötigen Mut haben, sein Bemühen um Versöhnung durchzuhalten? Er, der die Vertreibungen der Deutschen aus Böhmen und Mähren als großes Unglück und als Untat sieht, hat es nicht leicht in Tschechien. Anders als in Polen gibt es kaum gemeinsame Initiativen mit den Deutschen, um die Vergangenheit aufzuarbeiten. Doch Mateiciuc hat einen Anfang gemacht. Und auch der Verein der »heimattreuen Kuhländler« in Ludwigsburg hat einen Schritt getan. Von Rückübertragung oder Entschädigung ist keine Rede mehr, von der multikulturellen Vergangenheit Mährens, zu dem das Kuhländchen gehörte, dagegen um so mehr.

der Oder als europäischem Kulturraum vorangegangen sei. Man kann diesen Prozeß aber auch, so wie in Breslau, als eine längst überfällige Rückkehr der Oder nach Europa begreifen.

Schon kurz nach der Wende in Polen haben die Breslauer Stadtväter entschieden, dem alten Wappen der Stadt wieder zu seinem Recht zu verhelfen. Dieses Wappen stammt vom österreichischen Kaiser Ferdinand I. aus dem 16. Jahrhundert, jener Zeit also, in der Breslau habsburgisch geworden war. »Als eines der wenigen Wappen in der Geschichte Breslaus«, schreibt der Autor Włodzimierz Kalicki, repräsentiere es das multikulturelle Erbe der Stadt:

»In einem von fünf Feldern befand sich der tschechische Löwe, Zeugnis des tschechischen Einflusses und der Abhängigkeit vom Prager Thron. Der schwarze Vogel in einem anderen Feld war der piastische Adler, fürstliches Zeichen der Breslauer Linie der schlesischen Piasten. Der Buchstabe ›W‹ stammte von dem legendären Wrocisław (Vratislava), dem Begründer der Stadt. Auch der Kopf Johannes des Täufers zeugte von den slawischen Anfängen der Stadt. Nichtslawisches Element war in diesem Wappen die Gestalt von Johannes dem Evangelisten, dem Beschützer der städtischen Ratsherren, das Symbol der deutschen Kolonisation.«

Doch dieses Wappen war in der Zeit, in der die Nationalisten die Deutungshoheit über die Oder beanspruchten, nicht mehr gelitten. Zuerst wurde das vierhundert Jahre alte Breslauer Wappen von den Nationalsozialisten geändert. Sie störte der Buchstabe »W«, das Zeugnis des Slawentums in der Geschichte der »erzdeutschen Stadt Breslau«. Seine zweite Änderung erfuhr das Wappen, als aus dem deutschen Breslau das polnische Wrocław wurde. Auf der Suche nach polnischen Spuren in der Geschichte der Stadt entwarf der Historiker Karol Maleczyński ein neues, slawisches Wappen, zwei zusammengesetzte Hälften je eines polnischen und schlesischen Adlers. Erst mit der Rückkehr zum alten Wap-

Nirgendwo sind sich Stadt und Fluß so nahe wie an den Oderinseln in Breslau.

pen 1990, so Kalicki, zeige Breslau, daß es seine Geschichte akzeptierte. Eine Geschichte, die zunächst polnisch und piastisch war, dann deutsch, böhmisch, habsburgisch, preußisch und schließlich wieder polnisch.

So wird also derzeit ein neues, ein europäisches Kapitel in der Geschichte Breslaus und damit auch der Oder geschrieben. Und geschrieben wird es, wie die Wiederentdeckung der Oder zeigt, nicht nur von Historikern, sondern auch von Flaneuren und Umweltschützern, Touristen und Journalisten, Dichtern und Unternehmern. Es sind Tschechen, Polen und Deutsche und damit nicht zuletzt die Menschen, die an diesem, ihrem Fluß leben. Sie alle haben das schwierige Unterfangen begonnen, sich ihre Geschichten zu erzählen.

Die Ziltendorfer Niederung zwischen Frankfurt (Oder) und Eisenhüttenstadt während des »Jahrhunderthochwassers« 1997

Über die Ufer.
Ist die Oderflut von 1997 vergessen?

In Heinz Blümels Wirtshaus »Zur Alten Fähre« ist die Erinnerung an das Jahrhunderthochwasser noch lebendig. Auf den Tischen liegen dicke Ordner, in denen sind Fotos von der Oderflut in Aurith abgeheftet, in Klarsichthüllen, wohl zum Schutz vor der Feuchtigkeit, die sich aus dem düsteren Schankraum noch immer nicht verzogen hat. Auch die Sonderausgabe der »Märkischen Oderzeitung« vom 28. August 1997 hat Heinz Blümel zur Hand. Auf Seite 16 ist dem furchtlosen Gastwirt eine eigene Geschichte gewidmet. »Ein letztes Bier in Aurith« heißt sie und handelt von der Evakuierung der Ziltendorfer Niederung, jenes Landstrichs zwischen Eisenhüttenstadt und Brieskow-Finkenheerd, der nach zwei Deichbrüchen am 24. Juli nicht mehr zu retten war. Binnen kürzester Zeit begruben die Wassermassen in Aurith und der weiter landeinwärts gelegenen Ernst-Thälmann-Siedlung Höfe, Stallungen und Öltanks unter sich. Doch Heinz Blümel hatte bis zuletzt die Stellung gehalten, hatte den mutigen Helfern ein letztes Bier nach dem andern gezapft, da hatten die anderen Bewohner von

Die Mährische Pforte

Kurz vor Mankovice hat die Oder die Hügel- und Berglandschaft des Kuhländchens hinter sich gelassen. Vor mir liegt eine breite Ebene, die unter den Geographen in Europa jeder kennt. Immerhin trennt diese Mährische Pforte, auf tschechisch *Moravská brána*, die beiden großen Gebirgszüge Ostmitteleuropas. Links des Oderlaufs liegt das Niedere Gesenke, das zum Altvatergebirge und damit zu den Sudeten gehört. Zur Rechten steigen die Beskiden an, der westlichste Ausläufer der Karpaten.

In der Weite der Mährischen Pforte hat es die Oder nicht leicht, sich zu behaupten. Schon hinter Mankovice stehen die Fabriken, eine nach der

Oderhochwasser 1997: Erschöpfung beim Kampf um die Deiche

Aurith längst das Weite gesucht. Jede Katastrophe bringt ihre eigenen Helden hervor.

Die Flut vom Sommer 1997 ist ein Datum im Lebenslauf des Stromes, das so schnell keiner an der Oder vergißt: nicht in Ratibor, wo der Fluß im ersten Stock des Hotels Polonia stand; nicht in Breslau, wo die Bewohner mit Sandsäcken um ihre Altstadt kämpften; nicht in Aurith, wo Heinz Blümel so viele letzte Biere zapfte. Damals wurde den Menschen, die in den Städten und Dörfern an der Oder leben, bewußt, daß die Natur dieses Stromes immer wieder stärker ist als die Kräfte, mit denen sie über die Jahrhunderte gebändigt wurde. Bewußt wurde den Anrainern des so lange geteilten Flusses aber auch, daß es ein und derselbe Strom war, dessen Hochwasser sich aus den mährischen Sudeten und Beskiden flußabwärts schoben. Die Bilder, die die Flut hervorgebracht hat, waren überall dieselben, ob in Tschechien, Polen oder Deutschland. Sie zeigten Dörfer und Landstriche unter Wasser, Hubschrauber beim Abwurf von Sandsäcken, freiwillige Helfer und Soldaten beim Kampf um die Deiche, Menschen, die ihr Hab und Gut verloren hatten, und Menschen, die Betroffene durch Spenden unterstützten.

Im Augenblick der Katastrophe hielt die Geschichte an der Oder ihren Atem an und öffnete den Raum fürs Hier und Jetzt. Die Geschichten, die man sich seitdem in den Küchenstuben von Ratibor bis Stettin erzählte, waren andere als die vom Grenzfluß, der Deutsche und Polen teilte. Das Hochwasser kennt keine Grenzen, hieß es plötzlich, als habe es einer Katastrophe bedurft, um sich dieser Grenzenlosigkeit zu vergewissern. Das größte Hochwasser, das die Oder bis dahin erlebt hatte, war nicht nur eine Katastrophe. Es war auch die Geburtsstunde der Oder als europäischer Fluß.

In den Ordnern mit den Klarsichthüllen in Heinz Blümels Gaststätte »Zur Alten Fähre« ist aber nicht nur die Geschichte der Oderflut von 1997 archiviert. Es finden sich

Sandsäcke waren nicht nur an den Deichen, sondern auch in den Städten das wichtigste Mittel im Kampf gegen das Hochwasser.

darin auch Hinweise auf die Hochwasser, die es vor dem Jahrhunderthochwasser gegeben hat, auf andere Helden, die von anderen Katastrophen hervorgebracht wurden, auch die tragischen unter ihnen wie den Prinzen Leopold zu Braunschweig und Lüneburg. Im April 1785 hatte Frankfurt an der Oder ein besonders schweres Hochwasser erreicht. Prinz Leopold, von Berufs wegen Kommandant der Frankfurter Garnison, im Grunde seines Herzens aber Menschenfreund und Aufklärer, beteiligte sich am Kampf gegen die Flut. Als am 27. April die hölzerne Oderbrücke zusammenstürzte und die Deiche an drei Stellen brachen, legte Leopold mit einem Boot vom westlichen Oderufer ab, um sich in der Dammvorstadt an den Rettungsarbeiten zu beteiligen. Doch während der Überfahrt kollidierte der Kahn des Prinzen mit einer im Strom treibenden Weide und kenterte. Leopold wurde am Kopf getroffen und war auf der Stelle tot. »Ich bin ein Mensch wie ihr, und hier kommt es auf Menschenrettung an«, schrieb der polnische Maler Daniel Chodowiecki auf das Ölbild, das er gleich nach dem Tod des Freundes anfertigte.

andern, bis diese bizarre Industrielandschaft im Kohle- und Stahlrevier von Ostrava/Ostrau ihren Höhepunkt findet. Dabei ist der Oderlauf durch die Mährische Pforte von einiger Bedeutung, findet man hier doch die ersten Mäander dieses Flusses, der das »Durchschlängeln« bereits im Namen trägt. Die Bezirksregierung von Mährisch-Schlesien hat den Oderlauf von Jeseník nad Odrou bis kurz vor Ostrava deshalb zum Landschaftsschutzgebiet *CHKO Poodři* erklärt. Die Umweltschützer in Studénka, wo sich die Verwaltung des Landschaftsschutzgebietes befindet, sind auch Mitglieder im internationalen Aktionsbündnis »Zeit für die Oder«, das sich gegen einen weiteren Ausbau der Oder stark macht.

Prinz Leopold vor seinem Tod. Ölgemälde von Daniel Chodowiecki, 1785

Das Ruhrgebiet der Habsburger

Endlich sitze ich im Zug, keine Kleinbahn wie die hinauf in die Oderberge, sondern ein richtiger Regionalexpreß. Die Verbindungen zwischen Suchdol nad Odrou und Ostrava Hlávní nadraí, dem Hauptbahnhof von Ostrau, sind hervorragend, seitdem der österreichische Kaiser Ferdinand 1838 die nach ihm benannte Kaiser-Ferdinand-Nordbahn bauen ließ. In rascher Folge verkehren noch heute die Züge aus Olomouc zur Weiterfahrt zum Grenzbahnhof Bohumín. Ich habe mich ans Fenster gesetzt, um den Wechsel der Landschaft zur immer dichter werdenden Industrieregion zu beobachten. Nordmähren mit seiner 300 000 Einwohner zählen-

Hochwasserkatastrophen sind Lebensäußerungen eines Flusses, unregelmäßig erscheinende Kapitel in einer über Jahrhunderte geschriebenen Biographie. In ihnen ruft sich der Fluß in Erinnerung – auf Ölgemälden, auf Fotos in Klarsichthüllen, beim Millionenpublikum im Fernsehen und auch bei seinen Anrainern, die allzu gerne vergessen, daß das Leben am Fluß nicht nur romantisch sein kann, sondern auch riskant. Das gilt nicht nur für Rhein, Elbe und Weichsel, sondern auch und gerade für die Oder. Zweimal im Jahr führt die Oder Hochwasser. Und immer wieder werden aus diesen Hochwassern Hochwasserkatastrophen. Außergewöhnliche Winterhochwasser gab es 1609, 1636, 1749, 1754, 1770, 1813, 1834, 1838, 1855, 1909, 1917, 1923, 1940, 1947 und 1982. Folgenschwere Sommerhochwasser waren zu verzeichnen in den Jahren 1593, 1661, 1709, 1736, 1771, 1780, 1785, 1830, 1920 und 1945. Die Oder gehört damit zu den hochwassergefährdetsten Flüssen in Europa.

Die Jahreszahlen der Hochwasserkatastrophen markieren aber nicht nur die Geschichte von Deichbrüchen, zerstörten Brücken, überfluteten Städten, Dörfern und Feldern. Sie prägen auch die Erinnerung an die mit diesen Katastrophen verbundenen Kämpfe gegen die Naturgewalt. In dieser Erinnerungskultur sollte ursprünglich auch das Jahr 1997 seinen Platz finden, allerdings nicht als das Jahr des Jahrhunderthochwassers, sondern im Gedenken an ein anderes Hochwasserereignis. 50 Jahre war es her, daß die Oder mit dem Winterhochwasser 1947 für eine der schlimmsten Katastrophen ihrer Geschichte gesorgt hatte.

Bereits im Dezember 1946 war wegen der bitteren Kälte von bis zu minus 20 Grad an der unteren Oder bei Hohensaaten das Treibeis zum Stillstand gekommen. Dieser »Eisstand« hatte zur Folge, daß sich stromabwärts die Eisschollen auftürmten und den Druck auf die Deiche und die Brückenpfeiler bei Schwetig/Świecko erhöhten. Ein Deichbruch konnte zunächst aber verhindert werden.

Mit Beginn des Tauwetters im Frühjahr spitzte sich die Lage an der eingefrorenen Oder allerdings zu. Aus dem »Eisstand« wurde »Eisgang«, wie das Wasser- und Schiffahrtsamt Eberswalde in seinem »Bericht über den Verlauf des Eisganges und Hochwassers« vom 24. März 1947 festhielt:

»Am 19. 3. 16.50 Uhr setzte sich das Eis bei Ratzdorf zwischen km 542,4 bis 542,7 und zwischen 553 bis 556,5 in Bewegung. Am folgenden Tage erfolgte erneut Eisaufbruch, und zwar um 12 Uhr auf der Strecke von oberhalb Ratzdorf bis km 546,5, auf der Stecke unterhalb Vogelsang um 14.05 Uhr, unterhalb Aurith gegen 16.45 Uhr und auf der Strecke von km 546,5 bis 550 gegen 18.30 Uhr. Große Teile der Eismassen blieben auf den Vorländern liegen. Die restlichen Eismassen legten sich gegen die oberhalb des Brieskower Sees noch vorhandene feste Eisdecke. Unter dem Druck der Eismassen und der Strömung löste sich die Eisdecke gegen 23 Uhr, sie schwamm durch die Schwetiger Eisenbahnbrücke ab und führt ab hier an der hölzernen Notbrücke zu einer starken Versetzung. Der Anstau des Wassers war derart beträchtlich, daß das Kraftwerk Finkenheerd und der Deich unterhalb Fürstenberg in höchste Gefahr gerieten.«

Den deutschen Stellen in der sowjetischen Besatzungszone blieb nichts anderes übrig, als die Sowjetbehörden um Hilfe zu bitten. Das Wasser- und Schiffahrtsamt in Eberswalde war zu der Auffassung gelangt, daß nur eine Sprengung der »Versetzungen« die Deiche vor ihrem Bruch schützen könne.

Am Vormittag des 22. März haben sowjetische Flieger schließlich acht Bomben und am Nachmittag vier weitere Bomben auf die Eismassen abgeworfen. Doch die Hilfe kam zu spät. Der Damm brach, binnen zwei Tagen war das gesamte Oderbruch geflutet. 20 Menschen kamen ums Leben.

Die verheerende Flut von 1947 war aber nicht der einzige Anlaß für einen Gedenktag in Brandenburg im Mai 1997. Es gab auch etwas zu feiern. 250 Jahre zuvor war nämlich mit den Metropole Ostrava ist heute das Armenhaus Tschechiens. Kohle und Stahl werden in anderen Ländern billiger gefördert und hergestellt, das ist im neuen EU-Land Tschechien nicht anders als im Ruhrgebiet. Vor allem der Stadtteil Vítkovice hat darunter zu leiden. Noch 1843 gehörte Witkowitz mit 24 Häusern und 328 Einwohnern zu den kleineren Ortschaften auf dem Ostrauer Gebiet. Doch dann kam der jüdische Industrielle Salomon Mayer Rothschild und machte aus Witkowitz in Rekordzeit das »Ruhrgebiet des Habsburgerreichs«. Aus dem Boden gestampft wurden Hütten und Stahlwerke, aber auch Siedlungen für die Arbeiter und soziale Einrichtungen. 1921 hatte Witkowitz 30 000 Einwohner, Mährisch-Ostrau war bereits auf 113 000 angewachsen.

Daß Wachstum und städtebauliche Qualität kein Widerspruch sein mußten, kann man noch heute sehen. Witkowitz und Mährisch-Ostrau wurden zu Musterstädten der österreichischen Moderne. Unweit des Ostrauer Hauptbahnhofs staunen die Touristen noch immer über den wunderbar geometrischen Eugenplatz, dessen Plan aus der Feder des Wiener Architekten Camillo Sitte stammt. Dieser Platz im Stadtteil Oderfurt, heute Přívoz, sollte nach dem Anschluß an die Kaiser-Ferdinand-Nordbahn zu einem repräsentativen Eingangstor für Ostrau werden. Innerhalb von nur zehn Jahren entstand zwischen 1895 und 1905 ein völlig neues Zentrum,

Ostrava/Ostrau, das ehemalige »Ruhrgebiet der Habsburger«

und der Eugenplatz mit der Mariä-Empfängnis-Kirche konnte es durchaus mit anderen Plätzen in Europa aufnehmen. Heute erinnert eine Hinweistafel am *Náměstí s. Čecha*, wie der Eugenplatz inzwischen heißt, an die wegweisenden Planungen von Camillo Sitte.

Das Hultschiner Ländchen

Doch es ist weniger die Geschichte Ostraus als Industriemetropole, die mich in diesen Teil der Oderregion führt. Mich interessiert vor allem die Geschichte und Gegenwart Ostraus als Grenzstadt. Jaroslav Šonka, der als Studienleiter an der Europäischen Akademie in Berlin arbeitet, hatte mich darauf aufmerksam gemacht.

der Trockenlegung ebenjenes Oderbruchs begonnen worden, das 1947 überspült wurde. Sechs Jahre lang hatte der preußische König Friedrich II. den Oderkanal zwischen Güstebiese und Hohensaaten durchs Odertal graben und schließlich fluten lassen. Der Lauf der Oder wurde um 25 Kilometer verkürzt. Zwischen der nunmehr »Alten« Oder und dem neuen Kanal, der heute den Oderlauf bildet, entstand eine fruchtbare Ebene, das Oderbruch. Die Herausforderung, die Kraft der Natur zu bändigen, war angenommen, auch damals wurde ein neues Kapitel im Lebenslauf der Oder aufgeschlagen.

Blickt man auf die Geschichte der Hochwasser an der Oder wie auch auf die Versuche zurück, ihrer Herr zu werden, wird deutlich, daß der Kampf zwischen Mensch und Natur keine Sieger kannte und kennt. Auch der Bau des Oderkanals und die Trockenlegung des Oderbruchs durch Friedrich den Großen war eine Reaktion auf eine Flut gewesen. 1736 war die Oder einmal mehr über die Ufer getreten. Wie bei der »Jahrhundertflut« 1997 waren der Katastrophe tagelange Regenfälle in den Sudeten und den Beskiden vorausgegangen. Die »Ergießung«, wie man die Flut damals nannte, führte im Juni zum Bruch der Deiche bei Göritz, Küstrin und Groß Neuendorf. Nahezu das gesamte Oderbruch stand unter Wasser. 171 Menschen ließen ihr Leben, die meisten von ihnen wegen des Sumpffiebers, das schon bald nach der Flutkatastrophe zu grassieren begann.

Dem Fluß seinen Raum zu lassen oder ihn in immer höhere Deiche zu drängen – das war 1997 wieder Thema. Manch einer in Aurith hat sich nach der Jahrhundertflut daran erinnert, daß die Oder einmal mehr war als der Abstand zwischen zwei Deichen. Es stand schließlich schwarz auf weiß auf ein Straßenschild geschrieben. Droben in Ziltendorf, wo die Niederung endet und die Hügel des Schlaubetals beginnen, schlängelt sich die »Uferstraße« durchs Dorf. Bis hierher reichte also das angestammte Gebiet der Oder, die Niederung war schon immer Schwemmland.

Und dann gab es da die Feier, die ein Jahr nach der Jahrhundertkatastrophe in der Ernst-Thälmann-Siedlung über die Bühne ging. An den Imbißständen wurden »Extra lange Deichriesen« verkauft, Bratwürste für drei Mark, eine Firma machte Werbung für »Trockenlegungstechnik«, überall standen »Hochwasserkalender« zum Verkauf. Alle waren sie an diesem 25. Juli 1998 gekommen, die Männer vom Technischen Hilfswerk, die Soldaten der Bundeswehr, die Bewohner der Niederung und natürlich auch Heinz Blümel, der Wirt der Gaststätte »Zur Alten Fähre«. Diesmal ließ der Held der Oderflut die versammelte Medienschar wissen, daß vor seinem Gasthaus noch Säcke liegen, auf denen steht: »Ich lag als Sandsack am Oderdeich bei Aurith.«

Prominentester Gast der Feier aber war der damalige Bundeskanzler Helmut Kohl. Er durfte den Gedenkstein für das Hochwasser 1997 einweihen – einen gespaltenen Findling, der den Bruch demonstrieren sollte, den die Flut im Leben der Menschen in der Niederung bedeutete. Als der Bundeskanzler daran erinnerte, daß es beim Kampf gegen das Hochwasser keine Rolle gespielt habe, »ob jemand aus Brandenburg, aus Bayern, vom Rhein oder der norddeutschen Tiefebene« komme, flackerte sie noch einmal auf: die Erinnerung an die Bedeutung, die die Flut beim Zusammenwachsen zwischen den Deutschen aus Ost und West gehabt hat.

Dann sprach der Kanzler etwas Unerwartetes aus: »Die Erfahrungen, die wir hier gemacht haben«, sagte Helmut Kohl vor den bewegten Feiergästen, »zeigen, daß wir den Flüssen ihren Lebensraum lassen müssen, sonst holen sie sich ihn wieder zurück.« Gewässerausbau, forderte er zum Erstaunen der Aurither und der Bewohner der Ernst-Thälmann-Siedlung, »darf nicht zu einer Zerstörung der natürlichen Rückhalteflächen führen, wie sie die Auenlandschaften auch hier an der Oder bieten«.

Marktplatz nach dem Plan von Camillo Sitte in Ostrava-Přívoz/Ostrau-Oderfurt

»Ostrau«, hatte er gesagt, »ist eine Stadt, in der schon immer verschiedene Welten zusammentrafen.«

Bereits auf der Fahrt zum Hauptbahnhof kann man es sehen. Die Nordbahn fährt hier westlich der Oder und damit – historisch gesehen – nicht auf mährischem, sondern auf schlesischem respektive preußischem Boden. Linker Hand liegt das Hultschiner Ländchen, jener Landstrich, der nach dem Ersten Weltkrieg der neu gegründeten Tschechoslowakei zugeschlagen wurde. Šonka erinnert sich noch genau an die Erzählungen seiner Mutter, die ganz in der Nähe in Opava/Troppau geboren wurde. Für sie waren die Bewohner dieses Ländchens die Prajzáci, die Preußen, wie man sie in Tschechien nannte. »Sie kamen immer wieder nach Troppau mit ihren weiten Röcken, suchten nach Arbeit, sprachen kein richtiges Deutsch, aber auch kein richtiges Tschechisch, aber sie galten als fleißig.« Als Hitler nach dem Münchener Abkommen 1938 Böhmen und Mähren als Protektorat annektierte, gehörte das Hultschiner Ländchen nicht dazu. Es wurde vielmehr »wieder ins Reich integriert«, das heißt zum Landkreis Ratibor, Regierungsbezirk Oppeln, Provinz Schlesien, Land Preußen.

Im Gegensatz zu den Tschechen im Protektorat mußten die Prajzáci allerdings als deutsche Soldaten in den Krieg ziehen. »Doch wer den Krieg überlebt hat«, sagt Šonka, »konnte in der Tschechoslowakei, zu der das Hultschiner Ländchen nach 1945 wieder gehörte, ein gutes Leben haben.« Der Grund: Die Hultschiner bekamen Wehrmachtsrenten ausbezahlt – in D-Mark. Privilegiert sind sie noch heute. Ähnlich wie viele Oberschlesier haben sie nach der Wende zusätzlich zum bisherigen einen deutschen Paß bekommen und können seitdem überall in der Europäischen Union arbeiten.

Grenzstadt Ostrava

Doch nicht nur die Oder bildete in Ostrau einen Grenzfluß, sondern auch die Ostravica, die der Stadt ihren Namen gegeben hat. Nördlich von Ostrau mündet die Ostravica in die

Einig wußte sich der Bundeskanzler damals mit Matthias Platzeck, dem Umweltminister Brandenburgs. »Es rächt sich jetzt, daß die Retentionsflächen an der Oder in den letzten hundert Jahren von 380 000 Hektar um 80 Prozent auf etwa 75 000 Hektar zurückgegangen sind«, hatte der als »Deichgraf« in die Heldengeschichte der Oder eingegangene Politiker bereits kurz nach der Oderflut 1997 erklärt. Im Nationalpark Unteres Odertal dagegen, den Platzeck gegen den Widerstand der Landwirte und der eigenen Partei durchgeboxt hatte, hätten die Überschwemmungsflächen ihre Bewährungsprobe mit Glanz bestanden. »Im Unteren Odertal bestand die größte Gefahr dort, wo der Hauptdeich direkt an der Oder lag. Wo sich das Wasser ausbreiten konnte, gab es dagegen keine ernsthaften Probleme.«

Wer heute durch Aurith und die Ziltendorfer Niederung fährt, weiß: Die Worte blieben ungehört. Was sich vor dem Auge des Betrachters ausbreitet, ist keine renaturierte Auenlandschaft, sondern ein Landstrich, der wie Phönix aus der Asche gestiegen ist. Die Straßen sind neu gepflastert, die Vorgärten properer, die Deiche höher denn je. »Die Solidarität war für uns wie ein Hauptgewinn im Lotto«, sagt dazu der Elektromeister Eberhard Schulz. »Wir bekamen eine einmalige Chance zum Neubeginn.« Man kann es auch anders sagen: Nach der Oderflut kam die Flut der Spenden, und aus den Flutopfern wurden bald schon Flutgewinnler. Zumindest bis zur nächsten Flut, nach der man sich wieder daran erinnern wird, daß die »Uferstraße« nicht in Aurith verläuft, sondern weiter droben, in Ziltendorf.

Daß es auch anders geht, zeigte sich fünf Jahre später bei der Elbflut in Sachsen. Am 16. August 2002 war der nordöstlich von Riesa gelegene Stadtteil Röderau-Süd von den Wassermassen weggespült worden. Doch der Wiederaufbau ließ auf sich warten. Statt dessen kamen die Bagger ans Elbufer und begannen mit dem Abriß der verbliebenen Häuser. 42 Millionen Euro ließ es sich die Landesregierung in

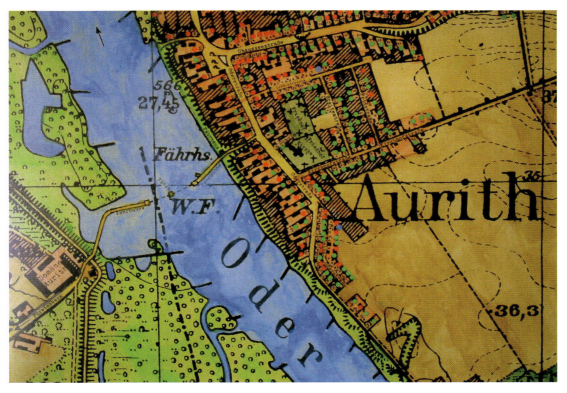

Aurith vor dem Krieg.
Das Zentrum befand sich damals am östlichen Oderufer, dort, wo heute Urad liegt.

Blick aufs polnische Ufer.
Beide Seiten waren vor 1945 durch eine Fähre verbunden.

Oder. Ostrau liegt damit auf einer Art Keil, einer Landzunge, die historisch schon immer den nördlichen Ausläufer des Markgrafentums Mähren gebildet hat. So läßt sich auch erklären, daß das Ostrau auf der Landzunge über Jahrhunderte hinweg Mährisch-Ostrau hieß, die Stadtteile östlich der Ostravica dagegen Schlesisch-Ostrau oder, als Schlesien vor 1335 noch zu Polen gehörte, Polnisch-Ostrau. Anders als das Hultschiner Ländchen konnten die Preußen in den drei Schlesischen Kriegen das östliche Otravica-Ufer nicht erobern. Schlesisch-Ostrau blieb auch nach dem 18. Jahrhundert bis nach Teschen bei der Provinz Österreichisch-Schlesien. Mährisch-Ostrau dagegen gehörte zum Markgrafentum Mähren. Der Entwicklung beider Städte tat dies allerdings keinen Abbruch, gehörten doch beide zum Kaiserreich Österreich und ab 1868 zur österreichisch-ungarischen Doppelmonarchie.

Von der Oder als Grenzfluß zwischen Mähren und Preußen ist in Ostrava heute keine Rede mehr. Auch die Erinnerung an die Nationalitätenkonflikte in der Zwischenkriegszeit oder die Vertreibungen nach 1945 ist hier weniger lebendig als andernorts in Tschechien. Anders als viele Städte und Landschaften in den Sudeten oder im Böhmerwald gehörte Ostrau zur Zeit der ersten Tschechoslowakischen Republik nicht zum deutschen Siedlungsgebiet. Ostrava war eine Stadt, in der, im Gegensatz zum Kuhländchen

Dresden kosten, die Flutopfer zu entschädigen und ihnen bei der Umsiedlung behilflich zu sein. Wer stur blieb, den überzeugten am Ende die Versicherungen, die sich weigerten, die Häuser im Überschwemmungsgebiet ein weiteres Mal zu versichern. Erstmals nach der Oderflut von 1997 war mit den Worten Helmut Kohls Ernst gemacht worden. Der Naturgewalt eines Flusses war nicht mit mehr Gewalt, sondern mit mehr Natur begegnet worden.

Es gibt Optimisten, die sagen, die Jahrhundertflut an der Oder habe 1997 nicht nur Höfe und Siedlungen weggespült, sondern auch ihr Gutes gehabt. Mehr als 50 Jahre nach dem Ende des Krieges sei den Deutschen wieder bewußt geworden, daß die Welt hinter der deutsch-polnischen Grenze nicht zu Ende sei. »Über Nacht war die Oder ins Zentrum der Aufmerksamkeit gerückt. Deiche waren zur Kulisse für die allabendliche Berichterstattung geworden«, meint einer der Optimisten, der Osteuropahistoriker Karl Schlögel. »So erfuhr die Nation gewissermaßen nebenher, daß es einen Fluß im Osten der Republik gab, der Oder hieß, daß dieser weit oben in der Mährischen Pforte entsprang und auf seinem Lauf polnische Städte unter Wasser gesetzt hatte, die die Älteren noch unter ihrem deutschen Namen kannten: Ratibor, Oppeln, Breslau.«

Doch diese vom Fernsehen ausgestrahlte Nachhilfestunde in Geographie und Kulturgeschichte dauerte nicht lange. Kaum hatte die Scheitelwelle der Oderflut Racibórz/Ratibor, Opole/Oppeln und Wrocław/Breslau, die großen polnischen Städte am Mittellauf der Oder, hinter sich gelassen und sich der Oder-Neiße-Mündung bei Ratzdorf zu nähern begonnen, war die Berichterstattung über die »Hochwasserkatastrophe in Polen« zu Ende.

Was folgte, war die »deutsche Katastrophe«, der von den Medien stündlich verfolgte »Kampf um die Deiche« vor der Ziltendorfer Niederung und bei Reitwein im Oderbruch. Es war ein Kampf, wie geschaffen fürs Sommerloch, ein Kampf mit Helden und Opfern. Zu den Helden gehörte der damalige brandenburgische Umweltminister Matthias Platzeck, zu den Opfern gehörten die Bewohner der Ziltendorfer Niederung, deren Häuser von der Flut zerstört wurden. »Es herrscht Krieg an der Oder«, kommentierte eine Journalistin damals die Berichterstattung ihrer Kollegen über den Einsatz der zahlreichen Bundeswehrsoldaten an den Deichen. »Von ›Fronten‹ ist da die Rede und von ›Kameraden‹, vom Feind, und der heißt Wasser.«

Wovon in den deutschen Medien nur selten die Rede war: Dieser Krieg hatte tatsächlich stattgefunden, nur nicht in der Ziltendorfer Niederung oder am Damm in Reitwein, sondern zum Beispiel im Oppelner Schlesien. Es war ein Kampf, der die Opfer nicht nur ihre Häuser kostete, sondern oft auch das Leben, wie es ein Denkmal im polnischen Zdzieszowice zwischen Kędzierzyn-Koźle und Oppeln zeigt. Wo heute Angler und ein paar Jugendliche sitzen, die auf die nächste Fähre warten, war die Oder im Juli 1997 zum reißenden Strom geworden. 53 Menschen sind infolge des Hochwassers in Polen ums Leben gekommen, in Tschechien waren es 46. Demgegenüber nehmen sich die Überschwemmung der Ziltendorfer Niederung und das Wasser in den Kellern von Aurith fast wie harmlose Nachbeben der Flutwelle aus. Nicht in Deutschland war die Jahrhundertflut auch eine Jahrhundertkatastrophe, sondern in Tschechien und Polen.

Angefangen hatte die Flut Anfang Juli mit einer sogenannten V b-Wetterlage im Einzugsgebiet der oberen Oder. Tagelange Starkregenfälle ließen die Wasserstände der Zuflüsse schnell ansteigen. »In ihrem Verlauf«, berichtet die Internationale Kommission zum Schutz der Oder, »überschritt die Hochwasserwelle der Oder deutlich alle bisher bekannten Höchstwasserstände der Republik Polen.« In Ratibor-Oderfurt erreichte der Wasserscheitel am 5. Juli die Marke von 10,45 Meter und war damit um zwei Meter höher

rund um Odrau, hauptsächlich tschechisch gesprochen wurde. Doch was bedeutete das schon in einer Region, in der, wie es August Scholtis formuliert, die Zungen »vertauscht« waren: »Hier greift das deutsche Element ins mährische, oder das mährische ins schlesische, Zunge bedeutet keinesfalls Volkszugehörigkeit, Zunge bedeutet bestenfalls Zweisprachigkeit, wenn nicht gar Dreisprachigkeit, und Dreisprachigkeit ist selbstverständlich wirtschaftliche Notwendigkeit. Dreisprachig ist die amtliche Kennzeichnung der Firmenschilder.«

Die Grenzmäander der Oder

Grenzfluß wird die Oder erst wieder einige Kilometer weiter nördlich, in Bohumín, dem ehemaligen Oderberg. Wo nach dem Bau der Nordbahn einer der wichtigsten Eisenbahnknoten der Habsburger Monarchie entstanden war, heißt es heute: Aussteigen, Endstation. Die meisten Züge, die von Prag in Richtung Osten der Republik fahren, enden in Bohumín.

So auch meiner. Ich habe mir vorgenommen, von Bohumín aus die zweiten Mäander zu besichtigen, die die Oder in ihrem bislang 130 Kilometer jungen Lauf bildet. Diese sogenannten »Grenzmäander« beginnen in Starý Bohumín und markieren über sieben Kilometer lang die Grenze zu Polen. Bekannt geworden sind sie, als beim Hochwasser 1997 der reißende

Fluß einen der Mäander durchbrochen und den Flußlauf um 512 Meter verkürzt hat. Während die tschechischen und polnischen Wasserbaubehörden aus Furcht vor erhöhten Erosionen der Sedimente die Oder schnellstmöglich wieder in ihr altes Bett zurückzwängen wollten, forderten Umweltschützer: Laßt der Natur freien Lauf.

Vor dem Bahnhof von Bohumín mit seinem Jugendstilempfangsgebäude aus dem Jahre 1902 steht nur ein einziges Taxi. Der Fahrer, unrasiert, lange schwarze Locken, schläft. Vorsichtig klopfe ich an die Scheibe. Nichts rührt sich, der Fahrer muß eine anstrengende Nacht gehabt haben. Ich versuche es noch einmal, diesmal etwas lauter. Der Taxifahrer öffnet langsam die Augen und schaut mich an, als wäre ich nicht Kunde, sondern Störenfried. Dann kurbelt er die Scheibe herunter. Nachdem ich mein Anliegen vorgetragen habe, muß er geglaubt haben, noch immer zu träumen.

Doch wie bei Miroslav, dem Taxifahrer aus Olomouc, siegt auch in Bohumín der Geschäftssinn. Den Weg in Richtung Mäander findet der Taxifahrer sofort. Er hat von ihnen gehört, auch vom Streit zwischen Wasserbauern und Umweltschützern. Eine Meinung dazu hat er nicht, aber wenn jetzt deshalb die Touristen kommen! Er grinst und biegt in Bohumín-Sunychl ab in Richtung Kopytov. Kopytov liegt an der Olše/Olza, kurz als die bisherige Höchstmarke von 1985. In Oppeln stieg die Oder am 11. Juli 1997 auf die bisherige Höchstmarke von 7,77 Meter.

Angesichts dieser Meldungen hatte die polnische Armee beschlossen, die Deiche oberhalb von Breslau zu sprengen. Damit sollte der Druck der Wassermassen auf die niederschlesische Metropole mit ihren fast 700 000 Einwohnern verringert werden. Anstatt aber die Bevölkerung rechtzeitig von der Maßnahme zu unterrichten und zu evakuieren, riefen Polizei und Militär die Bewohner der Dörfer Kamieniec Wrocławski, Łany und Jeszkowice per Megafon auf, ihre Häuser zu verlassen. Die Oder, hieß es, würde die Ortschaften ohnehin bald überschwemmen. Was die Bauern wütend machte: Seit Tagen hatten sie erfolgreich die Dämme am Oderufer verteidigt – ohne jede Hilfe von seiten der Behörden. Als sich herumgesprochen hatte, daß das Militär nicht gekommen war, um die Bewohner zu evakuieren, sondern die Deiche zu sprengen, begannen die Bauern die Deiche mit Mistgabeln zu verteidigen. Die Antwort des Militärs: Hubschraubereinsätze mit Tränengas gegen die rebellischen Dörfler. Der Deich allerdings blieb stehen.

Und der Katastrophenschutz blieb eine Katastrophe. Nach der verhinderten Deichsprengung erreichte die Flut am 13. Juli 1997 Breslau. Unter Wasser standen nicht nur die ans Oderufer gebauten Außenbezirke wie Kozanów und Kowale, sondern auch weite Teile der Innenstadt. Hilfslieferungen und schweres Gerät ließen auf sich warten. Statt dessen ließ der damalige polnische Ministerpräsident Włodzimierz Cimoszewicz seine Landsleute wissen, sie seien an der Katastrophe selbst schuld. Schließlich hätten sie sich gegen die Folgen des Hochwassers versichern können. Versichert aber war kaum eine der mehr als 1 000 Familien, die allein in Breslau ihr ganzes Hab und Gut verloren hatten. Ihnen blieb nichts anderes als die Hoffnung auf die 3 000 Złoty (750 Euro), die jedes Flutopfer bekommen sollte – und das Vertrauen auf die eigene Stärke. Nicht nur gegen die Oderflut hatte man in Breslau plötzlich zu kämpfen, sondern auch gegen die »Zentrale« in Warschau.

Und die glänzte vor allem durch Inkompetenz. Polizei, Feuerwehr und Streitkräfte konnten sich zu Beginn der Katastrophe nicht miteinander abstimmen, weil ihre Funkgeräte auf verschiedene Frequenzen eingestellt waren. Jurek Owsiak, der Leiter der Katastrophenhilfe, sagte später, in den von der Flut betroffenen Woiwodschaften seien jede Ordnung und Kommunikation zusammengebrochen. Tagelang habe sein Stab keinen Kontakt zu den Eingeschlossenen gehabt. Jurek Owsiak wörtlich: »Überall nur schwarzer Nebel.«

Angesichts der Katastrophen bei der Katastrophenbekämpfung mußten die Bürger selbst den Kampf gegen die Oderflut aufnehmen. Es war ein Kampf, den vor allem die Breslauer bis heute als einen heroischen in Erinnerung haben. Ein Kampf um die Kulturgüter der Stadt, die mehr als 50 Jahre zuvor noch eine deutsche gewesen war. Ein Kampf um die Universität am Oderufer mit ihrer prächtigen Aula Leopoldina aus der Barockzeit und um den gerade erst wegen des Papstbesuches restaurierten Marktplatz, der zu den schönsten in ganz Polen gehört. Gekämpft wurde um das Rathaus aus der Zeit der Gotik und um die wunderbaren modernen Kaufhäuser von Hermann Dernburg und Erich Mendelsohn aus den zwanziger Jahren. Tag und Nacht stapelten die Bewohner von Breslau Zehntausende von Sandsäcken, um die Kirchen aus dem 13. und 14. Jahrhundert auf der Dominsel und der Sandinsel zu retten. Es war ein Kampf um das »Herz der Stadt«, wie es die Breslauer nannten. Und sie haben diesen Kampf gewonnen. Die Altstadt Breslaus hat die Flut nicht holen können. In jenen Tagen, meinte Lothar Herbst, der Intendant des Breslauer Rundfunks, sei der Geist der Solidarność wiedergeboren worden.

Doch aller Bürgersinn vermochte nicht darüber hinwegzutäuschen: Angesichts von 54 Toten konnte der Kampf nur

Nach der Flut: Aus dem Kampf um die Deiche wurde der Kampf für neue Deiche.

vor der Mündung in die Grenzoder, dem Beginn der Kilometrierung der Oder für die Schiffahrt. Von Kopytov kann man sich über ein paar Felder zur Oder durchschlagen. Ein Bauer, auch er weiß um die Besonderheit der Mäander, weist uns den Weg. Der Taxifahrer grinst schon wieder, ich fürchte, er wird demnächst eine Agentur für Öko-Tourismus eröffnen.

Es ist ein ungewöhnlicher Anblick. Wer die Oder nur von ihrem Mittel- und Unterlauf kennt, staunt zwar hin und wieder über diesen Fluß, der sich seit dem Krieg von einer Kultur- in eine Naturlandschaft zurückverwandelt hat. Hier aber war die Oder nie Kulturlandschaft gewesen, begradigt ist sie erst hinter dem Zusammenfluß mit der Olše in Richtung Ratibor.

So also sieht die Natur eines Flusses aus. An den Ufern immer wieder entwurzelte Bäume, der Flußlauf ausgespült, so daß sich kleine Abbrüche an den Ufern gebildet haben. Und all das Lebensraum für Vögel und Wassergetier, das es sonst nur selten gibt. Diese Besonderheiten haben tschechische und polnische Umweltschützer vom World Wide Fund for Nature (WWF) kartiert und die Ergebnisse den Behörden vorgelegt. Als sie nachgewiesen hatten, daß der verkürzte Oderlauf keine Gefahr für die Brücken darstellt, blieb nur noch ein hoheitliches Problem zu lösen. Wie hält man es mit einer Staatsgrenze, die sich immer wieder von selbst verschiebt? Auch da hatten die Umwelt-

als verloren gelten. 16 Städte standen unter Wasser, 976 Ortschaften wurden in Schlesien zerstört. 162 000 Menschen hatten ihre Häuser verlassen müssen. Allein in Breslau beliefen sich die Schäden auf mehr als 200 Millionen Euro.

Im Hochwasserkabinett des Heinz Blümel in Aurith ist über die Katastrophe in Tschechien und Polen wenig zu erfahren. Schlimmer noch: Bevor das Hochwasser die Oder zum europäischen Fluß machte, wurde noch einmal tief in die Klischeekiste gegriffen. Ihrer Evakuierung widersetzten sich die Bewohner der Ziltendorfer Niederung nicht selten mit dem Hinweis, man müsse das eigene Hab und Gut gegen Plünderer aus Polen schützen. Aber auch in Polen gab es nationalistische Töne. In Słubice hatten die Bewohner nach ihrer Evakuierung behauptet, die Frankfurter Behörden hätten über unterirdische Kanäle Wasser auf die polnische Seite gelenkt, um die Innenstadt von Frankfurt zu retten. Daß das östliche Oderufer an dieser Stelle von alters her gefährdeter war als die Innenstadt am westlichen Ufer, paßte da nicht ins Bild. Dabei hätte auch hier ein Blick auf alte Flur- und Ortsbezeichnungen weitergeholfen. Bis es 1945 polnisch wurde, hieß Słubice in Frankfurt »Dammvorstadt«.

Ein grenzüberschreitender, europäischer Blick auf die Flut wurde erst nach und nach geübt. Fünf Jahre nach der Oderflut betonte der stellvertretende Bürgermeister von Słubice den Stellenwert grenzüberschreitender Zusammenarbeit. Die Bürger von Frankfurt und Słubice, sagte Tadeusz Wojtowicz, könnten den Kampf gegen die Gefahren nur gemeinsam gewinnen. Ein Jahr zuvor hatte der polnische Sejm in Warschau das »Programm für die Oder 2006« verabschiedet. Darin wurden neben dem Bau neuer Staubecken und der Renaturierung einiger Flußauen auch die internationale Zusammenarbeit beim vorbeugenden Hochwasserschutz vereinbart. Diesem Ziel verpflichtet ist neben der Internationalen Kommission zum Schutz der Oder auch das EU-Projekt

Die Grenzmäander der Oder an der polnisch-tschechischen Grenze zwischen Chałupki und Bohumín

»OderRegio«. Grenzüberschreitender Hochwasserschutz heißt in diesem internationalen Gremium nicht nur die Zusammenarbeit zwischen tschechischen, polnischen und deutschen Behörden, sondern auch ein integriertes Handlungskonzept, an dem Meteorologen, Wasserbauer, Naturschützer und Raumplaner gleichermaßen beteiligt sind.

Kein Zweifel: Seit der »Jahrhundertflut« ist der Fluß, der noch vor kurzem das Symbol für eine Grenze war, zum Thema internationaler Konferenzen und grenzüberschreitender Handlungskonzepte geworden. Die Oder, sie steht nicht mehr im Geschichtsbuch, sondern auf der Tagesordnung. Doch da, auch das gehört zum neuen, europäischen Kapitel der Oder, wird weiter gestritten. Welche Oder wollen wir? Um diese Frage dreht sich der Streit über die Gegenwart und Zukunft des Flusses. Ein Streit, der nicht nur zwischen Polen und Deutschen geführt wird, sondern auch zwischen denen, die dem Fluß seinen Raum geben wollen, und denen, die ihn, wie so oft in seiner Geschichte, bändigen wollen.

schützer eine Antwort. Wenn man die Mäander als »freien Raum« ausweise, dann müßte der Grenzverlauf nicht immer neu vermessen werden, dann wären die Mäander eben Grenzgebiet, und sind nicht Grenzgebiete immer etwas beweglicher als nationales Recht?

Auf der Rückfahrt erzähle ich, daß die Grenzmäander vom WWF als Natura-2000-Gebiete gemeldet wurden, als besonders schützenswerte Lebensräume also, deren Erhalt die Europäische Union vorantreibt. Der Taxifahrer reibt sich die Hände. Als wir am Bahnhof von Nový Bohumín ankommen, vergißt er beinahe abzukassieren. Er hat einen Kollegen entdeckt, dem muß er alles erzählen. Ich sehe noch, wie er immer wieder mit dem Finger in meine Richtung zeigt.

Die Oderlandschaft wie ein Bild. Das Niederoderbruch bei Oderberg nordöstlich von Berlin

Grenzlandliteratur. Gibt es eine Poetik der Oder?

Wer heute in Frankfurt (Oder) nach dem Geburtshaus von Heinrich von Kleist sucht, wird sich auf seine Phantasie verlassen müssen. Die Große Oderstraße 25, in der der Dichter der »Penthesilea« und des »Michael Kohlhaas« am 18. Oktober 1777 geboren wurde, steht nicht mehr. Das Gebäude ist dem Krieg zum Opfer gefallen wie so vieles in der Oderstadt, die sich heute trotzdem Kleist-Stadt nennt. An Leben und Werk des Dichters erinnert nun das »Kleist-Museum«, das gleich gegenüber in die Oderstraße 26/27 gezogen ist. Archiv und Bibliothek hat man hier unterbringen können und auch einen kleinen Garten angelegt.

Eröffnet wurde der Kleist-Garten am 16. Mai 2004 vom Leiter des Frankfurter Kleist-Museums, Lothar Jordan. Gleichzeitig wurde an diesem Tag die Ausstellung »Heine vom Rhein« dem Publikum übergeben. Damit stand, ob gewollt oder nicht, das Thema der Literatur an den beiden Flüssen im Raum. Ein Gegensatz, der größer gar nicht sein konnte, wie es bereits jene Verse des Dichters der »Loreley« ahnen lassen, die zum Motto der Ausstellung erwählt wurden.

Das vergessene Grenzgebiet

Meine Reise entlang der mährischen Oder geht dem Ende entgegen. In Nový Bohumín bringt mich ein Bus in den alten Teil des ehemaligen Oderberg, der heute Starý Bohumín heißt und trotz seines barocken Marktplatzes den Eindruck erweckt, als sei man am Ende der Welt. Von dort heißt es, den Weg über die Grenze zu Fuß zu nehmen. Grenzüberschreitende Bus- oder Bahnverbindungen, wie sie an der deutsch-polnischen Grenze inzwischen üblich sind, sucht man hier vergebens. Die Züge von Chałupki ins nur 30 Kilometer entfernte Racibórz fahren nur dreimal am Tag. In Ratibor wird mir die Empfangsdame im Hotel Polonia sagen, dieses Grenzgebiet sei vergessen, es spiele für die Menschen auf beiden Seite keine Rolle. Jeder schaue nur auf die eigene Seite.

Am Grenzübergang angekommen, warten nur ein paar Autos auf ihre Abfertigung, ich bin der einzige Fußgänger. Ob auch an dieser Grenze die Geschichte noch ihre Schatten wirft, frage ich mich. Immerhin haben sich Polen und die Tschechoslowakei zu Beginn der zwanziger Jahre heftige Gefechte um das nahe liegende Teschen geliefert, das heute in einen tschechischen Teil, Český Těšín, und einen polnischen, Cieszyn, geteilt ist.

Erst hier an der Grenze fällt mir wieder ein, was der Taxifahrer auf dem Rückweg von den Grenzmäandern nach Nový Bohumín erzählt hat. Bis vor kurzem seien sich die tschechische Regierung in Prag und die EU einig gewesen, daß in Bohumín-Vrbice ein riesiges Terminal entstehen solle, auf dem ein Großteil der Waren aus Fernost umgeschlagen werden sollte. Dafür sei eine Verlängerung der russischen Breitspur bis an die Oder geplant gewesen. Doch dann kam das plötzliche Aus für das Großprojekt. Die polnische Regierung hatte interveniert. Sie kündigte an, den Ausbau der Strecke zu blockieren. Nicht in Bohumín, sondern wie bisher im polnischen Sławków bei Krakau sollten die Waren von Breitspur auf europäische Schmalspur umgeladen werden. Europa, zischte der Taxifahrer. Diesmal hatte er recht.

»Das Licht der Welt erblickte ich an den Ufern jenes schönen Stromes, wo auf grünen Bergen die Torheit wächst und im Herbste gepflückt, gekeltert, in Fässer gegossen und ins Ausland geschickt wird.«

Auf der anderen Seite des poetischen Kräftemessens steht Heines Dichterkollege Kleist, der für seinen Fluß keine solchen Zeilen übrig gehabt hat. Auf seiner Würzburger Reise schrieb der damals 23jährige an seine Verlobte Wilhelmine von Zenge:

»Jetzt habe ich das Schönste auf meiner ganzen bisherigen Reise gesehen, und ich will es dir beschreiben. Es war das Schloß Lichtenstein. Wir sahen von einem hohen Berge herab, rechts und links dunkle Tannen, ganz wie ein gewählter Vordergrund; zwischen durch eine Gegend, ganz wie ein geschlossenes Gemälde.«

Diese liebliche Landschaft forderte Kleist geradezu zum Vergleich mit seiner Geburtstadt heraus, in die er 1799 zum Studium an der Universität Viadrina zurückgekommen war und in der er seine Verlobte kennengelernt hatte:

»Ja, mein liebes Mädchen, das ist ein ganz andrer Stil von Gegend, als man in unserem traurigen märkischen Vaterlande sieht. Zwar ist das Tal, das die Oder ausspült, besonders bei Frankfurt sehr reizend. Aber das ist doch nur ein bloßes Miniatürgemälde. Hier sieht man die Natur gleichsam in Lebensgröße. Jenes ist gleichsam wie die Gelegenheitsstücke großer Künstler, flüchtig gezeichnet, nicht ohne meisterhafte Züge, aber ohne Vollendung; dieses hingegen ist ein Stück, mit Begeisterung gedichtet, mit Fleiß und Genie auf das Tableau geworfen, und aufgestellt vor der Welt mit der Zuversicht auf Bewunderung.«

Nach der Rückkehr von seiner Würzburger Reise sollte es nicht mehr lange dauern, bis Kleist seine Heimatstadt Frankfurt und das Odertal, dieses »Miniatürgemälde ohne Vollendung«, endgültig verließ. Bis zu seinem Selbstmord am 21. November 1811 am Kleinen Wannsee kehrte er nicht mehr nach Frankfurt zurück. Auch die Oder spielte in seinem Werk keine Rolle mehr.

Rhein und Oder, »göttlicher Vater« und »edles Bauernweib«, Fluß der deutschen Dichter und Fluß, den dieselben verlassen, Reiseziel von englischen Gelehrten und Romantikern und Fluß am Rande der Wahrnehmung. Der Vergleich der beiden Flüsse wirft tatsächlich die Frage nach einer eigenen, dem Rhein vergleichbaren oder auch entgegengesetzten Poetik der Oder auf. Welche Rolle spielte der Fluß bei den Dichtern, die an ihm geboren wurden? Spielte er eine solche Rolle überhaupt? Oder war die Oderregion zu Zeiten Heinrich von Kleists bereits eine »schrumpfende Landschaft«, eine Region im Osten Deutschlands, aus der man wegging, nach Berlin oder auch nach Düsseldorf am Rhein, in die Geburtsstadt Heinrich Heines?

Gibt es die Oder in der Literatur überhaupt? Oder gibt es nur eine Literatur, die an der Oder entstanden ist und mit ihren Urhebern schließlich weiterzog, nach Berlin, Warschau oder Prag?

Mit diesen Fragen im Gepäck machten sich im Mai 2004 dreißig Schriftsteller aus Deutschland, Polen und den Niederlanden auf zu einer Fahrt an Oder und Rhein. »Grenzen im Fluß« hieß das ambitionierte Unterfangen, das Lothar Jordan vom Frankfurter Kleist-Museums auf die Beine gestellt hatte. Die Reise auf der Oder sollte in Breslau beginnen und in Stettin enden, die auf dem Rhein führte von Rolandseck nach Nijmegen.

Zum Ziel hatte es sich Jordan gesetzt, die Bilder, die die beiden Flüsse hervorbrachten und immer noch hervorbringen, in zahlreichen Lesungen vor einem breiten Publikum zur Diskussion zu stellen. »Oder-Rhein-2004« war also eine literarische Flußreise an die beiden Grenzflüsse Deutschlands, in den Osten wie in den Westen des Kontinents, eine literarische Vermessung Europas am Ende seiner Teilung,

Die Flößer auf der Oder

Zwischen Oderberg und Ratibor war die Oder, trotz der Kilometrierung, nie schiffbar, es sei denn für die Flößer, die das Holz aus den Wäldern Oberschlesiens zu den Oderhäfen flußabwärts brachten. Wie sehr die Flößer das Bild der Oder geprägt haben müssen, habe ich bei Theodor Fontane entdeckt. Fasziniert vom rauhen Treiben, ließ er es sich nicht nehmen, der »Gesamtökonomie« des Floßes einen ganzen Abschnitt in den »Wanderungen durch die Mark Brandenburg« zu widmen. Demnach bestand das Floß »aus zwei gleich wichtigen Teilen, aus einem Kochplatz und einem Aufbewahrungsplatz, oder aus Küche und Kammer«. Auf dem improvisierten Herd, so Fontane weiter, »wird nun gekocht, was sich malerisch genug ausnimmt, besonders um die Abendstunde, wenn die Feuer wie Irrlichter auf dem Wasser zu tanzen scheinen«.

Fontane wußte aber auch, daß das Flößerleben alles andere war als malerisch. Dort, wo die Oder schiffbar war, wurden die unbeholfenen Ungetüme immer wieder von den Oderkähnen abgedrängt, worauf sich die Flößer, wie er bemerkt, einer einzigen Empfindung hingaben – »und zwar ihrem polnischen oder böhmisch-oberschlesischen Hasse«.

Die Flößerei, lehrt mich Fontanes »Ökonomie«, war also noch Ende des 19. Jahrhunderts eine alltägliche Erscheinung auf der Oder, und sie war, wie eh und je, in slawischer Hand. Das blieb, vor allem in Oberschlesien, nicht ohne Wirkung auf den schlesischen Dialekt. Mit ihren Flößen und Waren brachten die Flößer auch die slawische Sprache oderabwärts, so daß der polnische Dialekt in Schlesien bald »wasserpolnisch« genannt wurde. Wasserpolnisch, das war fortan die Sprache der einfachen Leute in Schlesien, nicht richtig polnisch, aber auch nicht deutsch, allerdings mit vielen deutschen Lehnwörtern, an die oft nur eine polnische Endung gehängt wurde. Aus dem deutschen heizen wurde so anstelle des polnischen ogrzewać ganz einfach das schlesische heicować, ausgesprochen heizowatsch.

Eichendorff und das Polnische

Auch der berühmteste Sohn der noch jungen Oder war früh schon mit dem Wasserpolnischen in Berührung gekommen. In seinem Gedicht »Jugendsehnen« schreibt Joseph Freiherr von Eichendorff:

*Du blauer Strom, an dessen
   duftgem Strande
Ich Licht und Lenz zum erstenmale
   schaute,
In frommer Sehnsucht mir mein
   Schifflein baute,
Wann Segel unten kamen und
   verschwanden.*

eine Bestandsaufnahme der Mental Maps in den Köpfen der deutschen, polnischen und niederländischen Autoren.

Und natürlich war er wieder da, der Vergleich der beiden Flüsse, bei dem die Oder in der Vergangenheit so schlecht abgeschnitten hatte. Was bedeutete die Oder für Autoren wie Judith Kuckart, Tanja Dückers, Thomas Rosenlöcher, Michael Lentz, Olga Tokarczuk, Artur Daniel Liskowacki, Connie Palmen oder Tonnus Oosterhoff? Gab es bereits neuere Bilder des Flusses als das eines »Gelegenheitsstücks ohne meisterhafte Züge«? Fanden sich sogar aktuelle Belege für den Satz von Rochus von Liliencron aus dem 17. Jahrhundert: »Bin ich ein Schlesier, bin ich ein Poet?« Nein und ja, meinte gleich zu Beginn der Flußreise der niederländische Autor Hans Maarten van den Brink. »In Westeuropa wissen wir von der Oder wenig. Und wenn, dann ist sie noch immer der Grenzfluß, die Oder-Neiße-Grenze, das Symbol für die Folgen des Krieges.«

Tatsächlich ist das Motiv des Grenzflusses noch immer eines der stärksten in der Oderliteratur. Stellvertretend für viele widmete der Lyriker Peter Behnisch der Oder ein Gedicht mit dem Titel »Friedensgrenze«. Es endet mit folgenden Strophen:

Völkerfreundschaft sei die Brücke,
Ende aller Not und Trauer.
Sei du, Strom, der Völkerliebe
Starke, breite Friedensmauer.

Strom sei ewig Friedensgrenze,
Strom des freundschaftlichen Gebens,
Strom der Einheit freier Völker,
Strom des neuen, schönen Lebens!

Gedruckt wurde dieses »Gedicht« in der 1952 von Manfred Häckel herausgegebenen Anthologie »Für Polens Freiheit.

Achthundert Jahre deutsch-polnische Freundschaft in der deutschen Literatur«. Daß die »Friedensgrenze« erst zwei Jahre zuvor von der SED-Regierung anerkannt worden war, spielte ebensowenig eine Rolle wie die hartnäckigen Versuche von Walter Ulbricht, den Verlauf der Oder-Neiße-Grenze nachträglich zu revidieren. Vor allem, daß Stettin nun dauerhaft zu Polen gehören sollte, wollte der »sozialistische Bruderstaat« lange Zeit nicht hinnehmen.

Auf die Propaganda der »Friedensgrenze« antworteten polnische Autoren oft mit Spott und unverhohlener Feindschaft. Auch dabei war die Oder ein weitverbreitetes Motiv, erinnerte die Chefredakteurin der Stettiner Literaturzeitschrift »Pogranicza«, Inga Iwasiów, ihre Kollegen während der »Oder-Rhein-Fahrt«. »Jahrelang haben polnische Dichter die Grenze besungen, nicht nur als Friedensgrenze, sondern auch als die natürliche Grenze zu Deutschland«, sagte Iwasiów. Die Literaturwissenschaftlerin Joanna Matuszak, die sich ausführlich mit dem Oderthema in der deutschen und polnischen Literatur beschäftigt hat, kann dem nur zustimmen: »In der polnischen Literatur bilden die Propagandagedichte die Mehrzahl der Gedichte mit Odermotiven.«

Grenzfluß der deutschen und polnischen Literatur wurde die Oder aber nicht erst seit der Westverschiebung der polnischen Grenzen 1945. Schon in der Zwischenkriegszeit hatte die Nationalisierung der Oder als »deutscher Strom« oder als »urpolnischer Fluß« auch die Literatur erreicht. Namentlich in Oberschlesien wurde die Oder zum Symbol einer national aufgeladenen Kampfliteratur. In einem Gedicht von Karl Leopold Kraus heißt es über die Kämpfe zwischen Deutschen und Polen um die Grenzziehung nach dem Ersten Weltkrieg:

Hei, wie sie fielen, dort vorn!
Der Donner rollt ins weite Tal.
Die Ferne erschrickt.
Die Oder bebt.

Flößer auf der Oder gibt es heute noch – als touristisches Spektakel.

Gibt es eine Poetik der Oder?   Eine Flußreise durch Europa

*Von fernen Bergen überm weiten
 Lande
Brachtst du mir Gruß und fremde
 frohe Laute,
Daß ich den Frühlingslüften mich
 vertraute,
Vom Ufer lösend hoffnungsreich die
 Bande.*

*Noch wußt ich nicht, wohin und was
 ich meine,
Doch Morgenrot sah ich unendlich
 quellen,
Das Herz voll Freiheit, Kraft der
 Treue, Tugend;*

*Als ob des Lebens Glanz für mich nur
 scheine,
Fühlt ich zu fernem Ziel die Segel
 schwellen,
All Wimpel rauschten da in ewger
 Jugend!*

Eichendorff, 1788 in Schloß Lubowitz bei Ratibor geboren, war umgeben von Haushälterinnen, Mägden und Knechten, deren Muttersprache das Polnische war. Darüber hinaus war es vom Schloßpark am Steilufer der Oder ein Katzensprung hinunter zum Fluß, auf dem ihm immer wieder die »fremden frohen Laute« begegneten. Im Osterzeugnis der 6. Klasse im März 1803 wird dem damals 15jährigen beim »Unterricht in der polnischen Sprache« bescheinigt, daß er »diese Sprache als Utraquist ziemlich gut kennt«. Utraquist, das war damals das Wort für Zweisprachigkeit. Und

Eine solche Jugend hat sie noch niemals erlebt.
Und der Pole rennt.

Die polnischen Dichter antworteten mit einer »Polonisierung«, wie es ein Gedicht der Ratiborer Lyrikerin Apolonia Folcik zeigt, die unter dem Pseudonym »Odrzańska« Gedichte über die Oder verfaßte:

Kraj Słowian, Słowianom, Germany nad Ren.
Za Odrę, za Łabę – wynoście się hen.

In diesem Gedicht, sagt die Literaturwissenschaftlerin Joanna Matuszak, wird auf den Rhein als einen nationalen Fluß hingewiesen, der zu Deutschland gehöre. Die Oder soll dagegen den Polen überlassen werden. In einem anderen Gedicht heißt es:

Płynie Odra przez łąki, dąbrowy,
Wstęga wiąże Śląsk polski, Piastowy,
A dopóki rozlewa swe wody,
Ślązak obcej nie chwyci się mody.

Die Oder, die durch Wiesen und Eichenwälder fließt und an deren Ufern die Türme der schlesischen Piastenburgen stehen, ist das vielleicht gängigste Motiv des Topos vom »Polen an der Oder«.

Aber es gibt auch einen deutschen Topos dieser Provenienz – die Oder als schlesischer Fluß, als blaues Band im »Land der 666 Dichter«, das 1945 verlorenging und bis zum Fall des Eisernen Vorhangs in Europa nur noch in der Landschaft der Erinnerung entstehen konnte. Friedrich Bischoff, 1896 in Neumarkt in Schlesien geboren und 1946 der erste Intendant des Südwestfunks Baden-Baden, hat dieser Oderliteratur in der Diaspora literarische Geltung verliehen, wenn er formuliert:

> Wo der Ostwind rauschend
> Über die Wälder der Oder fährt,
> Bin ich daheim.
> Ich habe meinen Namen geschnitzt
> In Stamm und Rinde,
> So weiß ich, er wächst in sie hinein,
> Und nie werde ich ganz vergessen sein
> In der Fremde.

Die Bewältigung des Verlustes der Heimat ist in vielen Gedichten und Texten über die Oder aber auch eine Bewältigung des Verlustes der Kindheit. Vor allem in der populären Literatur wird die Oder so zum doppelt mythischen Ort. Ein Lieder- und Gedichtband, den Erika Schirmer-Mertke mit Unterstützung des Thüringischen Landesverbandes des Bundes der Vertriebenen herausgegeben hat, trägt den programmatischen Titel »…und die Oder fließt noch immer«. Darin heißt es in einem Lied mit dem Titel »Heimatmelodie«:

> Wenn die Gedanken entfliehn,
> in die Vergangenheit ziehn,
> ist mir so, als wär ich noch ein Kind.
> Ich seh alles deutlich vor mir,
> bis ich plötzlich Heimweh verspür,
>   weil die Erinnerung beginnt.
>
> Wenn auch die Jahre vergehn,
> was in der Kindheit geschehn,
> ich weiß, alles das vergeß ich nie.
> Da, wo auch immer ich bin,
> eins geht mir nicht aus dem Sinn:
>   Ich hör die Heimatmelodie.

Zu dieser Heimatmelodie gehört bei Schirmer-Mertke auch die Erinnerung an die Dichter, die an der Oder lebten: hat nicht der spätere Dichter der Romantik bereits 1809 schlesische Sagen und Märchen gesammelt, die er aus dem wasserpolnischen Dialekt ins Hochdeutsche übersetzte?

Eichendorffs Zweisprachigkeit ist für polnische Germanisten in der Vergangenheit immer wieder Anlaß gewesen, nach polnischen Wurzeln in der Familie des wohl berühmtesten deutschen Romantikers zu suchen. Die deutsche Minderheit in Oberschlesien wiederum, die bis 1989 kein Deutsch sprechen und auch keine Eichendorff-Lieder singen durfte, verwahrte sich gegen jeden Versuch der Vereinnahmung »ihres« Dichters. Doch wem gehört Eichendorff heute?

Wem gehört Eichendorff?

Vor dem Eichendorff-Denkmal in der Mickiewicz-Straße in Racibórz braust der Verkehr. Rings um das Denkmal stehen Taxifahrer und warten auf Kundschaft. Auf den Parkbänken sitzen ein paar Obdachlose und wärmen ihr Gesicht in der Wintersonne. Der überlebensgroße Dichter, die eine Hand am Notizbuch, die andere lässig auf dem Knie, schaut über sie hinweg.

Schon einmal, da hieß Racibórz noch Ratibor, stand an dieser Stelle ein Denkmal zu Ehren des Joseph Freiherrn von Eichendorff. Es war von deutschen Männergesangvereinen gestiftet und 1909 schließlich eingeweiht

Das Eichendorff-Denkmal in Racibórz/ Ratibor

Die Ruine von Schloß Lubowitz am Oderufer, dem Geburtsort des Dichters, ist heute ein Ziel von Touristen.

worden. Nachdem dieses Denkmal 1945 unter ungeklärten Umständen verschwunden war (es hieß, es wurde in der Oder versenkt), setzte sich der Deutsche Freundschaftskreis (DFK) nach der Wende für den Wiederaufbau ein. Die Zustimmung des Rates der 65 000 Einwohner zählenden Stadt war den Vertriebenen sicher: Es gab 21 Ja-Stimmen, zwei Enthaltungen und nur eine Gegenstimme. Nun steht das Denkmal wieder da und gehört Taxifahrern und Obdachlosen gleichermaßen.

Ich steige in ein Taxi, es geht nach Schloß Łubowice, dem Geburtsort des Dichters, von dem heute nur noch eine Ruine steht. Unterwegs frage ich den Taxifahrer, was er vom Eichendorff-Denkmal in seiner Stadt halte. »Es ist für Touristen«, sagt er, »und für

Eichendorff und Gustav Freytag,
Gerhart Hauptmann, weltbekannt!
Viele Namen könnt ich nennen,
Schlesien war ihr Heimatland.

Manchmal sogar war diese Erinnerung ganz verschwunden. Während der Schriftstellerreise auf der Oder berichtete der 1944 in Breslau geborene Michael Zeller, daß er bis 1991 keinen Gedanken an seine Geburtsstadt verschwendet habe. Breslau, das war für Zeller eine polnische Stadt namens Wrocław und damit eine völlig andere Stadt als die seiner Geburt. Doch dann geschah etwas, was Zeller selbst nicht erwartet hätte. Während einer Reise nach Krakau kam ihm plötzlich die Idee, auf der Rückfahrt in Wrocław vorbeizuschauen. »Das war ein Hammer«, berichtete er seinen Kollegen, »daran arbeite ich bis heute.« Zwei Romane sind aus dieser Begegnung mit Breslau/Wrocław entstanden, es sind bestimmt nicht die letzten.

Wie sehr das Motiv der Grenze und Heimat noch heute in

der Lyrik nachklingt, mag ein Gedicht verdeutlichen, das sich gerade nicht die Grenze, sondern die Grenzüberschreitung zum Thema gemacht hat:

Aus dem oberschlesischen Dreiländereck –
Rußland, Österreich, Preußen –
Kam ich nach dem Ende
Des Zweiten Weltkriegs
in das Berliner Vierländereck –
amerikanischer, englischer,
französischer, sowjetischer Sektor –
und es verschlug mich in den sowjetischen.

Flüsse und Kanäle zergrenzten
die geschundene Stadt des Unheils.
Und bald die Mauer.

Östlich davon der blutende Grenzfluß
die Oder – Völker trennend.
In der Mitte die scharf bewachte
Trennlinie.

Dichter, polnische, deutsche,
zogen am Fluß entlang,
davon träumend, Fährmann zu sein –
Lange Zeit ein vergeblicher Traum.

Ich wurde Fährmann,
übertrug kostbare Fracht –
polnische Dichtung –
ins Deutsche,
in die Buchstabenwelt.

Geschrieben hat dieses Gedicht mit dem Titel »Der Fährmann« der 1926 in Kattowitz geborene Dichter und Über-

Der Marktplatz von Ratibor wurde nach dem Krieg wiederaufgebaut.

die Deutschen.« Es klingt nicht, als ob ihn das stören würde.

Deutsch ist auch der Merkspruch, der an der Schloßruine von Lubowitz angebracht ist. Schon von weitem springt er mir ins Auge. »Keinen Dichter noch ließ seine Heimat los.« Haben also die Deutschen die Oberhand behalten? Haben sie den Zweisprachigen als einen der Ihren behalten? Ist die Mickiewicz-Straße in Racibórz ein Hinweis auf ein deutsch-polnisches Ringen um die Frage, wessen Romantiker der bedeutendere ist?

Ganz so einfach ist es nicht. Im Kultur- und Begegnungszentrum Łubowice, das in einem alten Gasthaus neben der Kirche untergebracht ist, bemüht man sich auch um polnische Besucher. Die Eichendorff-Hefte, die das Zentrum herausgibt, sind durchweg zweisprachig, und auch polnische Wissenschaftler mischen sich inzwischen in die Debatte ein. Das erstaunlichste aber ist: Eichendorff, dessen Lieder so lange nicht gesungen werden durften, ist inzwischen auch auf polnisch zu haben. Die Übersetzungen liegen auf dem Tisch des Kultur- und Begegnungszentrums: Gedichte, ein Bild-Text-Band und natürlich: der »Taugenichts«.

Ich setze mich wieder ins Taxi, der Fahrer hat auf mich gewartet. »Im Sommer«, sagt er, »kommen die Touristen in Scharen her.« – »Und die Bewohner von Racibórz?« frage ich. Er schüttelt den Kopf. »Die kommen, wenn überhaupt, um an den Steilhängen der Oder zu spazieren. Für Eichendorff interessieren sich die wenigsten.«

Zurück am Taxistand an der ulica Mickiewicza sitzen die Obdachlosen immer noch auf den Parkbänken. Ob sie wissen, daß ihnen der Dichter, der so ungerührt über sie hinwegschaut, eine Hymne geschrieben hat?

Die Vergangenheit von Koźle

Es gibt an der Oder Orte, die sind voller Hoffnung auf die Zukunft. Kędzierzyn und Koźle dagegen leben von der Vergangenheit. Man sieht es bereits, wenn man den Bahnhof der Doppelstadt verlassen hat. Hier ist nichts, außer einer kleinen Milchbar, in der man billig Pierogi essen kann.

setzer Henryk Bereska. Und er hat es vorgetragen auf der Oderfahrt der deutschen, polnischen und niederländischen Schriftsteller im Mai 2004. Was Bereska nicht verriet: Auch heute noch ist das Geschäft eines Fährmanns nicht einfach. Als Bereska nach der Wende für die Ehrendoktorwürde der Universität Katowice vorgeschlagen wurde, ging ein Sturm der Entrüstung durch die polnische Stadt. Ein Deutscher als Preisträger? In Katowice unmöglich. Die Ehrendoktorwürde hat Bereska schließlich von der Universität Breslau erhalten.

Welche Motive aber hat die Oderliteratur hervorgebracht, bevor sie im 20. Jahrhundert zur Grenzliteratur wurde? Was zeichnet das Erbe des Barock aus, als Schlesien mit Dichtern wie Andreas Gryphius, Martin Opitz und Christian Hofmann von Hofmannswaldau einen unverrückbaren Platz auf der literarischen Landkarte Europas hatte? Gab es dieses Erbe überhaupt? Oder war die Oder nach dem 17. Jahrhundert einfach kein lohnender Stoff mehr für die Dichter?

In der Tat war die Oder schon vor den Reiseberichten von Heinrich von Kleist und Joseph von Eichendorff in den Schilderungen der Reisenden nicht gut weggekommen. Das gilt auch für ihre erste Erwähnung durch den polnischen Geographen und Historiker Jan Długosz. In seiner »Historia Polonicae« aus dem 15. Jahrhundert schreibt Długosz:

»Die Oder ist gleichsam räuberisch, reißt sie doch in ihrem raschen Lauf Beute von Feldern und Wäldern mit sich.«

Die Oder als der wilde Fluß, als Metapher für Zerstörung und Neubeginn. Das ist nicht nur ein Thema der Oder, das sich in späteren Jahrhunderten immer wiederholen wird. Es ist auch ein Stoff der Flußliteratur selbst. Fluß, das ist seit der Antike die Metapher für Bewegung, für Anfang und Ende, für das Zusammenspiel der Kräfte von Natur und Mensch. Im »panta rhei« des Vorsokratikers Heraklit hat diese Metapher bis heute überdauert. Alles fließt, das ist das Werden im ständigen Kampf der Gegensätze, schreibt der Philosoph Luciano de Crescenzo über das Denken Heraklits:

»Die Natur steht keinen Augenblick still, sondern ist von den Gegensätzen angetrieben, ständig im Fluß. (...) Diese Kräfte, wie immer man sie nennen mag, Eros und Eris, Amor und Discordia, Leben und Tod, Sein und Nichtsein, Gut und Böse, Kosmos und Chaos, sind immer feindlich, nur ihnen allein verdanken wir unsere Existenz.«

Der römische Dichter Ovid, auch er einer der zahlreichen Interpreten der Philosophie Heraklits, hatte schon um die Zeitenwende in seinen Metamorphosen geschrieben:

»... es ist nichts in der ganzen Welt, was Bestand hat./Alles fließt, es bildet sich wechselnd jede Erscheinung. / Selbst die Zeit, auch sie entgleitet in steter Bewegung – / gleich wie der Fluß. Denn es kann der Fluß nicht stehn, und nicht stehn / die flüchtige Stunde. Und wie von der Welle die Welle gejagt wird, / wie, von der kommenden selbst gedrängt, sie die vorige drängt, so / flieht und verfolgt gleichzeitig auch die Zeit, und doch ist sie immer / neu; denn, was vorher gewesen, es ist vorbei, und es wird, was / niemals gewesen zuvor; und all das Bewegen erneuert sich.«

Der Fluß als Symbol von Neubeginn und Vergänglichkeit, als Strom, der sich gleichermaßen durch Raum und Zeit bewegt, ist dem Menschen die Verkörperung der Natur schlechthin. Die wechselvollen Bilder, die das Thema Fluß in der Literatur hervorgebracht hat, sind damit ein Spiegel für das sich wandelnde Verhältnis des Menschen zu seiner äußeren (wie auch inneren) Natur. »Auffällig ist«, schreibt die Germanistin Ute Seiderer in ihrer Literaturgeschichte der Flüsse, »daß das Zerrinnen der Zeit in der antiken Welt mit keiner Wertung verbunden ist. (...) Weder Heraklits noch Platons oder Ovids Texte zeugen von Trauer oder Verlustempfinden angesichts dieser kosmischen Gesetzmäßigkeit.«

Dabei waren Kandrzin und Cosel einmal wichtige Verkehrsknotenpunkte an der Oder, ersteres für die Eisenbahn und letzteres für die Oderschiffahrt. Anfang des 20. Jahrhunderts war der Hafen von Cosel nach Duisburg-Ruhrort sogar der zweitgrößte Binnenhafen Deutschlands.

Die Entwicklung von Kandrzin und Cosel war unmittelbar mit einer Entdeckung verbunden, die Schlesien von Grund auf verändern sollte – der Steinkohle. Ende des 18. Jahrhunderts wurden im späteren oberschlesischen Revier die ersten Kohleflöze entdeckt, worauf das Hüttenwesen und der Bergbau einen rasanten Aufschwung nahmen. Wie aber sollte die Kohle dorthin kommen, wo sie gebraucht wurde, nach Berlin und zum Hafen von Stettin zum Beispiel? Der preußische König Friedrich Wilhelm III. beantwortete die Frage mit einem Großvorhaben, das auch den Aufstieg von Cosel bedeutete – dem Bau des Klodnitzkanals. Der begann 1792 und dauerte zwanzig Jahre, doch danach gab es eine Wasserstraße von Gleiwitz im Kohlerevier über das Tal der Klodnitz nach Cosel an der Oder. Cosel, Breslau und Maltsch waren fortan die wichtigsten Umschlagplätze an der Oder.

Gegen die Eisenbahn, an die das Kohlerevier 30 Jahre später angeschlossen wurde, hatten die Kanalschiffe mit einer Tragelast von 50 Tonnen allerdings keine Chance. Wurden 1847 noch 70 000 Tonnen auf

*Schiffsanleger in Frankfurt (Oder)
in unmittelbarer Nähe des Kleist-Museums*

Erst bei Augustinus, also im 5. Jahrhundert nach Christus, grenze sich der Mensch als ein reflektierendes Wesen von den kosmischen Vorgängen um sich herum ab. »Das Ich steht zwar im Zeitstrom«, meint Seiderer, »muß aber begreifen lernen, daß seine Vergangenheit ›nicht mehr‹ ist und seine Zukunft ›noch nicht‹ begonnen hat.« Diese Bewußtwerdung der eigenen Vergänglichkeit führte in der Barockdichtung des 17. Jahrhunderts zu einer ausgeprägten Memento-mori- und Vanitas-Bewegung, für die an der Oder wie kein anderer Andreas Gryphius steht (siehe Kapitel »Die Oder in Europa. Das Beispiel Glogau«). In der 13. Strophe seiner Ode »Vanitas! Vanitatum Vanitas!« heißt es:

Wach' auff mein Hertz und dencke;
Das dieser zeit geschencke
Sey kaum ein augenblick
was du zu vor genossen
ist als ein Strom verschossen
der keinmahl wider fält zurück

Eine entscheidende Wende für das Thema Fluß in der Literatur vollzog sich im ausgehenden 18. und beginnenden 19. Jahrhundert. Nun wird der reißende Strom gebändigt und als lieblicher Fluß oder reizendes Bächlein zum beliebten Sujet der Romantiker. Namentlich der Rhein wird so zum Inbegriff des romantischen Reisens, der »schöne Strom, wo auf grünen Bergen die Torheit wächst und im Herbste gepflückt, gekeltert, in Fässer gegossen und ins Ausland geschickt wird«, wie es Heinrich Heine später beschrieb.

An der Oder allerdings ging der literarische Wandel vom alles durchfließenden Strom zum Objekt romantischen Sehnens vorbei. Sie blieb der »wilde«, der »düstere« Fluß, wie es nicht nur die Erinnerungen des in Glogau geborenen Arnold Zweig zeigen, sondern auch das Gedicht »Oder, mein Fluß« des 1907 in Lebus geborenen Günter Eich:

Die Oder, der Fluß, der von weither kommt
– niemand ist an der Quelle gewesen von denen, die hier
   wohnen –
mein Fluß, der im Novemberregen
und zu den Zeiten der herbstlichen Winde
anschwillt und den Deich mit seinen Wellen bedrängt.

Ostwind, Unruhe ist in der Luft,
das zerfetzte Gewölk; aus den Häusern des Dorfs der
   zerrissene Rauch,
dumpfe Unruhe, wenn der Regen tropft

dem Kanal verschifft, waren es 1865 nur noch 4 400 Tonnen. Das nur wenige Kilometer entfernte, am andern Oderufer gelegene Kandrzin wurde zum Eisenbahnknoten. Von hier fuhren die Züge in Richtung Breslau und weiter nach Berlin oder ins Kohlerevier über Gleiwitz nach Kattowitz. Von Kandrzin kam man aber auch oderaufwärts nach Ratibor und weiter nach Mährisch-Ostrau sowie ins niederschlesische Revier rund um Waldenburg.

Doch die Wasserbauer gaben nicht auf. Nachdem ein zweiter Ausbau des Klodnitzkanals für Schiffe bis zu 100 Tonnen Last nicht das gewünschte Ergebnis gebracht hatte, wurde zwischen 1934 und 1939 ein völlig neuer Kanal gebaut. Dieser Gleiwitzkanal, der von 1939 bis 1945 Adolf-Hitler-Kanal hieß, brachte der Oderschifffahrt tatsächlich den Durchbruch. Die pro Jahr transportierte Gütermenge stieg auf 3 Millionen Tonnen, und der von 1888 bis 1905 gebaute Hafen von Cosel platzte plötzlich aus allen Nähten. Um die Oderschiffahrt von Cosel bis Breslau von Niedrig- oder Hochwassern unabhängig zu machen, wurde der Flußlauf nun staureguliert. Auf Anordnung der Oderstrombauverwaltung in Breslau wurden Anfang des 20. Jahrhunderts 26 Staustufen mit Schleusen und Wehren gebaut. Aus dem Naturstrom war endgültig ein Kulturstrom geworden.

Heute sieht man davon nicht mehr viel. Der Hafen von Koźle ist auf

Provinzgröße zusammengeschrumpft, nur noch 300 000 Tonnen pro Jahr beträgt der Umschlag. Kein Wunder, daß man in Kędzierzyn-Koźle, wie die Doppelstadt seit ihrer Zusammenlegung heißt, wieder an alte Zeiten anschließen möchte. Oderausbau heißt einmal mehr das Programm der Wasserbauer, derer aus Polen diesmal. Dabei könnte man längst wissen: Gegen die Schiene und gegen den LKW hat die Oderschiffahrt keine Chancen mehr, da können noch so viele weitere Staustufen gebaut werden.

Arbeitsvermittlung in Oppeln

Das erste, was mir in Opole auffällt, ist ein Gullydeckel der Firma R. Hipper auf dem Bahnsteig des Hauptbahnhofs. »Oppeln« steht auf ihm, als hätte es eine Geschichte nach 1945 nicht gegeben. Die zweite Überraschung: Draußen auf dem Bahnhof ist eine Gedenktafel montiert, als hätte es eine deutsche Geschichte vor 1945 nicht gegeben: »150 Jahre Eisenbahn auf polnischer Erde. Brzeg-Opole 1843–1993« steht dort in polnischer Sprache.

Oppeln, ich wußte es, ist umkämpftes Gelände, kein Ort für Zwischentöne, sondern einer, auf den man Anspruch erhebt – als Deutscher wie als Pole. In den Dörfern rund um die 130 000 Einwohner zählende Woiwodschaftshauptstadt ist die deutsche Minderheit nicht selten in der Mehr-

von den Ziegeln des Dachs und aus dem Geäst des
    Gartens.

Der Regenschleier über dem kahlen Feld,
nicht unterscheidbar Wiesenufer und Bergufer,
– geheimnisvolles Merkmal östlicher Flüsse –
dumpfe Unruhe über Buhnen und Treidelweg,
über den grauen, strähnigen Weiden und dem Schilfrohr,
Glockengeläut aus Frankfurt und die Sagen der
    Reitweiner Berge,
die Fähre in Lebus und das Haus rechts der Oder, wo ich
    geboren bin,
Cliestow, der verwilderte Garten, Sommer- und
    Winterhaus,
die Schmiede in Podelzig und die Erzählungen
der Großmutter, die den Mörder Sternickel sah –
(…)

Dumpfe Unruhe in Ackerfurchen und Holundergebüsch,
Unverständliches in den Herzen.
Hier gedeiht das Vollkommene nicht,
hier bändigt niemand zu edlem Maß das Ungebärdige,
und das Dunkle ist wie vor der Schöpfung ungeschieden
    vom Hellen.

Auf ihrer Fahrt von Breslau bis Stettin haben die Schriftsteller aus Deutschland, Polen und den Niederlanden allerdings einen Fluß bereist, der so gar nicht dem Motiv des wilden Flusses entsprechen mochte. Statt dessen: Wohin das Auge blickt, Weite, Landschaft, Einsamkeit. Über die Oder als »allmähliche Eroberung der Langsamkeit« oder als »Entdeckung der Langeweile als Ereignis« wunderte sich nicht nur die *FAZ*. Stellvertretend für viele formulierte die Berliner Autorin Tanja Dückers dieses Erstaunen:

»Ich hätte mir die Oder irgendwie viel bebauter vor-

*Autorenreise auf der »Adler-Queen«
im Mai 2004*

*Lesung im Kleist-Museum
in Frankfurt (Oder)
mit Judith Kuckart, Jerzy Łukosz
und Tanja Dückers*

Autorenreise auf der Oder. Hier der Dresdner Schriftsteller Thomas Rosenlöcher

Der in Kattowitz geborene Dichter und Übersetzer Henryk Bereska im Gespräch

heit, und das will was heißen. In Strzelce Opolskie (Groß-Strehlitz) nahm ein patriotischer Landrat kurzerhand den polnischen Adler vom Amtsgebäude. In Bierawa kämpften polnische Eltern lange Zeit gegen die Schließung der letzten polnischen Schule. Den Kampf gegen die Denkmale zu Ehren der gefallenen Wehrmachtsoldaten hat die polnische Bevölkerungsmehrheit im Oppelner Land längst aufgegeben. »Die Stimmung zwischen Deutschen und Polen ist eine Katastrophe«, sagt mir Iwona Niedojadło, die im »Haus der Deutsch-Polnischen Zusammenarbeit« in der ulica 1go Maja arbeitet. »Jeder kümmert sich nur um sich selbst, steckt sein Terrain ab und wacht mit Argusaugen darüber, daß der andere nicht eindringt.«

gestellt, ja, ich hab gedacht, daß uns alle Nase lang Schiffe entgegenkommen würden, aber es fühlt sich hier an wie auf einem russischen Fluß irgendwo. Kilometerlang sieht man keinen Menschen, kein Haus – nichts. Mal einen Angler! Und das nur 180 Kilometer von Berlin entfernt!«

Die Erwartung, auf der Oder allerlei geschäftiges Treiben zu entdecken, kommt freilich nicht von ungefähr, sondern von Theodor Fontane. In den »Wanderungen durch die Mark Brandenburg« hatte er seinem Staunen über die belebte Oder Ausdruck verliehen:

»Schleppschiffe und Passagierboote gehen auf und ab, und die Rauchsäulen der Schlote ziehen ihren Schattenstrich über die Segel der Oderkähne hin, die oft in ganzen Geschwadern diese Fahrt machen. Von besonderer Wichtigkeit sind die Schleppdampfer. Handelt es sich darum, eine wertvolle Fracht in kürzester Frist stromauf zu schaffen, so wird ein Schleppschiff als Vorspann genommen, und in vierundzwanzig Stunden ist erreicht, was sonst vielleicht vierzehn Tage gedauert hätte.«

Doch auch Fontane wußte, daß die Schiffahrt auf der Oder eine mühsame Angelegenheit war, so wie die Kultivierung des Flusses selbst. Der Fluß, der Mühe macht, das ist, so gesehen, das Gegenstück des »wilden« Flusses. Und es ist das Gegenteil der Romantik, die die Literatur des Rheins beherrscht. So ist die Oder in der Literatur, wie schon in der Erinnerung an ihre Hochwasser, immer beides: Bedrohung und Herausforderung, Natur und Kultur. Nirgendwo wird dieses Spannungsverhältnis besser beschrieben als in den Oderliedern von Hans Niekrawietz. Für ihn ist die Oder der »schweigsame«, der »aufrührige«, der »ewig sich wandelnde« Strom. So bleibt die Oder in der Literatur eine ähnliche Randerscheinung wie in der Geschichte der Herrscherhäuser, die an ihrem Einzugsgebiet lagen.

Einmal aber hat es der »Fluß, der von weither kommt«, doch in einen Roman geschafft und dort selbst sogar eine Hauptrolle übernommen. Die Rede ist von Jochen Kleppers »Der Kahn der fröhlichen Leute«. In diesem 1933 erschienenen Roman erzählt der damals 30jährige Autor die Geschichte der 14jährigen Wilhelmine Butenhof aus Beuthen an der Oder, die nach dem Tod ihrer Eltern den Schleppkahn »Helene« geerbt hatte. Nachdem sie ihren Pflegevater, einen Pastor namens Müßiggang, davon überzeugen konnte, sein ohnehin unglückliches Leben an Land aufzugeben, stand dem munteren Treiben auf dem Oderkahn nichts mehr im Wege. Es seien denn die Mühen der Oderschiffahrt. Und die hatten es in sich. Kaum hatte die »Helene« mit den »fröhlichen Leuten«, einer Zirkustruppe aus arbeitslosen Schauspielern und Artisten, Beuthen verlassen, hieß es auch schon wieder, Zwangshalt machen: »Der Wasserstand verschlechterte sich zusehends. Man kam gerade noch mit Not und Mühe in den Köbener Hafen hinein«, erzählt Klepper. »An den letzten Buhnen vor dem Hafen war schon schwierig vorbeizusteuern; die Kähne drohten auf den Buhnenköpfen oder auf Sandbänken aufzulaufen.«

Die an der Oder geborene polnische Autorin Olga Tokarczuk im Interview

Um so erstaunlicher ist es, daß man von dieser »Katastrophe« auf der Straße wenig merkt. Nach außen hin gibt sich Opole als eine ganz normale Stadt mit polnischen Geschäften, polnisch sprechenden Bewohnern, polnischer Nachkriegsarchitektur. Selbst die Billboards, auf denen die unzähligen Arbeitsagenturen um die deutsche Minderheit buhlen, verbreiten ihre frohe Botschaft in polnischer Sprache: »Praca w Niemczech« (Arbeit in Deutschland), »Praca w Unii Europejskiej« (Arbeit in der Europäischen Union) oder »Masz niemiecki paszport? Szukasz dobrej pracy? Zadzwoń« (Hast du einen deutschen Paß? Suchst du eine gute Arbeit? Dann ruf an). Was hat es also mit den Deutschen im Oppelner Schlesien auf sich? Dieser 30 Prozent zählenden

Minderheit, der zuliebe die polnische Regierung in Warschau bei der Verwaltungsreform 1999 die Woiwodschaft gleichen Namens nicht angetastet hat?

Ich versuche mein Glück in einer der Arbeitsagenturen. Sie hat sich den etwas protzigen Namen Club Silesius verpaßt und residiert in der ulica Ozimska mitten im Zentrum. Nachdem ich geklingelt habe, öffnet eine junge Frau. Ihre Freundlichkeit ermuntert mich. Ich stelle mich vor und frage, ob sie ein wenig über ihre Agentur und ihre Arbeit in Oppeln erzählen könne. Mein Anliegen scheint sie nicht zu überraschen. Doch keine Unterhaltung ohne die entsprechende Atmosphäre. Sie fragt: »Kaffee, Kekse?« Aber gern, meine ich, immer noch verblüfft über diesen Empfang.

Dann fängt sie an zu erzählen: »Gut läuft das Geschäft, gerade erst sind wir von einer Seitenstraße in die ulica Ozimska gezogen. Ist es Ihnen lieber, wenn ich Deutsch rede? Ja? Also, dann auf deutsch: Wir machen hier nicht nur Arbeitsvermittlung, sondern beraten auch polnische Unternehmer, die nach Deutschland wollen. Das dritte Standbein ist die Weiterbildung. Aber die Arbeitsvermittlung macht den Großteil des Geschäfts. Es gibt in der Woiwodschaft Oppeln etwa 300000 Angehörige der Minderheit. Nach dem Krieg hat man sie in Polen Autochthone genannt, also Einheimische, die man für das Polentum gewinnen wollte. Deshalb sind sie nicht vertrieben worden wie

Die Sandbänke und Untiefen, die das Treiben auf dem »Kahn der fröhlichen Leute« immer wieder behinderten, sind Teil der Natur des Flusses, die bei Klepper den Rhythmus der Handlung bestimmt. Das gilt nicht nur für den Sommer mit seinem schlechten Wasserstand, sondern auch für den Herbst:

»Einmal im Jahr ist die Oder mit den Windungen ihres Waldes einem Regenbogen gleich: Wenn die letzten schweren Gewitter des Hochsommers neues, schwellendes blaues Wasser brachten und alle die dunkelstämmigen hohen Bäume den Glanz der Sonne widerstrahlen, die eine Reifezeit und eine Erntezeit der Felder hindurch über ihnen ruhte. Der Himmel wird durchsichtiger, ferner und kühler, die Blätter fallen, blaßgelb und dunkelrot, in unentwegtem Taumel auf die Ufer nieder (…) Dann ziehen die Kähne auf der Fahrt stromab ihr schweres Segel auf, der Mast wird gerichtet (…) der Herbstwind wirft sich in das graue Tuch, und stolzer und festlicher schwimmen die Schiffe dahin …«

Im Winter wartete, so Klepper, halb Beuthen an der Brücke: »Alle wollten es sehen, wie die flachen Eisscheiben an klobigeren Brücken zersplitterten, wie die schweren Stollen gegeneinander stauten und ihre Schneekrusten sich verhafteten – wie in wenigen Minuten die Oder zum Stehen kam. Das Rauschen und Knistern verebbte, es verwandelte sich in ein hartes Knacken; es dröhnte unter der Brücke. Ganz weit drunten … sah man noch die ›Brieger Gänse‹ schwärmen (…) Treibeis, Treibeis.«

Dann, endlich, kam der Frühling.

»Das Eis der Oder schien nicht aufzutauen – viel eher ist es so, als zerberste es im Sturm in klobige Blöcke, die durcheinanderstürzen und sich gegenseitig zerschlagen. Manchmal spritzt das dunkle Wasser hoch auf, so gewaltig zersprengen sich die riesigen Schollen.«

In seinem Roman breitet Jochen Klepper eine literarische Geographie der Oder aus, die von Cosel an der Mündung

Zu den Bildern von der Oder als »wilder Fluß« gehört auch das Treibeis.

des Gleiwitzkanals bis Stettin reicht. Die Oder ist der Wilhelmine Butenhof und ihrer Besatzung Ernährerin und Bedrohung, sie ist tückisch und sanft, sie ist Ort der Besinnung und der Begegnung, kurzum: Sie ist die Lebensader einer Landschaft, die mit Reichtümern nicht gerade gesegnet ist. Kleppers Unterhaltungsroman, der 1933, am Vorabend der Machtergreifung Hitlers, zum Publikumserfolg wurde, erzählt auch von Arbeitslosigkeit, Depression und dem Vergnügen der kleinen Leute. Und er handelt von den mühsamen Versuchen dieser Oderlandbewohner, sich über Wasser zu halten. Michel etwa, der um ein Jahr ältere Junge aus Beuthen, in den sich Wilhelmine am Ende der Geschichte verliebt, fristet sein Dasein als Marketender auf der Oder.

die Deutschen in Niederschlesien. Doch richtige Polen sind aus ihnen nicht geworden. Zu Hause sprachen viele weiterhin Deutsch, obwohl die deutsche Sprache offiziell verboten war. Nachgeholfen hat aber auch die deutsche Regierung, die ihnen den deutschen Paß versprochen hat. Viele sind daraufhin als Spätaussiedler in die Bundesrepublik gegangen. Nach der Wende haben viele einen deutschen Paß bekommen, so daß die Angehörigen der Minderheit zu den Gewinnern im Oppelner Schlesien gehören. Sie können in Deutschland und der EU arbeiten und in Polen investieren. Auf den Dörfern sieht man den Häusern an, wer zur Minderheit gehört und wer nicht. Hier ist eine richtige Zweiklassengesellschaft entstanden. Es sind vielleicht 100 000, die ständig im Ausland arbeiten. Das wirft natürlich auch Probleme auf. Viele warten nur darauf, die Schule zu beenden, volljährig zu werden und endlich zum Arbeiten ins Ausland zu gehen. Die Polen dagegen setzen auf Ausbildung, studieren, was sollen sie auch sonst tun?«

Und sie selbst, will ich wissen. »Gehören Sie auch zur Minderheit? Was sind Ihre Pläne?«

»Meine Eltern haben den deutschen Paß«, sagt sie. Es klingt, als wolle sie sich dafür entschuldigen. »Ich habe oft überlegt, ob ich ihn auch beantrage, aber ich weiß, daß das nichts für mich ist, ich versuche hier etwas aufzubauen. Wenn die Polen endlich auch in der EU arbeiten dürfen, macht sich

Immer wenn ein Schleppverband an der »Carolather Biege« kurz vor Beuthen oderaufwärts kam, stach Michel mit seinem Boot ins Wasser, machte am ersten Schleppkahn hinter dem Dampfer fest, verkaufte Wurst, Bier und Schnaps, und so ging es weiter, Kahn für Kahn, bis das Ende des Schleppverbands erreicht war. Auf dem Rückweg zum Beuthener Hafen ließ er sich treiben, immerhin war er während seiner Verkaufstour mit seinem Marketenderboot einige hundert Meter oderaufwärts gekommen.

Es ist aber nicht nur der Fluß als Handlungsträger, der Kleppers »Kahn der fröhlichen Leute« zu einem der wichtigsten Zeugnisse einer Poetik der Oder macht, sondern auch seine Rezeptionsgeschichte in der Nachkriegszeit. Nachdem sich Klepper und seine jüdische Frau Hannelore im Dezember 1942 das Leben genommen hatten, war auch sein Oder-Roman in Vergessenheit geraten. Wiederentdeckt wurde er erst vom DEFA-Regisseur Hans Heinrich.

Der Butenhof-Stoff sollte für den damals in Westberlin lebenden Heinrich 1950 das Regiedebüt sein. Das Problem war nur: Beuthen an der Oder war seit 1945 polnisch und hieß nun Bytom Odrzański. Der Verlust der deutschen Ostgebiete und die Vertreibung der Deutschen aus Schlesien, Pommern, Masuren und dem Ermland waren in der DDR, anders als in Westdeutschland, ein Tabu. Dabei war der Osten Deutschlands mit einem Bevölkerungsanteil von 25 Prozent an Vertriebenen weit mehr davon betroffen als der Westen mit ungefähr 12 Prozent. Doch ein offener Umgang mit dem Thema, fürchtete die SED-Regierung, würde das ohnehin schwierige Verhältnis zum »sozialistischen Bruderland« Polen weiter belasten. Die Verfilmung des »Kahns der fröhlichen Leute« ist damit auch ein Zeugnis für den Umgang mit der Oder in der DDR-Nachkriegszeit.

In den DEFA-Studios von Babelsberg fand man schließlich eine ebenso einfache wie symbolische Lösung. Der Ort der Handlung wurde kurzerhand auf die Elbe verlegt. Damit schlug man gleich zwei Fliegen mit einer Klappe. Die Themen Krieg, der deutsche Überfall auf Polen und die Vertreibung blieben in den Schubladen, statt dessen erneuerte die junge DDR mit dem neuen Handlungsträger Elbe, dem Grenzfluß zur Bundesrepublik, den Anspruch auf eine sozialistische Wiedervereinigung Deutschlands. Daß es damit vorerst nichts werden würde, mußte freilich auch der Regisseur des DEFA-Films erfahren. Obwohl der »Kahn der fröhlichen Leute« ein Kassenschlager geworden war, wurde Hans Heinrich während der Dreharbeiten für seinen zweiten Film festgenommen – unter dem Vorwand der Spionagetätigkeit. Er verließ wenig später die DDR und drehte in der Bundesrepublik unter anderem die Endlos-Serie »Drei Damen vom Grill«.

Den »Kahn der fröhlichen Leute« kannte keiner auf der Oderreise der europäischen Schriftsteller. Lothar Jordan, der Leiter des Frankfurter Kleist-Museums, hatte ihn auch nicht in seine Bordbibliothek gestellt. Der einzige Oder-Roman, der diesen Namen verdient, ist in Vergessenheit geraten, so wie die Oder als Thema in den Werken von Kleist, Eichendorff und Gerhart Hauptmann zur Fußnote geworden war. Ist die Oder als Grenzfluß also das einzige Vermächtnis der Oderliteratur? War die Doppeldeutigkeit im Titel der Oderreise, dieser literarischen Vermessung Europas – »Grenzen im Fluß« – eine Eindeutigkeit? Kein Europa, nirgends?

Nein, meinte Olga Tokarczuk. Als eine der wenigen Autoren, die auf der Fahrt an Bord waren, hatte sich die 1962 in Sulechów an der Oder geborene Schriftstellerin mit dem Fluß selbst auseinandergesetzt. In ihrer wunderbaren Liebeserklärung »Die Macht der Oder« schreibt sie:

»Als ich klein war, führte jeder Spaziergang an die Oder. Wir gingen am Rand des Ufergebüschs entlang, vorbei an dem Haus von Herrn K., dem einzigen Haus am Ufer. Herr K. mußte, wie ich damals meinte, sehr mutig sein, weil er so nah am Fluß wohnte. Er trug einen Hut mit Feder daran und einen auch ihr Bildungsvorsprung bemerkbar, dann gibt es nicht mehr diese Unterschiede.«

Zum Schluß gibt sie mir ihre Karte: Sie heißt Julia, Julia Tobias.

Als ich den Club Silesius verlassen habe, zieht es mich hinunter zur Oder. Nirgendwo ist die Spaltung in Deutsche und Polen so deutlich wie hier, denke ich. Das gilt selbst für den Fluß, der in Opole eine richtige Insel in seiner Mitte stehen läßt. Diese Oderinsel war einmal der Gründungsort für die slawische Burg. Am rechten Oderufer dagegen wurde die deutschrechtliche Siedlung gegründet. Auf der Insel steht noch heute das Hotel Piast, es wirkt etwas verloren. In Opole, der Stadt mit den vielen Billboards, gibt es zwar »Arbeit in Europa«. Doch in den Köpfen ist Europa noch nicht angekommen.

Renaissance in Brzeg

Die Oder, das ist auch ein Fluß, der die Schätze der europäischen Kunstgeschichte wie mit einem blauen Band verbindet: die habsburgische Moderne Camillo Sittes in Mährisch-Ostrau, die deutsche Moderne von Hans Poelzig oder Erich Mendelsohn in Breslau, das Breslauer Rathaus, der bedeutendste Profanbau der schlesischen Gotik, die mittelalterlichen Kirchenbauten auf den Breslauer Oderinseln, die Klöster der Zisterzienser in Leubus oder Neuzelle.

Die Entdeckung der Langsamkeit: die Oderlandschaft – vom Schiff aus betrachtet.

grünen Jägeranzug mit vielen Taschen. Ein paar Mal sah ich ihn mit dem Gewehr über der Schulter, und von da an hielt ich ihn für den mächtigsten Wächter des Flusses, für den, der uns erlaubt, ein unsichtbares Tor zu durchschreiten, um dann, gleichsam zur Belohnung, die Oder zu Gesicht zu bekommen.«

War die Oder in solchen Erinnerungen vor allem der Fluß ihrer Kindheit, erwies sie sich bald schon als Ort, an dem auch nach 1945 Geschichte gemacht wurde.

»Ich sah die Oder im Sommer 1968. Zuerst beobachteten wir vom Hof aus, wie schwere Panzer über die Straße in Richtung Fluß rollten, und die Erwachsenen sprachen besorgt davon, daß es Krieg geben würde. Ich nahm mein kleines Fahrrad und fuhr hinter den Panzern her. Sie hinterließen gelbe Staubwolken und tiefe Fahrrinnen, in denen mein Fahrrad umstürzte. Als ich auf den Damm kam, sah ich eine ungeheure Klammer, die sich über den Fluß spannte, eine Pontonbrücke, über die die letzten Panzer gefährlich schwankend auf die andere Seite fuhren. Es war ein unangenehmer Anblick, die Oder kam mir entheiligt vor, durch die Pontonbrücke zur Arbeit eingespannt, wie ein Pferd unters Joch genommen. So in der Mitte durchschnitten, zuckte sie in der Sonne wie ein Fisch. Ich konnte nicht begreifen, daß diese großen Metallfahrzeuge mit solcher Leichtigkeit übers Wasser fahren konnten. Vor meinen Augen vollzog sich ein unmoralisches, anstößiges Wunder.«

Mit diesem Einbruch der Geschichte in die Landschaft ihrer Kindheit war sogleich ein poetisches Programm verbunden, dem sich Olga Tokarzuk noch immer verpflichtet fühlt: die Geschichte zum Sprechen zu bringen und über dieses Sprechen zur Gegenwart zu finden. Olga Tokarczuk, die auf der Reise der Schriftsteller von Breslau bis Stettin ihren Essay über die »Macht der Oder« vorstellte, ist damit eine der wichtigsten Vertreterinnen der polnischen »Grenzlandliteratur«.

Was es mit dieser Literatur auf sich hat, hat der 1953 in Danzig geborene Stefan Chwin einmal so formuliert: »Die Grenzlandliteratur verteidigt mittelbar (denn oft handelt es sich gar nicht um die bewußte Intention der Schriftsteller) die Idee eines multikulturellen Staates.« Daß das nicht einfach ist in einer europäischen Landschaft, in der die Beseitigung der Vielvölkerregionen nach dem Zweiten Weltkrieg Programm war, weiß auch Chwin. Die Idee der Multikulturalität, räumt er deshalb ein, sei bislang »vor allem eine literarische Vision, eine Erinnerung an die Grenzland-Vergangenheit, also eher nostalgischer Mythos einer früheren Welt«. Eine Alternative sieht er dennoch nicht. Schließlich werde ganz Europa zu einem großen Grenzland. »In diesem Sinne erhalten die Erfahrungen und Reflexionen über Geschichte und Gegenwart

Baudenkmale der Renaissance findet man an der Oder dagegen selten. Es sei denn, man hat das Kleinstädtchen Brzeg/Brieg erreicht, das schon vor dem Krieg ein vielbesuchtes Ausflugsziel an der Oder war. 1863 war es, da empfahl der polnische Reisereporter Roman Zmorski den Lesern des *Tygodnik Ilustrowany* Brieg mit den Worten: »Die ganze Stadt mit ihren schmalen Straßen und hohen mittelalterlichen Häusern hat ein sehr altertümliches Antlitz. Ihre Hauptzierde bilden: das riesige und prächtige Rathaus, die gotische und wahrhaft schöne St. Nikolaikirche, und über all dies die Reste der alten herzoglichen Burg. Letztere sind so prachtvoll, daß sich für jeden durch Brieg Reisenden ein Aufenthalt lohnt, nur um diese zu besichtigen.«

Beides, das »riesige und prächtige« Rathaus wie auch die »prachtvollen« Reste der Burg, stammt aus der Hand der oberitalienischen Baumeister Jacobo Pahr und Bernhard Niuron. Der Herzog von Brieg-Liegnitz, Friedrich II., hatte die beiden Renaissancearchitekten 1544 an die Oder geholt, um Brieg zum berühmtesten Fürstensitz im damaligen Mitteleuropa zu machen. Doch der Pracht sollte nur eine Dauer von knapp 200 Jahren vergönnt sein. Während des ersten Schlesischen Krieges belagerten die Truppen Friedrichs des Großen das damals zu Habsburg gehörende Brieg. Auf die Baudenkmale der Stadt nahmen sie wenig Rücksicht.

So wurde das Schloß der Piastenherzöge fast völlig zerstört und von den Preußen anschließend in einen Speicher umgewandelt. Aufgebaut wurde es erst wieder ab 1966. Im Erdgeschoß des Schlosses befindet sich seitdem das Museum der schlesischen Piastenherzöge.

Über meine Reise entlang der Oder ist es inzwischen Sommer geworden. Warm ist es in Brieg, die Oder blinkt in der Sonne, das wiederaufgebaute Renaissanceschloß glänzt in strahlendem Weiß. Ich schlendere durch die Gassen und staune über die angenehme Atmosphäre, die von den schlichten Häusern aus den sechziger Jahren ausgeht, die man an die Stelle der im Krieg zerstörten Bürgerhäuser gestellt hat. Angesichts des Rathauses, das neben dem Schloß noch immer das Bild der Stadt prägt, waren zweifelhafte architektonische Zitate der Piastenzeit wie in Ratibor wohl nicht nötig gewesen. Man hat die neuen Häuser glatt verputzt, das war's. Lieblos aber waren und sind die neuen Stadtväter nicht zu ihrem Brzeg. Man sieht es an den Laternen. An jeder hängt eine Blumenampel mit roten Petunien. Solchen Laternenschmuck habe ich zuletzt im ukrainischen Lemberg gesehen. Sollten die neuen Bewohner diese Sitte mit in die neue Heimat gebracht haben? Auch das wäre ein Teil der europäischen Kulturgeschichte, die man an der Oder findet.

des polnischen westlichen Grenzlands (oder wie die Deutschen sagen – der deutschen Ostgebiete) ihre Bedeutung auch in der Perspektive einer allgemeineuropäischen Idee des Zusammenlebens von Nationen und Kulturen.«

Grenzlandliteratur, das eröffnet plötzlich eine ganz andere Perspektive auf Geschichte und Gegenwart der Oder als die so lange vorherrschende »Grenzliteratur«. Auch Inga Iwasiów fühlt sich diesem Konzept verbunden, sie hat ihre Literaturzeitschrift in Stettin sogar »Pogranicza« – »Grenzlande« genannt. Über die Oderreise des Kleist-Museums sagte sie: »Ein solches Projekt schafft den Raum, darüber nachzudenken, was es mit dem Leben zwischen den Grenzen auf sich hat. Zwischen ehemaligen Grenzen? Mindestens zwischen Grenzen, die fließend sind.«

Inga Iwasiów weiß auch um die vielleicht paradox anmutende Tatsache, daß die Tradition dieser Grenzlandliteratur viel älter ist als die der Grenzliteratur. Ihre ersten Autoren waren allerdings keine Schriftsteller, sondern Flößer, die mit ihren Liedern auf den Lippen stromabwärts zogen. Sie haben mitunter wochenlang auf der Oder gelebt, auf ihren Floßverbänden in wacklig zusammengezimmerten Hütten geschlafen und nach Einbruch der Dunkelheit an ihren Lagerfeuern gesessen und gefeiert. Die Schilderungen der flackernden Feuer der Flößer auf der Oder gehört zu den eindrucksvollsten Bildern, die der Fluß hervorgebracht hat. Noch zu Beginn des 20. Jahrhundert hat der 1886 in Königlich Reetz an der unteren Oder geborene Lyriker und Prosaist Gustav Schüler den Flößern ein Gedicht gewidmet:

Tote Wälder kommen den Fluß gefahren,
Wälder, die grün und stark und jauchzend waren,
von Blättern umbauscht, den wogenden Wälderhaaren –
und liegen die nackten Leiber auf den Bahren:
Die von der Sonne durchglüht und von Vögeln
   umklungen,

Wälder, die der heilige Mittagsgott durchsungen,
wild und wonnig, laut und weise,
in der alten Urweltweise.

Von den Stämmen wittert der toten Lieder Seele
und flattert den Flößern in die rauhe Kehle,
und Lieder brechen herauf, flackernd und ungefüge,
als ob der Gott des Sturmes die Harfen schlüge.

Die Wasserpolnisch sprechenden Flößer haben ihren Eindruck bei vielen Autoren hinterlassen, bei Joseph von Eichendorff ebenso wie bei Theodor Fontane. Das hat nicht nur mit dem für viele fremd klingenden Singsang der

Breslau ist heute neben Stettin die literarische Hauptstadt der Oder.

Die Aufschrift erinnert daran, daß Breslau schon im Jahr 1000 Bischofssitz wurde.

Breslau: Blick von der Sandinsel auf die Dominsel mit dem Dom Johannes des Täufers

Die Oderinseln in Breslau

Die Fahrt mit dem Fahrrad von Brzeg über Oława nach Breslau ist eine Fahrt entlang der Oder. Allerdings keine unbeschwerliche. Ausgeschildert sind die Fahrradwege erst zwischen Breslau und Glogau. Östlich der Odermetropole heißt es sich durchschlagen, und manchmal, wie bei Czernica, muß man die Oder auf den wackligen Bohlen einer Eisenbahnbrücke überqueren. Aber immer wieder wird man für die Beschwerlichkeiten belohnt: mit herrlichen Blicken über den Fluß und seine Auen, mit Badestränden an der Oderbucht bei Bajków, mit dem gigantischen Wehr bei Bartoszowice, das im Sommer die Jugendlichen als Badeanstalt in Besitz nehmen.

Bartoszowice befindet sich schon Flößerlieder zu tun, sondern auch damit, daß die Flößer die ersten waren, die in ihren Liedern den Fluß als Ganzes besungen hatten. So heißt es in einem der Flößerlieder:

> Von Opole führt der Weg
> Tag und Nacht flußabwärts.
> Brzeg, Oława, 's alte Wrocław,
> Schöne Städte unterwegs.
> Głogów, Krosno, später Frankfurt;
> Wir betrachten uns die Welt,
> Nach Szczecin gelangen dann
> Vater, ich, mein älterer Bruder,
> Froh ist unser Leben.
> Unsre Oder jeder liebt;
> und er möchte weiter treiben,
> bis das Alter zu sehr drückt.

Die Arbeit auf dem Fluß, die Fahrt die Oder hinunter von Ratibor nach Stettin machen die Oderflößer wie auch die

Auf den Breslauer Oderinseln. Links die Sandinsel hinter der ältesten Brücke der Stadt, rechts die Dominsel, die katholische Welt Breslaus

Schiffsleute auf den Kähnen nicht nur zu den ersten Entdeckern des Flusses und seiner Geographie. Sie lassen sie auch zu Pionieren dieses europäischen Raums werden, zu den Experten des Grenzüberschreitens und der Zusammenarbeit zwischen Deutschen und Polen zu einem Zeitpunkt, da die Oder noch unzweifelhaft deutsch war. Diese europäische Dimension der Oderschiffahrt hat Dorota Simonides, die wohl beste Kennerin der Oderfolklore, eine »Geographie des Singens« genannt.

Hinter dem Selbstbewußtsein der Flößer, die Waren aus verschiedener Herren Länder zum Wohle der jeweiligen Völker zu verteilen, verbirgt sich freilich auch die Erfahrung oftmals geringer Wertschätzung durch die Bewohner der an der Oder gelegenen deutschen Städte. »Wasserpolacken« nannte man die Flößer mitunter verächtlich. Die Deutschen, vermutete der Etymologe Adolf Hytrek bereits 1879, hätten die zumeist aus Oberschlesien stammenden Flößer deshalb so genannt, weil sie die mit zahlreichen deutschen Begriffen vermischte polnische Sprache über den

auf dem Stadtgebiet von Breslau. Von dort ist es nur noch eine knappe Stunde bis zu der Stelle, an der Breslau schon im 6. Jahrhundert vor Christus entstanden ist – als Burg des slawischen Stammes der Slensanen an einer der günstigsten Furten im gesamten Odergebiet.

Ich bin also auf den Oderinseln. Wie oft war ich hier, und immer wieder ist es ein Ereignis. Eine Insellandschaft mitten in der Großstadt. Nicht mit Bürgerhäusern bebaut wie die Île de la Cité oder die Île St. Louis in Paris, nicht mit mondänen Museen bestückt wie die Museumsinsel in Berlin und auch kein Freizeitpark wie die Margaretheninsel in Budapest. Auch wenn Stadt und Inselland in scheinbar inniger Freundschaft einander umarmen, ist man auf den Oderinseln in Breslau doch in einer anderen Welt, das war damals so, und heute stimmt es noch immer. Die Oderinseln, das heißt die Sandinsel, die Dominsel, die Malz- und die Mühleninsel, sind der Ort der Kirchen, des Glaubens und der Beschaulichkeit. Sie folgen dem Takt des Katechismus, das weltliche Leben ist hier weit entfernt.

Die katholische Welt Breslaus hat viele Gesichter. Auf der Sandinsel, gegenüber der mächtigen gotischen Backsteinkirche »Maria auf dem Sande«, lädt das Schaufenster des Geschäfts »Veritatis« zum Devotionalienshopping. Es gibt Marienfiguren aus Porzellan und ein Ölbild Jesu, auf dem steht: »Jesus vertraut dir«. Kaufen kann man Holzschnitzereien mit der Kreuzigungsszene und jede Menge Lampen mit Bibelmotiven. Doch das ist nur das kommerzielle Vorspiel zu dem, was mich auf der Dominsel – Ostrów Tumski – erwartet. Wer die Insel mit der Heiligkreuzkirche und der Hauptkirche Breslaus, dem Dom St. Johannes des Täufers, über die romantische Dombrücke mit ihrem geschwungenen grünen Bogen betritt, schreitet über eine der ältesten Grenzen der Stadt. Bis zur Säkularisierung während der Napoleonischen Besatzung 1810 herrschte auf der Dominsel kein städtisches und auch kein staatlich preußisches, sondern Kirchenrecht. Die Dominsel war eine Art schlesischer Vatikan und Breslau das ihn umgebende Rom, nur daß

Das katholische Breslau ist eine Stadt in der Stadt. Hier der Dom St. Johannes des Täufers.

Wasserweg in Städte wie Oppeln, Breslau oder Glogau brachten.

Doch das Erbe der Flößer wirkte fort, auch nach der Nationalisierung des Flusses in der Zwischenkriegszeit und der Grenzziehung an Oder und Neiße 1945. Anders als viele seiner polnischen Dichterkollegen hat Bogusław Żurakowski in den sechziger Jahren keine Apologie der polnischen Westgrenze verfaßt, sondern ein Gedicht mit dem programmatischen Titel »Pogranicze« – »Grenzland«. Es beschäftigt sich mit dem Tabu der Thematisierung der deutschen Vergangenheit in den »wiedergewonnenen Gebieten« an Oder und Neiße.

(…) usiłuję wznieść się w swiatło
o odległe swiatło gasnącego słońca
zdjąć bryły chmur nierzeczywistych
i mgła zasypać te dwujęzyczna przepaść
zwana Odra lub Oder
skoro już jestem między brzegami.

Der Marktplatz in Breslau ist zum Treffpunkt der Einheimischen und Touristen geworden.

Ich bemühe mich zum Licht emporzusteigen
Das Licht auf das entlegene Licht der untergehenden
 Sonne
Zu legen, die Körper nicht existierender Wolken
Hineinzuschütten in den zweisprachigen Abgrund
Genannt Odra oder Oder
Sobald ich mich zwischen den Ufern befinde.

Mittlerweile gibt es in der Grenzlandliteratur sogar einen zeitgenössischen Erben des Oder-Romans von Jochen Klepper. In seinem Roman »Picknick am Ende der Nacht«, der in Polen unter dem Titel »Niskie łąki« – »Schwemmland« – erschienen ist, rückt Piotr Siemion die Oder wieder ins Zentrum der Handlung. Gleich zu Beginn läßt er seinen Helden in die Oder springen.

»Er schoß waagerecht über das Geländer, stürzte Hals über Kopf in die Tiefe wie in einen Brunnenschacht und klatschte schließlich mit dem Rücken auf das schwarze Wasser.«

dieses Rom längst protestantisch geworden war, was das Zusammenleben der beiden Welten nicht gerade erleichterte.

Auf dem Weg zur Kathedrale, die nach dem Mongolensturm von 1241 prächtiger als die zuvor zerstörte Kirche aufgebaut wurde und noch heute das höchste Gebäude Breslaus ist, begegnen mir Nonnen, Priester, Kirchenbedienstete auf dem Weg zu ihren Büros. Sie arbeiten in der Päpstlich Theologischen Fakultät, in der katholischen Hotel- und Freizeitanlage »Dom Jana Pawła II« oder in der Residenz des Breslauer Erzbischofs. Den Sitz des Erzbischofs schmückt auch eine Wandmalerei, die an die 1000jährige Geschichte des Bistums erinnert. Es war im Jahre 1000, als der deutsche Kaiser Otto III. dem Piastenfürsten Bolesław Chrobry in Gniezno/Gnesen die polnische Königskrone aufsetzte. Otto machte Gnesen zum Erzbistum und drei weitere Städte Polens zu Bischofssitzen – Kolberg an der Ostsee, Krakau und Wratislavia, das heutige Wrocław. Die Grenze des polnischen Piastenstaates zum deutschen Reich bildete die Oder, jener Fluß also, an den der polnische Staat nach 1945 wieder zurückkehrte. Die Dominsel ist damit nicht nur Teil der katholischen, sondern auch der polnischen Erinnerungskultur.

Die Redaktion der »Odra«

Das Jahr 1241, die Zerstörung Breslaus durch die Mongolen, war auch für die Welt jenseits der Oderinseln eine Zäsur. Doch kaum war der Mongolensturm vorüber, wurde der bürgerliche Teil der Oderstadt wiederaufgebaut und der Rynek, der Marktplatz, erhielt seine heutige Gestalt. Neben dem Krakauer ist er der wohl schönste Marktplatz in Polen.

Ich mache mich auf die Suche nach der Adresse Rynek Ratusz 25. Sie muß sich an der inneren Bebauung des Marktplatzes befinden, jenem Gewirr von Gassen und Durchgängen, die noch heute nach ihren Gründern, Töpfern und Eisenkrämern, heißen. Schließlich habe ich die Hausnummer gefunden. Hinter dem winzigen Bürgerhaus am Rathausring 25 verbirgt sich die Redaktion einer Zeitschrift, der ihr Name einmal Programm war: *Odra*. Hier will ich erfahren, was es auf sich hat mit einer Stadt, die von slawischen Stämmen gegründet, dann polnisch wurde, böhmisch, österreichisch, preußisch und schließlich wieder polnisch, und die in der Zwischenzeit, bis zur Vernichtung durch die Nazis, immer auch jüdisch gewesen ist. Die Breslauer jüdische Gemeinde war nach der in Berlin sogar die zweitgrößte des Deutschen Reiches.

Der, dem so geschieht, ist kein Pole und auch kein Deutscher, sondern ein Engländer, den es in den achtziger Jahren nach Breslau verschlagen hat. Breslau, das war für den Protagonisten damals Osteuropa und Aufbruch, Jazz und Literatur, Sex und Abenteuer. Doch bevor er von alldem kosten konnte, hieß es, die Bewährungsprobe in der Oder zu bestehen. Erst nach einem langen Kampf mit dem Fluß gelingt es ihm schließlich, sich ans Ufer zu retten.

»Als der Engländer endlich den Kopf über Wasser bekam und nach Luft schnappen konnte, trug ihn die Strömung von den Schleusen des Kraftwerks her schon in die Flußmitte. Blindlings kraulte er um sein Leben auf die Ufermauer zu, die links von ihm war. Das nachtschwarze Wasser stank nach Karbol. Als er endlich festen Boden unter den Füßen hatte und wie eine verirrte Krabbe auf die unteren Stufen kroch, fühlte er, wie ein Zucken durch jede Faser seiner Muskeln lief. Anstatt weiter hinaufzuklettern, reckte er den Kopf vor und lauschte. Niemand, Stille. Wirklich?«

Der Weg des Engländers in die Welt des Aufbruchs auf der anderen Seite des Eisernen Vorhangs war in Siemions Roman nur möglich, indem der Held seine Vergangenheit hinter sich ließ: In jener Nacht, in der er mit der Oder rang, verlor er seinen Paß in den Fluten des Flusses. So wird der Fluß zum Symbol des Neubeginns. Aber auch am Ende des fulminanten Road-Movies durch den Breslauer Underground, die menschliche Hölle in Manhattan und schließlich die Nachwendezeit in Polen steht die Oder. An ihren Ufern findet das »Picknick am Ende der Nacht« statt:

»Carlos und Lidka beugten sich vornüber und nahmen seine Hand fest in ihre. (...) Zu dritt standen sie nun im Wasser, umspült von der langsamen Strömung, und fühlten, wie ihre Füße immer tiefer in den Schlamm einsanken. Über ihnen knallte die nächste Rakete. Die Funken regneten ins Wasser und auf das Deck des Kahns. Der Engländer schob das triefende Tonbandgerät ins Schilfgras und versuchte, an

Die »Adler-Queen« während der Autorenfahrt. Zwischenstop in Głogów/Glogau

Land zu kraxeln, aber er rutschte zurück und landete wieder im Wasser, diesmal bis zum Hals. Das Märzwasser war gräßlich und kalt und stank furchtbar. Jetzt standen sie alle drei bis zur Taille im Fluß und lachten so laut wie noch nie in ihrem ganzen Leben.«

Eines der mächtigsten Bauwerke an der Oder: das Kloster Lubiąż/Leubus zwischen Glogau und Breslau

Mitteleuropa im Mittelalter. Die Oder zwischen den Mächten

Er kam mit dem Helikopter. Nach einem seiner zahlreichen Konzerte in Polen flog Michael Jackson im November 1997 ins schlesische Lubiąż. Ein Jahr lang hatte der amerikanische Popstar schon nach einer passenden Bleibe in Polen gesucht – ohne Erfolg. Nun nahm er eine der gewaltigsten Klosteranlagen Europas in Augenschein – das 1163 von den Zisterziensern an der Oder gegründete Kloster Leubus. Als er das Bauwerk mit seiner 225 Meter breiten Vorderfront und dem 118 Meter langen Seitenflügel gesehen habe, habe Jackson »Wonderful!« gerufen, erinnert sich der Journalist Witold Skrzypczak. Doch kurze Zeit später stieg Jackson wieder in seinen Helikopter und flog zurück nach Warschau. Das Kloster Lubiąż war ihm nicht abgeschieden genug.

Vielleicht war es ein Segen für eines der beeindruckendsten Baudenkmale an der Oder. Michael Jackson und Polen, das war ohnehin eine seltsame Liaison. Nach seinem ersten Konzert 1996 in Polen hatte Jackson verkündet: »Ich würde gerne hier wohnen. Polen ist meiner Meinung nach voller Liebe.« Seitdem mühten sich die Marketingabteilungen der polni-

Die literarische Stimme

In den Redaktionsräumen der *Odra* empfängt mich Mariusz Urbanek, ein bekannter Essayist und Buchautor in Polen. Urbanek reicht Kaffee und Kekse und erinnert an die Anfänge seiner Zeitschrift. »Als die *Odra* 1961 gegründet wurde, stand sie noch ganz im Dienste der Verbreitung des Westgedankens, also der Rückkehr des polnischen Staates in die urpolnischen Gebiete, daher auch der Name *Odra*. Es war ein ideologischer Begriff.« Doch dieser Dienst im Sinne der »wiedergewonnenen Gebiete«, klärt mich Urbanek auf, sollte nicht lange dauern. Schon vier Jahre später veröffentlichte die *Odra* das Manifest des *Teatr Laboratorium* von Jerzy Grotowski. Der legendäre Begründer des polnischen Off-Theaters plädierte darin gegen ein geistig verarmtes Theater. Daß sich die *Odra* bald zu einer der wichtigsten intellektuellen Stimmen entwickelte, zeigte auch die Verleihung ihes Literaturpreises an den Breslauer Lyriker Tadeusz Różewicz im Jahre 1970. Dem schrieb später der 1922 in Breslau geborene deutsche Schriftsteller Heinz Winfried Sabais: »Lieber Tadeusz Różewicz, wir beide sind Cives Wratislaviensis, Gott will es. Die Stadt hat uns beide in ihre Geschichte genommen. ... Wir müssen uns leiden. Oder wir sterben.«

Geschichten wie diese sind für Mariusz Urbanek ein Beweis dafür, daß Breslau in der Beziehung zwischen Deutschen und Polen eine besondere Rolle spielt. Das gilt auch für seine Zeitschrift. »Kurz nach der Wende haben wir damit begonnen, die Geschichte der Stadt aufzuarbeiten. Es erschien eine Sonderausgabe, die viele Bewohner von Wrocław zum ersten Mal mit der Tatsache konfrontierte, daß die Stadt über 600 Jahre lang nicht zu Polen gehörte. Das war eine Revolution.«

Eine kleine Revolution für die meisten Polen ist es auch, wenn Urbanek heute davon spricht, daß Berlin für Breslau sehr viel näher liege als Warschau. »Breslau«, sagt er zum Schluß unseres Gesprächs, »ist eine europäische Stadt, Warschau dagegen ist unverkennbar östlich. Im vereinigten Europa wird Breslau eine besondere Rolle spielen.«

schen Kommunen fieberhaft um den blassen wiewohl einträglichen King of Pop aus dem gelobten Land. Doch Amerika ist nicht nur Hoffnung, es ist auch flüchtig. Bis heute hat Jackson keinen Wohnsitz in Polen, und auch das musikalische Disneyland, das er den Warschauern einmal versprochen hatte, ist nie gebaut worden. In Lubiąż sind sie heute froh darüber. Kein Stacheldraht trennt die Klosteranlage vom gemeinen Volk. Lubiąż ist zwar noch immer reichlich baufällig, doch immerhin, es steht offen.

Daß sich inmitten der sanften Hügel des niederschlesischen Oderlandes ein Bauwerk von solchem Ausmaß auftürmt, hat die Reisenden seit jeher überrascht. Das Kloster Leubus ist eine Landmarke, wie sie auch im an Schlössern, Klöstern und Herrenhäusern reichen Schlesien selten ist. 50 Kilometer nordwestlich von Breslau und 20 Kilometer östlich von Liegnitz gelegen, ist Leubus/Lubiąż auch ein Stein gewordenes Symbol der wechselvollen Geschichte der Oderregion. Und Michael Jackson sei Dank ist diese Geschichte begehbar geblieben, wenngleich man dazu festes Schuhwerk braucht und viel Stehvermögen. Und natürlich einen Blick für die Geschichte dieses Ortes, seine Bedeutung für die Region zwischen Polen, Deutschen, Böhmen und Habsburgern.

Es waren Zisterziensermönche aus dem thüringischen Kloster Pforta, die im 12. Jahrhundert einem Ruf gefolgt waren, der alles andere als selbstverständlich war. Kaum war er zum Herzog von Schlesien gekürt, hatte Bolesław Wysoki, zu deutsch Boleslaus der Lange, die deutschen Siedler 1163 nach Leubus geholt. Sie sollten sich an der Stelle niederlassen, an der die slawischen Bewohner Niederschlesiens schon im 10. Jahrhundert eine Burg errichtet hatten – zum Schutz der Oderfurt, die an dieser Stelle des Flusses besonders schmal war. Zwölf Jahre nach dem Werben um deutsche Siedler erklärte Boleslaus in der Stiftungsurkunde des Klosters die Gründe für seinen ungewöhnlichen Aufruf:

»So habe ich aus Liebe zu unserem Herren Jesus Christus, dem Erlöser unserer Seelen und um der Verehrung seiner allzeit jungfräulichen Mutter Maria und der Fürsorge des heiligen Apostels Jakobus und allen Heiligen Gottes willen aus dem Kloster Pforta an der Saale in Deutschland herbeigeholte Mönche an dem Ort Leubus – an der Stätte einer alten Burg an der Oder – angesiedelt, damit sie dort in Eintracht und in Gemeinschaft mit der heiligen katholischen Kirche die Regel des heiligen Benedikt und des Zisterzienserordens halten.«

Ungewöhnlich war die Ansiedlung deutscher Mönche, weil Schlesien lange Zeit im Spannungsfeld der es umgebenden Herrscherhäuser stand – Böhmen, Polen und Deutschland. Diese frühmittelalterlichen Spannungen hatten, wie es der Osteuropahistoriker Karl Schögel formuliert, freilich weniger mit Nationenbildung im modernen Sinne zu tun als mit Christentum und herrschaftlichem Landesausbau. Die böhmischen Přemysliden hatten schon zu Beginn des 10. Jahrhunderts weite Teile des von den slawischen Stämmen der Slensanen, Dedosizen, Opolanen, Golensizen, Boboranen und Trebowanen besiedelten Schlesien unter ihre Kontrolle gebracht. Dabei hat der böhmische Herzog Vratislav I. (894–921) wohl der neu angelegten Grenzfeste seinen Namen gegeben: Vratislavia, das heutige Wrocław/Breslau. Ihm gegenüber standen die polnischen Piasten, die vom Warthe-Weichsel-Raum aus ebenfalls Anspruch auf Schlesien erhoben. Die Dritten im Bunde waren schließlich die deutschen Ottonen, die ihr Herrschaftsgebiet längst auf die Lande östlich der Elbe ausgeweitet hatten und nun an der mittleren Oder standen.

Für die Piasten bedeutete dies: Konflikt oder Konfliktvermeidung. Mieszko I. entschied sich für letzteres. Der polnische Herzog nahm 966 den christlichen Glauben an, sein Sohn bekam zum Dank von Otto III. im Jahre 1000 eine eigene Kirchenprovinz. Das war nicht nur die Geburtsstunde des ersten polnischen Staates, sondern, wenn man so will,

Architektur der Moderne

Das tut es schon heute. Wer sich durch die Breslauer Innenstadt treiben läßt, stößt immer wieder auf architektonische Zeugnisse der Zwischenkriegsmoderne. In der ulica Szewska steht, fast ein bißchen versteckt, das schnittig-gläserne Kaufhaus von Erich Mendelsohn; der Plac Kościuszki, der einstige Tauentzienplatz, wird vom mächtigen Kaufhaus von Hermann Dernburg dominiert; in der ulica Oświęcimski steht das Geschäftshaus von Hans Poelzig, und draußen vor den Toren der Stadt türmt sich die Jahrhunderthalle von Max Berg auf, die heute Hala Ludowa, Volkshalle, heißt. Ich bin inzwischen am Architekturmuseum angekommen und frage seinen Leiter, Jerzy Ilkosz, was diese Bauten der Moderne für Wrocław heute bedeuten?

»Noch in den sechziger und siebziger Jahren«, sagt Ilkosz, »war das eine Architektur ohne Urheber. Keiner in Breslau hat sich Gedanken darüber gemacht, wer diese Häuser gebaut hat, geschweige denn, daß es deutsche Architekten waren, die sie entworfen haben. Sie standen einfach da.«

Heute gehören sie zum kulturellen Erbe der Stadt, genauso wie die zwölf Nobelpreisträger, die Breslau hervorgebracht hat, darunter viele Juden. Ihnen hat der Leiter des Breslauer Stadtmuseums Maciej Łagiewski im gotischen Rathaus der Stadt sogar eine eigene Galerie gewidmet. Daß von den

Breslauer Nobelpreisträgern kein einziger die polnische Nationalität hatte, stört Łagiewski nicht. »Sie waren Schlesier«, sagt er mir später, und es klingt nicht entschuldigend, sondern stolz. »So wie auch die heutigen, die polnischen Bewohner Breslaus Schlesier sind.«

In Breslau übt man ihn inzwischen ein, den europäischen Blick, der zugleich ein Blick durch Raum und Zeit ist. »Blume Europas« hat der Barockdichter Nikolaus von Hennenfeld die Oderstadt einmal genannt, und diese Blume blüht. Breslau, das ist eine Metropole, die nicht nur die alten Beziehungen zu Prag, Berlin und Wien wiederaufgenommen hat, sondern auch die zur eigenen Geschichte. Vorbei die Zeiten, in denen die Geschichte der Stadt in den Schulbüchern beim Mittelalter endete und 1945 wieder begann. Heute lernt man in Breslau auch die Namen der deutschen Architekten, die in der Stadt so viele Spuren hinterlassen haben. In der Auseinandersetzung mit dem kulturellen Erbe hat sich Breslau neu erfunden. Nirgendwo ist die Oder europäischer als hier.

Staustufe bei Brzeg Dolny

Von Breslau oderabwärts geht die Reise auf einem Schiff, der »Adler-Queen«, einem Ausflugsschiff, das der Reederei Adler vor dem polnischen EU-Beitritt noch als »Schnäppchen-

Breslauer Moderne (1): Zweifamilienhaus in der Zimpeler Straße, 1930

auch eine erste, christliche Osterweiterung in Europa. Als Grenze zwischen dem Heiligen Römischen Reich Deutscher Nation und dem entstehenden polnischen Staat wurde 966 die Oder festgelegt. Die »Rückkehr« in die »wiedergewonnenen Gebiete«, die seit 1945 die Westverschiebung der polnischen Grenzen propagandistisch begleitete, hat ihren historischen Bezugspunkt in dieser Grenzziehung vor mehr als 1000 Jahren.

Nach dem Ausgleich mit den Deutschen hatten die Piasten Gelegenheit, ihr Augenmerk wieder auf Schlesien zu richten. Immerhin waren die schlesischen Stammesgebiete nach und nach unter den Einfluß von Mieszkos Sohn Bolesław Chrobry I. (Boleslaw dem Tapferen) geraten. Mit der Gründung des Bistums Breslau hatten die polnischen Piasten ihr Herrschaftsgebiet auf Schlesien auch kirchenpolitisch ausgeweitet. Doch auch diese Macht war nicht von Dauer. Kaum war Bolesław Chrobry I. gestorben, waren wieder die Přemysliden am Zuge. Der böhmische Herzog Břetislav eroberte Schlesien zurück und ging sogar so weit, sich in einem

Breslauer Moderne (2): Terrasse eines Hauses in der Zimpeler Straße, 1930

Beutezug der sterblichen Überreste des heiligen Adalbert in Gnesen zu bemächtigen. Adalbert, ein böhmischer Adliger, war 997 im Pruzzenland den Märtyrertod gestorben. Ein Ende der Auseinandersetzungen zwischen Polen und Böhmen um Schlesien brachte erst der Glatzer Pfingstfriede von 1137.

Schlesien war jedoch nicht nur ein von fremden Mächten umkämpftes Land. Es wurde auch zum Ausgangspunkt einer eigenen Herrschaftsentwicklung an der Oder, die schließlich in die Loslösung von Polen und eine eigene, eine schlesische Herrscherlinie des Piastengeschlechts mündete. Dieser Weg in die Selbständigkeit Schlesiens war ebenfalls mit der Politik von Boleslaus dem Langen verbunden, der die thüringischen Siedler 1163 nach Leubus geholt hatte. Mehr noch: Boleslaus setzte sogar auf langfristige Beziehungen Schlesiens zu den Deutschen.

Was aber war das für ein Piastenherrscher, der sich scheinbar ohne Not von Polen lossagte? Boleslaus' Hinwendung zu den Deutschen war, das zeigt ein Blick auf seine Biogra-

dampfer« Dienst tat. Doch mit dem Wegfall der Zollkontrollen kam auch das Aus für die Butterfahrten. Die »Adler-Queen« mußte sich andere Kunden suchen – und fand sie im Mai 2004 in einer Gruppe von polnischen, deutschen und niederländischen Schriftstellern, die zusammen eine Reise auf der Oder unternehmen wollten, von Breslau bis Stettin.

Gleich nach der Abfahrt vom städtischen Hafen auf dem Gelände der Reederei Odratrans erklärt uns Kapitän Jan Niemiec: »Die ›Adler-Queen‹ hat 1,20 Meter Tiefgang. Die Oder hat im Mittel der letzten fünf Jahre 1,45 Meter gehabt. Doch das will nichts heißen. Es gibt Tage, da steigt der Pegel kaum über einen Meter.« Als wir nach zwei Stunden den Ort Brzeg Dolny erreicht haben, erfahren wir von Niemiec, daß heute so ein Tag sei. »Normalerweise macht das nichts aus, weil es in Brzeg Dolny eine Staustufe gibt, also auch ein Wehr, mit dem man Wasser flußabwärts geben kann, das uns dann über die Untiefen trägt«, sagt Niemiec. »Leider ist diese Welle gerade vorbei. Bis die nächste kommt, müßten wir drei Stunden warten.«

Niemiec nimmt es mit der Gelassenheit, die den Oderschiffern zur Routine geworden ist. Seit er zurückdenken kann, fährt Niemiec, geboren in Stettin, wohnhaft in Breslau, auf der Oder. Zumindest während der acht Monate, in denen der Fluß im Jahr schiffbar ist, das sind immerhin fünf Monate mehr als auf der Weichsel.

Breslauer Moderne (3): Die Jahrhunderthalle (heute: Hala Ludowa) von Max Berg

»Zwischen der Mündung des Kanał Gliwicki bei Koźle und Brzeg Dolny ist das kein Problem, da ist die Oder kanalisiert. Doch danach ist Schluß, die Welle in Brzeg Dolny ist das letzte, was die Mitarbeiter der Wasserämter den Oderschiffern mitgeben können.« Hinter Brzeg Dolny ist die Oder kein Kanal mehr, sondern ein Fluß, den sich die Natur zurückerobert hat, Hochwasser und Untiefen inklusive.

Wir entscheiden uns, nicht so lange zu warten, bis die neue Welle aufgestaut ist, und fahren mit dem Bus. »Bis morgen«, verabschiedet uns Niemiec und weist uns darauf hin, daß hinter der »Adler-Queen« noch eine Reihe Schubverbände warten. »Das kann Tage dauern«, scherzt er. Wir glauben es ihm aufs Wort.

Am nächsten Morgen wird uns

phie, nicht nur wirtschaftlichem und politischem Kalkül geschuldet. 17 Jahre verbrachte er mit seinen Brüdern Mieszko und Konrad im deutschen Exil – in Altenburg in Sachsen, unweit von Pforta in Thüringen. Zusammen mit seinem Vater Ladislaus und seiner Mutter Agnes von Österreich hatte die schlesische Herzogsfamilie 1146 vom Königssitz in Krakau fliehen müssen. Vorausgegangen war ein Machtkampf unter den Piastenherzögen, der durch die polnische Senioratsverfassung von 1138 ausgelöst worden war. Diese Erbfolgeregel war nach dem Tode von Boleslaus' Großvater, genannt »Schiefmund«, in Kraft getreten und besagte, daß das polnische Staatsgebiet unter dessen vier Söhnen aufgeteilt werden mußte. Als Ältester sollte Władysław (Ladislaus) II. Schlesien bekommen, am polnischen Königssitz in Krakau residieren und als »Senior« das polnische Königreich zusammenhalten. Doch dazu kam es nicht. Nach erbitterten Auseinandersetzungen mit dem mächtigen Kastellan von Breslau, Peter Wlast, wurde Ladislaus aus Krakau vertrieben und ging nach Deutschland ins Exil. Mit ihm waren seine Frau Agnes von Österreich und die Söhne Boleslaus, Mieszko und Konrad.

Die laut Senioratsverfassung rechtmäßige Herrscherfamilie wollte dieses Entmachtung allerdings nicht tatenlos hinnehmen. Im Altenburger Exil machte sich Ladislaus, der bald den Beinamen »der Vertriebene« bekommen hatte, die Beziehungen seiner Frau Agnes zur deutschen Königskrone zunutze. Die beharrliche Exildiplomatie hatte Erfolg, auch wenn Ladislaus ihn nicht mehr erlebte. 1163, im Jahr des Rufes an die thüringischen Siedler, durften Ladislaus' Söhne Boleslaus, Mieszko und Konrad nach Schlesien zurückkehren – als rechtmäßige Herrscher. Tatkräftige Unterstützung hatten sie dabei vom deutschen Kaiser Friedrich I. Barbarossa erhalten. Immer wieder haben deutsche Historiker in dieser Inthronisierung eine der Ursachen für die an Deutschland ausgerichtete Politik der schlesischen Piasten gesehen.

Die Rückkehr von Boleslaus und seinen Brüdern bedeutete aber nicht nur den Beginn der Loslösung der schlesischen Piasten von der polnischen Krone. Sie war auch der Ausgangspunkt einer weiteren folgenschweren Entwicklung – der Teilung der Herrschaftsgebiete in Schlesien selbst. Auch hier hatte wieder der deutsche Kaiser seine Finger im Spiel. Nachdem der jüngste der drei Brüder, Konrad, ins Kloster gegangen war, veranlaßte Barbarossa die Teilung Schlesiens. Boleslaus der Lange, der Gründervater des Klosters in Leubus, erhielt mit Breslau, Liegnitz, Oppeln, Sagan, Glogau und Crossen den weitaus größten Teil des Herzogtums. Sein Bruder Mieszko mußte sich dagegen mit Ratibor und Teschen zufriedengeben. Die in Mittel- und Niederschlesien regierenden Piasten nannten sich fortan Herzöge von Schlesien, während die oberschlesischen Herrscher als Herzöge von Oppeln regierten.

Ob Michael Jackson die wechselvolle Geschichte der Oderregion kannte, als er im November 1997 mit dem Helikopter über dem Kloster Leubus kreiste? Wußte er, daß die Teilung Schlesiens noch heute fortwirkt – im Nebeneinander der oberschlesischen Woiwodschaften Kattowitz und Oppeln sowie der niederschlesischen Woiwodschaft mit der Hauptstadt Breslau? Wußte er, daß Bolesław, wollte er seine Herrschaft als Herzog von Schlesien ausbauen, zwangsläufig auf deutsche Siedler zurückgreifen mußte? Diese Siedler, einmal in Schlesien angekommen, erhielten weitaus größere Rechte als die slawischen Bewohner der Dörfer rund um die Burgkastelle. Auch das ist in der Stiftungsurkunde des Klosters Leubus von 1175 festgehalten:

»Wenn irgendeine geistliche oder weltliche Person (...) dem Kloster Leubus Güter durch rechtmäßige Übertragung oder als fromme Schenkung oder auf gültigem Tauschwege überträgt, so sollen sie ungefährdet in seinem Besitz bleiben, gemäß den apostolischen Privilegien, die dem Zisterzienser-

Breslauer Moderne (4): Das Kaufhaus von Erich Mendelsohn in der ulica Szewska

Die Oder der Wasserbauer: Bau der neuen Staustufe in Malczyce

Niemiec dann in der Kunst der Binnenschiffahrt auf einem Naturstrom unterweisen. Vor uns ist eine »Schwelle«, wie sie im Schiffahrtsjargon sagen. Nun kann Jan Niemiec beweisen, was er kann. Als er es geschafft hat, klatschen wir. Viermal hat sich die »Adler-Queen« um die eigene Achse gedreht, um durch die schmale Fahrrinne zwischen zwei Untiefen zu kommen. »Das ist wie mit einem Schrank, den man durch eine zu schmale Tür manövriert«, sagt Niemiec. Es klingt ganz einfach.

Harley Davidson in Lubiąż

Zwischen Brzeg Dolny und Glogau erstreckt sich die »Dolina Środkowej Odry«, das Mittlere Odertal, ein landschaftlich besonders wertvoller

orden gegeben sind und in welchem ihm der ungeschmälerte Besitz des Zehnten von Land und Leuten, Zugtieren und Vieh bestätigt wird. Wenn aber Deutsche die Ländereien des Klosters bebauen oder bewohnen, die dort vom Abt angesiedelt werden, sind sie auf Dauer von allen polnischen Rechtsverpflichtungen ohne Ausnahme befreit.«

Leubus, das war fortan nicht nur ein Kloster, es war auch ein Wirtschaftsfaktor. Im Zuge der Besiedelung durch die Deutschen aus Pforta wurden 40 Dörfer rings um das Kloster gegründet. Wein- und Gartenbau wurden gefördert, Mühlen und Brauereien aus dem Boden gestampft. Es waren mittelalterliche Pioniertaten, die Michael Jackson hätte bestaunen können, Pioniertaten der Siedler und auch des Herzogs von Schlesien, Boleslaus des Langen, der den Mut gehabt hatte, diese Pioniere in sein Land zu holen.

Vielleicht hätte Jackson auch von den Schwierigkeiten gehört, die dieses Erbe den Polen und Deutschen bereitet hatte. War die Ostsiedlung, die mit der Ankunft der deutschen Mönche in Leubus begonnen hatte, nun der Beginn einer deutschen Unterwerfung des Oderraums? Oder bedeutete sie die Modernisierung des wirtschaftlichen und sozialen Lebens?

Diese Frage und mit ihr die mittelalterliche Geschichte des Oderraums wurde bis in die jüngste Zeit kontrovers diskutiert. Noch Mitte des 19. Jahrhunderts bezeichneten der tschechische Historiker František Palacký und sein polnischer Kollege Joachim Lewelel die Ostsiedlung als »schlimmste Krankheit«, da sie eine große Gefahr für die nationale Identität von Polen und Tschechen gewesen sei. Noch weiter ging der Krakauer Historiker Karol Szajnocha, der in seinem Werk »Jadwiga i Jagiełło« 1855/56 behauptet hatte, die Wanderung deutscher Siedler nach Osten sei allein um der Vernichtung des Polentums willen geschehen. Die polnische Angst vor dem deutschen »Drang nach Osten«

wurde durch diese Nationalisierung der Geschichtsschreibung im 19. Jahrhundert weiter verstärkt.

Ihren Anfang nahm diese Nationalisierung allerdings in den Schriften deutscher Historiker. Die behaupteten, daß der Erfolg der Ostsiedlung vor allem auf der kulturellen Überlegenheit der deutschen Siedler gegenüber der bis dahin ansässigen slawischen Bevölkerung beruhte. Bei Heinrich von Treitschke gipfelte diese Behauptung 1862 in der These vom Recht der Kulturvölker wider die Barbareiländer, bei den Nazis schließlich in deren Vernichtung (siehe Kapitel »Die Ideologien der Oder«).

Eine gemeinsame deutsch-polnische Bewertung der Ostsiedlung, die das gesamte Europa östlich der Elbe zwischen dem 12. und 14. Jahrhundert umgewälzt hat, wurde erst in den siebziger Jahren des 20. Jahrhunderts möglich. Mittlerweile, meint der Stettiner Historiker Jan Piskorski, seien sich deutsche und polnische Historiker über die Bewertung dieser Zeit weitgehend einig. Die Ostsiedlung, resümiert Piskorski, »trug zum Zusammenbruch des alten, weniger leistungsfähigen Wirtschafts- und Steuerwesens bei und gestaltete das Bild der ländlichen Siedlung bis zum 20. Jahrhundert. Außerdem rief sie die sogenannten freien oder neuen Städte und das Bürgertum ins Leben und beeinflußte eine tiefe Umgestaltung der verfassungsrechtlichen und gesellschaftlichen Verhältnisse.«

In Mitteleuropa begann sich östlich der Oder tatsächlich eine Revolution der gesellschaftlichen Verhältnisse abzuzeichnen. Allein die Agrarrevolution sorgte für einen beispiellosen Bevölkerungsboom. Innerhalb von nur drei Jahrhunderten wuchs die Bevölkerung um fast das Dreifache. Ursache hierfür war der Übergang von der Zweifelder- zur Dreifelderwirtschaft. Brauchte eine Familie im 11. und 12. Jahrhundert noch zwischen 35 und 100 Hektar Ackerland, um sich zu ernähren, waren es nach Einführung der Dreifelderwirtschaft

Staustufe mit Elektrizitätswerk und Rückhaltebecken in Topola an der Glatzer Neiße

Abschnitt am mittleren Oderlauf, der auch von Radtouristen entdeckt worden ist. Doch die entsprechende touristische Infrastruktur läßt auf sich warten. Während an der polnischen Ostseeküste in fast jedem Haus »pokoje« – »Zimmer« angeboten werden, sucht man nach privaten Unterkünften in Niederschlesien meist vergebens. Das gilt auch für die Ortschaft Lubiąż, über der das weit über die Grenzen Polens hinaus bekannte Zisterzienserkloster thront.

Lubiąż, klärt uns ein Arbeiter beim Feierabendbier vor dem Sklep spożywczy, dem Lebensmittelladen, auf, habe nur zwei private Übernachtungsmöglichkeiten. Eine in unmittelbarer Nähe des Klosters in der ulica Michaela Willmanna, die andere in der ulica Kolejowa. Die liege zwar etwas abseits, habe aber den Vorteil, daß sich von dort ein atemberaubender Blick auf das Kloster biete.

Womit wir nicht gerechnet haben: in Lubiąż herrscht Bettenmangel, zumindest an diesem Wochenende. »Tut uns leid«, sagt die Vermieterin in der Willmann-Straße, »alles belegt, sie wissen schon, die Harleyowcy.« Natürlich wissen wir nicht, die Vermieterin erweckt aber auch nicht den Eindruck, es uns erklären zu wollen. Also auf zur zweiten und letzten Chance. Der Ausblick vom Haus der Wapińscys am Ende der ulica Kolejowa ist tatsächlich eindrucksvoll. Die Bettenzahl um so weniger. »Eigentlich haben wir nichts frei«, sagt Anna Wapińska, »sie wissen doch, die Harleyowcy.« Nein, beteuern wir, wollen aber endlich wissen, was es mit denen auf sich habe. »Im Kloster findet wieder das alljährliche Harleytreffen statt«, erläutert sie. »Auch bei uns haben sich welche einquartiert, aber wenn Sie wollen, eine kleine Kammer.« Wir wollen, auch wenn die Vorstellung, nachts von tuckernden Harleymotoren oder mit Bier geölten Bikerstimmen geweckt zu werden, nicht gerade verlockend ist.

Die Sorge war unbegründet. Vom Grundstück der Wapińscys hatten wir nicht nur den versprochenen Blick aufs Kloster, es wurde uns auch ein Gratisfeuerwerk geboten, mit dem das Harleytreffen seinen Abschluß fand. Und die »Harleyowcy«, die Harleyfahrer, die sich im Haus der Wapińscys

nur noch vier bis acht Hektar. Dieser Wandel in der Agrartechnik und neues landwirtschaftliches Gerät führten zu einer völligen Umgestaltung des ländlichen Lebens.

Doch nicht nur die Landwirtschaft stand im Zeichen der neuen Epoche, sondern auch der Handel. Das hat vor allem mit dem Stadtrecht zu tun, das die deutschsprachigen Siedler in den Osten brachten. In den burgstädtischen Siedlungen der Slawen war zwischen Bauern und Händlern kein Unterschied gemacht worden. Vorherrschend war fürstliches Recht, das allen Bewohnern von Städten und Dörfern die gleichen Pflichten gegenüber dem Landesherrn auferlegte. Mit der Gründung neuer Städte nach deutschem, zumeist Magdeburger Stadtrecht waren die Bewohner der Städte unabhängiger geworden. Sie unterlagen einer eigenen, städtischen Gerichtsbarkeit, besaßen ein Erbrecht und konnten ihren Handel ohne größere Einschränkungen seitens des Landesherrn ausüben. Der städtische Markt wurde Ausgangspunkt der wirtschaftlichen Entwicklung auch in Mitteleuropa.

Und die Oder war eine der Achsen dieser Entwicklung. Unter Boleslaus' Sohn Heinrich I. sowie unter dessen Sohn Boleslaus II. wurde die Besiedelung systematisch weitergeführt. Dabei wurden nicht nur neue Städte wie Bunzlau, Jauer oder Striegau gegründet, sondern auch slawische Stadtgründungen neu gestaltet. In Breslau etwa geht die Gestaltung des heutigen Marktes auf das Werk deutscher Siedler zurück, die die Stadt nach der Zerstörung durch die Mongolen 1241/42 wiederaufgebaut haben. »Im wesentlichen«, schreibt der Historiker Winfried Irgang, »war die mittelalterliche deutsche bzw. deutschrechtliche Besiedlung Schlesiens bereits um 1300 abgeschlossen. 130 Städte waren entstanden, die meisten mit einem rechteckigen Marktplatz und einer Mauer mit zahlreichen Toren zum Schutz vor ungebetenen Gästen. Das Siedlungsbild hat sich innerhalb eines Jahrhunderts völlig verändert.«

Letzte Hoffnung Tourismus: die »Harleyowcy« im Kloster Lubiąż/Leubus

Die Bedeutung jener Umwälzungen in Mitteleuropa wird inzwischen auch in Polen oder Tschechien nicht mehr bestritten. Selbst die lange Zeit vorgebrachte Behauptung, die deutsche Siedlungsbewegung sei mit einer Vernichtung der slawischen Bevölkerung einhergegangen, gehört der Vergangenheit an. Mittlerweile, sagt der Stettiner Historiker Jan Piskorski, sei man sich einig, daß die Ostsiedlung zu einer Assimilierung der Bevölkerung in Schlesien und Pommern und über den Oderraum hinaus geführt habe. »Die deutschen Schlesier«, ergänzt sein Stuttgarter Kollege Norbert Conrads, »lebten ohne sonderliche Konflikte mit polnisch sprechenden Nachbarn zusammen, denn für alle waren die gemeinsamen Bindungen an Landesfürsten und Landes-

einquartiert hatten, waren am nächsten Morgen weg, ohne daß wir einen Laut gehört hätten. »Die sind friedlich«, lobt Annas Mann Krzysztof beim Kaffee am Küchentisch. Ob denn ein Harleytreffen die richtige Nutzung für ein Kulturdenkmal wie das in Lubiąż sei, wollen wir wissen. »Besser ein Harleyfestival als gar keines«, meint Krzysztof nach einer kleinen Denkpause. »Wer auf Tourismus setzt, dem ist am Anfang alles recht, Hauptsache es bewegt sich was.«

Nach dem Kaffee fahren wir zum Kloster und sehen uns die Überreste dieses ganz und gar nicht sanften Tourismus mit eigenen Augen an. Die meisten »Harleyowcy« sind inzwischen verschwunden, zurück nach Warschau, Berlin oder Prag. Im Innenhof des Klosters sind die Aufräumarbeiten in vollem Gang. Einige der Harleyfans liegen allerdings noch in ihren Schlafsäcken. Kein Wunder beim Bettenangebot in Lubiąż.

Das Mittlere Odertal

Auch wenn es die Bettenzahl in Lubiąż nicht unbedingt vermuten läßt – zwischen Breslau und Glogau setzt man inzwischen tatsächlich auf sanften Tourismus. Eine Alternative gibt es auch nicht. Wie Ostdeutschland ist die westpolnische Grenzregion überdurchschnittlich von Arbeitslosigkeit betroffen. Da kommen die Initiativen der Touristiker gerade recht. Zu kirche bedeutsamer als ethnische oder sprachliche Unterschiede.« Das Kalkül von Boleslaus dem Langen ist also aufgegangen. Was mit der Ansiedlung der Zisterziensermönche in Lubiąż begann, sollte bald für die gesamte niederschlesische Oderregion gelten: Sie wurde eine Brückenregion zwischen Deutschen, Polen und Tschechen. An diese Geschichte knüpft man heute in Städten wie Breslau, Glogau und auch im Kloster Lubiąż wieder an.

Stand die Oder nach all den Jahrzehnten, in denen sie zum Spielball der europäischen Mächte geworden war, plötzlich vor einem Goldenen Zeitalter? Konnten die deutschen und slawischen Händler womöglich wieder an den unermeßlichen Reichtum anknüpfen, der bis zum 12. Jahrhundert Jumne, dem Vineta der Sage an der Ostsee, nachgesagt wurde? Über Jumne, die von Wikingern im Mündungsraum der Oder gegründete Stadt, die in ihrer Blütezeit wohl 10 000 Einwohner hatte und damit nahezu genauso groß war wie das mittelalterliche Köln, schrieb der erste deutsche Geograph, Adam von Bremen, Ende des 11. Jahrhunderts:

»Hinter den Liutizen, die auch Wilzen heißen, trifft man auf die Oder, den reichsten Strom des Slawenlandes. Wo sie an ihrer Mündung ins Skythenmeer fließt, da bietet die sehr berühmte Stadt Jumne für Barbaren und Griechen in weitem Umkreise einen vielbesuchten Treffpunkt. Weil man sich zum Preise dieser Stadt allerlei Ungewöhnliches und kaum Glaubhaftes erzählt, halte ich es für wünschenswert, einige bemerkenswerte Nachrichten einzuschalten. Es ist wirklich die größte von allen Städten, die Europa birgt; in ihr wohnen Slawen und andere Stämme, Griechen und Barbaren. Auch die Fremden aus Sachsen haben gleiches Niederlassungsrecht erhalten, wenn sie auch während ihres Aufenthalts ihr Christentum nicht öffentlich bekennen dürfen. Denn noch sind alle in heidnischem Irrglauben befangen; abgesehen davon wird man allerdings kaum ein Volk finden können, das in Lebensart und Gastfreiheit ehrenhafter und freundlicher ist. Die Stadt ist angefüllt mit Waren aller Völker des Nordens, nichts Begehrenswertes oder Seltenes fehlt.«

Die skandinavischen Wikinger hatten es wie keine andere Handelsmacht verstanden, die Oder vom 10. bis zum 11. Jahrhundert zu einer Drehscheibe ihres Nord-Süd-Handels zu machen. Damals verlief einer der Fernhandelswege in Europa von England und Skandinavien über die Flüsse Oder, March und Donau nach Byzanz und Arabien. Doch bald schon war Jumne, diese erste Hauptstadt der Oderregion, zerstört. Das Vineta der Sage fiel einem Machtkampf um die Hegemonie im Ostseeraum zum Opfer. Es waren dänische Truppen, die im 11. Jahrhundert die vorpommersche Küste besetzten und die Dämme zwischen Vineta und der Ostsee durchstachen. Vineta, die friedliche Handelsmacht an der Odermündung, von der es in der Sage heißt, sie wäre wohl übermütig gewesen, hatte einem kriegerischen Angriff nicht standgehalten.

Bis heute hat keine Stadt im Oderraum mehr solche Wirtschaftsmacht auf sich vereinen können. Auch nicht Breslau, das sich im 12. Jahrhundert anschickte, die Nachfolge von Jumne als »Hauptstadt« der Oderregion anzutreten. Ausgangspunkt dieses Aufstiegs war einmal mehr das Kloster Leubus. Keine fünfzig Jahre nach der Ausstellung der Stiftungsurkunde durch Bolesław den Langen wurde den Mönchen des Zisterzienserklosters durch Herzog Heinrich I. 1211 das Privileg zugestanden, zweimal im Jahr zwei Schiffsladungen Salz zollfrei aus Guben zu holen. Davon profitierte vor allem Breslau. Wie Jumne lag die bedeutendste Stadt Schlesiens an der Kreuzung zweier Handelswege. Die Nord-Süd-Strecke führte von der Ostsee und Danzig über die Alpen hinweg an die Adria nach Venedig. Von West nach Ost führte die »Hohe Straße«, auch »Via Regia« genannt, auf der die Kaufleute vom Rhein über Görlitz und Breslau in Richtung Krakau, Lemberg und Schwarzes Meer unterwegs

diesen Initiativen gehört eine Radwanderkarte, die ich mir in Breslau im »Empik« am Marktplatz gekauft habe. Sie umfaßt das gesamte Mittlere Odertal zwischen Breslau und Glogau und wird alsbald unser Scout durch eine nahezu unberührte Landschaft, in der es nicht nur die größten zusammenhängenden Auenwälder in diesem Teil Mitteleuropas gibt, sondern auch zahlreiche Altarme der Oder.

Eigentlich, erfahren wir im Textteil der Radwanderkarte, hätte diese Landschaft alle Voraussetzungen, als Nationalpark unter Schutz gestellt zu werden. Doch so weit wollen die Umweltschützer, die sich in der »Zielona Akcja«, der »Grünen Aktion«, zusammengetan haben, nicht gehen. Ihnen schwebt die Ausweisung des Mittleren Odertals als Landschaftspark vor. Auch das wäre schon ein Erfolg. Zur Zeit nämlich ist die einzigartige Auenlandschaft überhaupt nicht geschützt. Schlimmer noch: Im Rahmen des polnischen »Programms für die Oder 2006« wird sogar der Bau einer neuen Staustufe bei Lubiąż erwogen.

Wir nehmen das Versprechen der neu erworbenen Karte ernst. Mit dem Fahrrad geht es von Lubiąż in Richtung Ścinawa. Gleich hinter der Ortschaft beginnt das »Rezerwat Odrzyska«, ein mit Laubhölzern bewaldetes Steilufer, auf dessen Kamm der ausgeschilderte Radweg nach Tarchalice führt. Tarchalice ist, wenn man so will, das Vorzeigedorf der »Grünen Aktion«. Nach der Oderflut von 1997

Blick von Nowy Lubusz auf die ehemalige Bischofsstadt Lebus

waren. Nach dem Überfall der Mongolen und dem Wiederaufbau der Stadt 1241 begann in Breslau ein regelrechtes Wirtschaftswunder. Doch das hatte weniger mit dem Handel oderabwärts zu tun als vielmehr mit den wiedererstarkten Beziehungen zu Böhmen. Nach dem Mongoleneinfall hatten sich die schlesischen Piasten verstärkt in Richtung Prag gewandt. Die Orientierung stromauf- statt stromabwärts dokumentieren auch die Handelsrechte auf der Oder, die zu dieser Zeit vergeben wurden. Bereits 1243 erteilte Mieszko II., der Herzog von Oppeln, dem Orden der Kreuzritter die Erlaubnis für den Schiffsverkehr zwischen Ratibor und Neiße, mithin also auf der oberen Oder und der Glatzer Neiße. Kurze Zeit später erhielt Ratibor von

Herzog Władysław 1267 die sogenannte Holzgerechtigkeit, das heißt die Genehmigung zum Warentransport auf dem Land- und auf dem Wasserwege.

An der unteren Oder betrachtete man den Aufstieg Breslaus und seine neuerliche Liaison mit Böhmen voller Argwohn. Die Antwort der brandenburgischen und pommerschen Fürsten hieß: Konkurrenz statt Zusammenarbeit. Namentlich die Kaufleute in Frankfurt (Oder) orientierten sich von nun an in Richtung Stettin und der Ostsee. Im Jahre 1311 erhielten beide Städte von den Pommernherzögen freien Zugang zum Meer. Frankfurter und Stettiner Schiffe waren auf dem Weg nach Swinemünde stromaufwärts zudem von den Zoll- und Niederlagsrechten der übrigen Oderstädte ausgenommen. Dieser mittelalterlichen Wirtschaftsförderung war es zu verdanken, daß die untere Oder im 14. Jahrhundert der Schiffahrt auf der oberen Oder bald den Rang abgelaufen hatte.

Einen weiteren Boom brachte dem Städtebündnis Frankfurt–Stettin die Hanse. Bereits für 1354 ist die Mitgliedschaft beider Städte in dieser »Europäischen Union des Mittelalters« festgehalten. Im nämlichen Jahr wurde zwischen Frankfurt und Stettin ein Schiffahrtsvertrag geschlossen, in dem die Beziehungen zwischen den Kaufleuten und den Schiffseignern beider Städte geregelt wurden. Welchen Vorteil der Städtebund für den Handel zwischen Brandenburg und Pommern brachte, dokumentiert eine Zollrolle aus Frankfurt (Oder) Mitte des 14. Jahrhunderts:

»In Frankfurt werden genannt als den Fluß hinaufkommend viele Sorten Fische, besonders getrocknete und gesalzene, dann Tran, Fischöle, Leder, Gewand, schönes und gemeines, Vorstat, indischer Barchent, allerhand Krämerei, darunter besonders Öl, Feigen, Mandeln, Reis, Pfeffer, Ingwer; den Fluß hinab bzw. zu Lande kam Wein, Waid, Honig, Pech, Teer, Wachs, Schmer, Talg, Hopfen, Fleisch, Korn aller Art, Kupfer, schön Eisen, Zinn, Blei, Stahl, Wolle, Hanf,

haben sich Umweltschützer und Dorfbewohner auf ein Modellvorhaben geeinigt, das vielleicht einmal Schule macht. Statt die alten Deiche zu reparieren und womöglich noch höher zu bauen, werden sie in Tarchalice zurückverlegt. Natürlicher Hochwasserschutz, freuen sich die Umweltschützer seitdem, muß nicht am Widerstand der Bewohner scheitern. Was den Betroffenen die Zustimmung, dem Fluß mehr Raum zu geben, aber erleichtert haben dürfte: Rund um Tarchalice sind die Böden alles andere als gut, eine Entschädigung kommt da ganz gelegen.

Der Auenwald, durch den der »Szlak Odry«, der Oderradweg, ab Lubiąż führt, endet erst nach rund 20 Kilometer bei Ścinawa. Auch dort haben die Bewohner große Sympathie für die Projekte der Umweltschützer. Der sanfte Tourismus bleibt in Ścinawa aber noch Zukunftsmusik. In der Kleinstadt, die früher einmal Steinau hieß, gibt es zwar die erste Oderbrücke seit Lubiąż. Ein Hotel, eine Pension oder eine Privatunterkunft sucht man aber vergebens. So bleibt uns nichts anderes übrig, als mit Fahrrad, Gepäck und Radwanderkarte in den Zug zu steigen. In Glogau, am andern Ende des Mittleren Odertals, gibt es auch wieder Unterkünfte.

»Abschied von Lübchen«

Erst später habe ich erfahren, was uns durch die abendliche Bahnfahrt nach Glogau entgangen ist – ein Besuch in Lubów, einem kleinen Dorf am rechten Oderufer, zwischen Chobienia und Radoszyce gelegen. Erst zu Hause fiel mir ein Buch in die Hände, in dem von den letzten Tagen und Wochen des deutschen Dörfchens Lübchen die Rede ist. »Abschied von Lübchen« heißt es und zeigt die Fotos eines Mannes, der in diesen Tagen Ende Januar 1945 zum unfreiwilligen Helden wird. Sein Name ist Hanns Tschira, ein Fotograf, den es schon als jungen Mann in die Welt gezogen hat. Doch dann begann der Krieg, dem bald der Bombenkrieg folgte, die Tschiras verließen Berlin und zogen ins bombensichere Schlesien – nach Lübchen.

Über das damalige Lübchen schreibt Lucia Brauburger, die das Buch mit den Fotos von Hanns Tschira herausgegeben hat:

»Der Kontrast zwischen dem ehemaligen Zuhause in Berlin und dem neuen Domizil könnte nicht größer sein: Lübchen zählt gerade einmal 500 Einwohner, die meisten von ihnen leben von der Schiffahrt. Ein beschauliches Örtchen mit einer Brennerei, zwei Bäckereien, einem Fleischer, zwei Gemischtwarenläden, zwei Mühlen, zwei Gasthäusern und einem Schloß, dem ein großer Gutshof mit Land- und Forstwirtschaft angegliedert ist.«

Leinwand, Mulden, Tröge, Mühl- und Schleifsteine, endlich Salz.«

Als die schlesische Annäherung an Prag 1335 schließlich dazu führte, daß Schlesien nach dem Verzicht des polnischen Königs Kasimir III. böhmisch wurde, schien das Schicksal der Oder als durchgängiger Handelsweg endgültig besiegelt. Keine Verbindung zwischen den europäischen Herrscherhäusern sollte der Oderstrom sein, sondern einmal mehr ein fragmentierter Fluß, ein Hindernis für den mittelalterlichen Handel, eine Grenze mitten im Europa seiner ersten Grenzüberschreitungen.

Doch die endgültige Anbindung Schlesiens an Prag bedeutete zugleich eine Intensivierung der Beziehungen zu Deutschland, schließlich war Böhmen Teil des Heiligen Römischen Reiches Deutscher Nation. So kam es, daß auch Breslau 1387 Mitglied der Hanse wurde. Freilich verlief der größte Teil des Breslauer Handels mit den anderen Hansestädten in der mittelalterlichen Handelsunion nicht über die Oder, sondern über den Landweg. Verantwortlich dafür waren neben den Hindernissen, die die Oder der Schiffahrt aufgab, noch immer die zahlreichen Müller, die ihre Wehre am Oberlauf der Oder in Betrieb hielten. Selbst der Versuch des böhmischen Königs Karl (des späteren deutschen Kaisers Karl IV.), diese »Odersperren« 1349 räumen zu lassen, scheiterte. Die Lobby der Müller war größer als die der Kaufleute.

War das ein böses Omen? Ein Vorzeichen dafür, daß auf die Revolution in Mitteleuropa, die mit der Ostsiedlung begonnen hatte, kein Goldenes Zeitalter in der Oderregion folgen sollte, sondern eine Epoche des Niedergangs? Wenn man so will, war die gescheiterte Oderräumung tatsächlich ein Hinweis darauf, daß eine über 200 Jahre währende Periode des Wachstums und bescheidenen Wohlstands vor ihrem Ende stand. Ein erstes Zeichen für den Beginn einer anderen, düsteren Epoche war die Pest. Der »schwarze Tod« ließ auch in

Der Fotograf Hanns Tschira hat die Flucht der Bewohner aus dem Oderdorf Lübchen festgehalten.
Am 21. Januar 1945 um 11.30 Uhr verläßt der Treck Lübchen. Alle Bewohner kommen einen Monat später unversehrt im Erzgebirge an.

In einem Seitenflügel des Schlosses richtete Hanns Tschira 1943 Atelier und Archiv ein. Doch lange sollte der Aufenthalt in Lübchen nicht dauern. Nachdem die Rote Armee am 19. Januar 1945 schlesischen Boden betreten hatte, entschieden sich die Bewohner von Lübchen zur Flucht. Die Heldentat des Hanns Tschira: Er führte alle Bewohner des Dorfes sicher in den Westen. Und er hielt die Bilder dieser Flucht mit seiner Kamera fest.

Was den »Abschied von Lübchen« so einzigartig macht, ist der Ton, den die Bilder und die erhaltenen Bildunterschriften von Hanns Tschira anschlagen. Hier wird nicht wie in Jörg Friedrichs Büchern über den »Brand« der neue deutsche Opfermythos zelebriert. Dokumentiert wird vielmehr der Alltag einer Flucht aus Schlesien, den die Bewohner von Lübchen mit vielen Schlesiern geteilt hatten. In den Bildtexten heißt es zum Beispiel:

»Das war unser Auszug aus dem kleinen Haus in Niederschlesien, das uns eineinhalb Jahre lang ein ruhiges Unterkommen gewährt hatte.« Oder: »Großmutter und Enkelkind auf dem Treck. Die alte Frau, die noch nie aus ihrem Dorf herausgekommen war, ergibt sich stoisch in ihr Schicksal, das sie nicht begreifen kann.«

Weiter heißt es: »Bei dem kleinen Ort Köben wurde unser Treck über die Oder gesetzt. Es war eine recht beschwerliche Schlesien ganze Regionen entvölkert zurück. Hinzu kam 1378 der Tod Karls IV. Mit ihm verschwand ein Herrscher, der nicht nur die erste mitteleuropäische Universität in Prag gegründet, sondern auch die immer weiter auseinanderfallenden Herzog- und Fürstentümer in Schlesien wenigstens ideell zusammengehalten hatte. Als dann im Zuge der mittelalterlichen Agrarkrise auch noch zahlreiche Hungersnöte ausbrachen, standen die Zeichen auf Sturm. Was nun folgte, war die Zeit der Raubritter und Revolutionäre.

Nach dem Sturm lag Schlesien in Trümmern. Pest, Hunger und die bis 1435 tobenden Hussitenkriege, die ersten Glaubenskämpfe in Europa, hatten in den schlesischen und böhmischen Städten eine Spur der Verwüstung hinterlassen. Doch diese Verwüstung war nur ein kleiner Vorgeschmack auf das, was zweihundert Jahre später der Dreißigjährige Krieg bringen sollte. Bald nachdem das Königreich Böhmen 1526 vom habsburgischen Kaiser übernommen wurde, begann in Schlesien, das wie Böhmen protestantisch geworden war, die Gegenreformation. 1618 schließlich folgte der Dreißigjährige oder besser der erste europäische Krieg. Wo einst die Kaufleute angetreten waren, einen gemeinsamen Wirtschaftsraum zu schaffen, blieben nur Ruinen. »Wir sind doch nunmehr ganz, ja mehr denn ganz verheeret«, kommentierte der in Glogau an der Oder geborene und verstorbene Barockdichter Andreas Gryphius die Folgen eines Krieges, der keine Sieger, sondern nur Verlierer kannte. In Schlesien betrug der Bevölkerungsverlust bis zu 20 Prozent, in Pommern überlebte nicht einmal jeder zweite. Das Morden im Namen der Religionen nannte der Romantiker Joseph von Eichendorff aus Lubowitz an der Oder ein »furchtbares Epos, in dem das Mittelalter totgeschlagen wurde«.

Wer sich heute dem mächtigen Symbol der wechselhaften Geschichte der Oderregion in Lubiąż nähert, sieht vom alten Kloster der Zisterzienser nicht mehr viel. Auch Leubus war dem Dreißigjährigen Krieg zum Opfer gefallen. Die ganze Pracht der Anlage, die Michael Jackson so verzückt hatte, ist jüngeren Datums. Sie stammt aus der Zeit des Barock, jener Nachkriegsepoche des 17. und beginnenden 18. Jahrhunderts also, in der man mit einer Übermacht an Üppigkeit und Zierat die Schatten des »furchtbaren Epos« zu vertreiben suchte. Zwischen 1672 und 1720 wurde die gesamte Klosteranlage wiederaufgebaut, schöner und größer als je zuvor. Zunächst bekam die Marienkirche eine barocke Gestalt, ab 1684 wurde der gesamte Komplex erweitert. Herzstück der neuen, barocken Anlage sollte aber der Fürstensaal werden, Schlesiens noch heute prächtigster Festsaal mit einer Grundfläche von 28,5 mal 14,8 Metern und einer Höhe von 13,9 Metern.

Es ist in der Tat eine Leistungsschau barocker Baukunst, die sich in Leubus bestaunen läßt. Die gesamte Decke überspannt ein 360 Quadratmeter großes Ölgemälde, das der niederländische Maler Christian Philipp Benthum 1737 begonnen hatte. Darauf ist unter anderem die Geschichte des Klosters zu sehen – von seiner Gründung durch Boleslaus den Langen bis zur Ausbreitung der Habsburger Macht über Europa. Habsburg, das war im Leubus der zweiten Hälfte des 17. Jahrhunderts nicht nur politisch eine Verheißung, sondern ebenso in Glaubensfragen. Auch nach dem 1648 in Münster und Osnabrück geschlossenen Westfälischen Frieden war der Streit um die religiöse und politische Vorherrschaft in Europa nicht beendet. Namentlich in Schlesien, wo den Protestanten zuvor der Bau dreier »Friedenskirchen« in Glogau, Schweidnitz und Jauer gestattet worden war, blieb die Gegenreformation auf der Tagesordnung, und Leubus wurde neben der 1702 in Breslau gegründeten Jesuitenhochschule Leopoldina eines ihrer Zentren.

Einer, der daran wahrhaftig keinen geringen Anteil hatte, war der wohl berühmteste Barockmaler in Schlesien, Michael Willmann. Nachdem der gebürtige Königsberger 1660 zum

Angelegenheit, da später starkes Schneetreiben einsetzte.«

Am 20. Februar 1945, knapp einen Monat nach dem Aufbruch, war das Ziel erreicht: das kleine Erzgebirgsstädtchen Neu-Oelsnitz. Warum Hanns Tschira die Bewohner aus Lübchen ausgerechnet dorthin führte, hat Lucia Brauburger nicht herausfinden können. Überliefert sind lediglich diese Worte von Tschira: »Ich wollte euch an einen Ort bringen, wo ihr bleiben könnt.«

Der romantische Ort

Ein Ort, an dem man auf einer Oderreise bleiben kann, ist Bytom Odrzański. Schon der Weg dahin ist ein Erlebnis. Er führt von Siedlisko, dem ehemaligen Herrensitz der Fürsten von Schönaich-Carolath-Beuthen, durch den Wald hinab zur Oder. Dort stehen die Reste der im Krieg zerstörten Oderbrücke. Eine neue Brücke gibt es nicht. Über den Fluß setzt man heute wieder, wie in früheren Zeiten, mit dem Fährmann.

Bevor der Fährmann kommt, bleibt Zeit für einen Blick auf das am andern Oderufer liegende Bytom Odrzański. Immer versonnener schauen wir auf den kleinen Hafen, an dessen Anleger die Hunde bellen; auf die Fischertreppe, die hinauf zur Altstadt führt; auf die Silhouette der Stadt überm Steilufer. Es ist ein Blick auf eine Stadt, die aus der Zeit gefallen scheint.

*Die kostenlose Fähre
in Bytom Odrzański/Beuthen an der Oder*

*Blick auf die Silhouette der Stadt, die schon in Jochen Kleppers
»Kahn der fröhlichen Leute« eine Rolle spielt.*

Aus der Zeit gefallen ist auch der Fährmann. Auf der gegenüberliegenden Seite hat er sein Boot festgemacht, keine mit Stahlseil betriebene Gierfähre wie sonst an der Oder, sondern eine kleine Nußschale, mattgrün gestrichen, zwei gegenüberliegende Sitzreihen, das ist alles. Wenn man ihn ruft, bringt er das Boot zu Wasser, stakt bis zur Mitte des Flusses, beginnt dann, wenn die Stange den Grund nicht mehr erreicht, in rhythmischen Bewegungen zu wriggen, um am andern Ufer wieder, da hat ihn die Strömung schon etwas abgetrieben, zurückzustaken. Die Überfahrt nach Bytom, dem romantischen Ort an der Oder, kann beginnen. Und sie ist umsonst. Daß es noch keine neue Brücke gibt, ist schließlich das Problem der Stadt, nicht das des Reisenden.

katholischen Glauben übergetreten war, war er vom Hofe des Großen Kurfürsten in Brandenburg nach Leubus gekommen. Bald schon wurde er zum »Hofmaler« des Klosters. »Nachdem er ein volles Jahrzehnt mit weiteren Reisen zugebracht hatte«, schrieb sein Malerkollege Joachim von Sandrart im Jahre 1683, »ließ er sich schließlich in Leubus, einem lieblichen Ort Schlesiens, nieder. Von dort verbreitete sich durch seine zahlreichen bedeutenden Kunstwerke, seinen beharrlichen Fleiß und seine künstlerischen Fortschritte sein Ruhm in nah und fern. In fast allen Klöstern, Kirchen und Schlössern finden sich hervorragende Beispiele seiner Kunst. Im herzoglichen Kloster Leubus, dessen Abt mit Recht als Förderer aller Künste gerühmt wird, finden sich gleichsam unzählige seiner Werke, unter ihnen die mit einzigartiger Sorgfalt ausgeführten ›Sechs Tage der Schöpfung‹.«

Noch heute wird Willmann in Schlesien verehrt. In Lubiąż trägt die Hauptstraße des Dorfes, die zum Klostereingang führt, seinen Namen. Vielleicht liegt es auch daran, daß der

Ein Juwel der Renaissance: Der Marktplatz von Beuthen an der Oder hat den Krieg überstanden.

Barockmaler, anders als Michael Jackson, dem Ort treu blieb. Am 26. August 1706 starb Michael Willmann in Leubus. Sein Grab liegt bis heute in der Krypta der Klosterkirche.

Doch auch in Schlesien sollte sich die Zeit der katholischen Habsburger bald dem Ende zuneigen. Kaum im Amt, überfiel der preußische König Friedrich II. 1740 das Nachbarland Schlesien. Nachdem Friedrichs Vater Friedrich Wilhelm I. 1720 bereits Stettin in seine Hand bekommen hatte, war nun, mit Ausnahme von Österreichisch-Schlesien, der gesamte Oderraum in preußischer Hand.

Für das katholische Kloster in Leubus konnte das nichts Gutes bedeuten. Zwar hatte Friedrich bereits im Oktober 1741 verkündet: »Ich habe mir vorgenommen, aus Schlesien die blühendste und glücklichste meiner Provinzen zu machen.« Die Mönche in Leubus konnte er damit aber nicht gemeint haben. Sie mußten das Kloster räumen. An ihrer Statt zogen ein Lehrerseminar, eine Volksschule und eine Lateinschule in die barocken Mauern.

Bytom Odrzański, nicht zu verwechseln mit der Industriestadt Bytom in Oberschlesien, liegt zwischen Nowa Sól und Glogau am Mittellauf der Oder. 3000 Einwohner hat das Städtchen und einen Marktplatz, den man hier nicht erwartet hätte. Der Rynek ist ein geschlossen bebauter Markt. Das Rathaus und einige Adelspaläste stammen aus der Spätrenaissance, sind mehrfach abgebrannt, wurden aber immer wieder aufgebaut, zuletzt in den 50er Jahren des 20. Jahrhunderts. Die deutschen wie die polnischen Bewohner von Bytom, sie waren wohl stolz auf ihre Stadt.

Daß das Kleinod Beuthen an der Oder – anders als Glogau, Breslau oder Liegnitz – in den letzten Monaten vor dem Kriegsende nicht zerstört wurde, verdankt es den Stümpfen der Oderbrücke. Die 1907 errichtete Brücke wurde im Januar 1945 gesprengt. So kam die Rote Armee am rechten Oderufer zum Stehen. Die sowjetischen Truppen besetzten Beuthen erst am 13. Februar 1945, da gab es schon keine Gegenwehr mehr. Außer ein paar Häusern, die die Rotarmisten in Brand steckten, blieb Beuthen unzerstört.

Bytom ist stolz auf seine Geschichte, nicht nur auf die polnische, sondern auch auf die deutsche. Im Vorwort eines Sammelbandes zur Stadtgeschichte, den ich im kleinen Buchladen am Marktplatz erstehe, schreibt Bürgermeister Jacek Sauter: »Ich bin davon überzeugt, daß jede Generation, die in dieser Stadt gelebt hat, in erster Linie Einwohner von Bytom waren.« Dieser regionale Blick auf die Geschichte der Stadt, so Sauter, ermögliche es auch »jenen Generationen zu danken, die vor den heutigen Bewohnern in Beuthen lebten, und ohne die diese Stadt nicht das geworden wäre, was sie heute ist.«

Mit der Säkularisation des kirchlichen Besitzes im Jahre 1810 sollte das geistige und geistliche Leben versiegen. Leubus, das war fortan ein Symbol preußischer Nüchternheit. Nach und nach zogen in die ehemals heiligen Gemäuer ein Spital, ein Krankenhaus für Geisteskranke und ein Gestüt. Und die Nüchternheit blieb Programm. Während des Zweiten Weltkriegs brachten die Nazis in der Klosteranlage eine Rüstungsfabrik unter. Zwischen 1945 und 1956 diente Leubus als Militärkrankenhaus für die sowjetischen Truppen in Polen, später dann zu Lagerzwecken.

Seitdem wartet Leubus auf eine neue, große Zeit. Nachdem Michael Jackson im November 1997 abgewunken hatte, haben andere die Pracht am Oderufer bei Leubus entdeckt. Alljährlich im Sommer findet dort ein Treffen europäischer Harley-Davidson-Fans statt. Die Stiftung, die sich seit der Wende um die schrittweise Renovierung der Gebäudeflügel bemüht, braucht Geld, da sind auch die »Harleyowcy«, wie die Harley-Fans in Polen heißen, willkommen. Immerhin ist der Fürstensaal renoviert und wieder zugänglich. Und in den ehemaligen Empfangsräumen des Klosters finden seit kurzem Ausstellungen statt. Eine Dauerausstellung des Hauses Schlesien in Königswinter bei Bonn widmet sich seit Mai 2004 erstmals jenem Thema, das das Kloster in Leubus wie kaum ein anderer in Schlesien bestimmt hat – der Geschichte der Oder.

Das Mittlere Odertal zwischen Glogau und dem Kloster Leubus soll ein Landschaftsschutzgebiet werden.

Die Schlacht bei Kunersdorf am 12. August 1759. Erst durch die Schlesischen Kriege wurde der Oderraum preußisch.

Modernisierung und Militarisierung. Die Oder unter Friedrich dem Großen

Der Morgen des 6. November 1730, gruselt sich Theodor Fontane in seinen »Wanderungen durch die Mark Brandenburg«, war »für die Hinrichtung bestimmt«. Der preußische Soldatenkönig Friedrich Wilhelm I. hatte alle Gnadengesuche abgelehnt. Hans-Hermann Katte, Offizier der preußischen Armee, sollte vor dem Schloß der Preußen in Küstrin enthauptet werden, und Friedrich Wilhelms Sohn, der junge Kronprinz Friedrich, mußte dieser Hinrichtung beiwohnen. Beide, Katte wie der Kronprinz, waren des Hochverrats für schuldig befunden worden. Sie wollten sich, so lautete der Vorwurf, dem preußischen Drill durch Flucht entziehen. Mit dem Urteil, das war auch Theodor Fontane bewußt, sollte ein Exempel statuiert werden.

Viertel vor acht schließlich, heißt es in dem von Fontane zitierten Bericht des Garnisonspredigers Besser, »ward das erlösete Haupt mit einem glücklich geratenen Streich durch die Hand und Schwert des Scharfrichters Coblentz vom Leibe abgesondert«. Seitdem, meint der Bewunderer der brandenburgischen Landschaft, liege über Küstrin, der Stadt,

Stolz auf die Geschichte

Der Dank Sauters gilt nicht nur den deutschen Siedlern, die aus dem slawischen Burgflecken eine Stadt gemacht hatten, sondern auch den Böhmen, unter deren Einfluß Beuthen lange gestanden hat. Und er gilt dem deutschen Schriftsteller Jochen Klepper, der mit seinem Roman »Der Kahn der fröhlichen Leute« seiner Heimatstadt Beuthen 1930 ein literarisches Denkmal setzte.

Als wir Bytom Ordzański wieder verlassen, kommt fast etwas Wehmut auf. Statt aus der Zeit gefallen zu sein, sind wir wieder mitten in der Gegenwart gelandet. Aber das Ende der Geschichte, ist Bürgermeister Jacek Sauter überzeugt, ist noch lange nicht erreicht: »Ich bin davon überzeugt«, meint er, »daß die Einwohner von Bytom weitere Geschichten ihrer Stadt schreiben werden.« Man darf gespannt sein.

Die Stadt der Habsburger

Es gibt Städte, denen sieht man an, daß ihre Gegenwart nicht mit ihrer vergangenen Bedeutung mithalten kann. Meist ist dann von mittelalterlichen Handelsrouten die Rede oder, wie in Bytom, von prächtigen Bauten aus der Renaissance. Auch Nowa Sól ist so eine Stadt, allerdings ist ihre vergangene Bedeutung jüngeren Datums. Mitte des 16. Jahrhunderts traf der österreichische Kaiser Ferdinand I. eine Entscheidung, die für Schlesien, das seit 1526 habsburgisch war, von weitreichender Bedeutung sein sollte. Um unabhängig von den Salzlieferungen aus Polen zu sein, schloß Ferdinand einen Pakt mit dem brandenburgischen Kurfürsten Joachim II. In ihm wurde die Freigabe der Oder für die Lieferung von Boisalz (Meeressalz) von Stettin nach Schlesien vereinbart.

Der Pakt hatte einen ebenso einfachen wie genialen Hintergrund. Die Habsburger wollten ihr Salz künftig aus Meerzalz gewinnen. Dafür ließ Ferdinands Nachfolger Rudolf I. 1563 an der mittleren Oder eine Salzsiederei bauen. Gleichzeitig verhängte er für den Salzhandel im Habsburgerreich ein Monopol. Neusalz, der Ort, vor der die Warthe in die Oder mündet, »etwas Finster-Unheimliches« – »und in meiner Erinnerung seh ich den Ort unter einem ewigen Novemberhimmel«.

Es war eine Zurichtung im Sinne der preußischen Tugenden von Zucht und Gehorsam, die der Soldatenkönig an diesem 6. November 1730 an seinem Sohn vollziehen ließ. Das Französischgeplapper des 18jährigen Sprößlings, das schöngeistige Getue, der Wunsch, Latein und damit eine tote Sprache zu lernen, all das war Friedrich Wilhelm I. ein Greuel gewesen. Die geplante Flucht des Kronprinzen mit dessen Jugendfreund kam gerade recht, um ein Machtwort zu sprechen. Friedrich war schließlich der kommende König in Preußen, und da kam es nicht auf die Künste an, sondern auf Härte, sich selbst und andern gegenüber.

Heute wissen wir: Das Kalkül des Soldatenkönigs ist aufgegangen. Auch wenn Friedrich bis zu seiner Krönung 1740 ein recht sorgenfreies Leben in Rheinsberg verbrachte, war der 6. November 1730 sein Schlüsselerlebnis, wie die jüngste Forschung gezeigt hat. Seit den Ereignissen in Küstrin habe Friedrich eine »sarkastische Verächtlichkeit« gegen sich selbst und andere an den Tag gelegt, schreibt der Historiker Johannes Kunisch in seiner 2004 erschienenen Biographie Friedrich des Großen. Mit anderen Worten: Der Feingeist Friedrich war in Küstrin zum Draufgänger geworden. Die im Kerker durchlebte, »von Todesangst erschütterte Einsamkeit«, so Kunisch, habe »seine Fähigkeit, sich auch in ausweglos erscheinenden Situationen zu behaupten, noch stärker auszuprägen vermocht«. Seitdem sei es ihm ein Zwang gewesen, sein eigenes Schicksal als »Bedrohungskonstellation« zu inszenieren, stets »in Extremen zu denken und als Möglichkeiten seines Handelns nur die Katastrophe oder den Triumph zu erkennen«.

So kam es, daß der 6. November 1730 nicht nur etwas »Finster-Unheimliches« hinterließ, sondern auch für die

Oder in Europa weitreichende Folgen haben sollte. Mit der Krönung Friedrichs begann ein neues Kapitel in der Geschichte dieses Flusses, das so ambivalent war wie Friedrich selbst. Von gewaltigen Modernisierungen rückständiger Regionen ist in diesem Kapitel die Rede, aber auch von einem der ersten Präventionskriege der europäischen Geschichte und, nicht zuletzt, vom Beginn der Teilungen Polens. Der Beginn der preußischen Herrschaft über den Oderraum fällt zusammen mit dem Verschwinden Polens von der europäischen Landkarte.

Sehr viel Zeit hat er sich nicht gegönnt. Kaum hatte Friedrich II. am 31. Mai 1740 den Thron bestiegen, inszenierte er seine erste »Bedrohungskonstellation« als preußischer König. Am 16. Dezember 1740 überschritt das preußische Heer die Grenzen zu Schlesien, das seit 1526 zur Habsburger Monarchie gehörte. Noch bevor sich die europäischen Mächte von diesem Überraschungsschlag erholen konnten, war fast ganz Schlesien besetzt und die österreichische Armee am 10. April 1741 bei Mollwitz vernichtend geschlagen. Der erste der drei Schlesischen Kriege war tatsächlich der Triumph, den Friedrich gesucht hatte. Nachdem sich auch Bayern, Sachsen und Frankreich dem Krieg gegen Österreich angeschlossen hatten, konnte Friedrich, der Feldherr, am 9. Oktober 1741 den Siegfrieden feiern. Der größte Teil Schlesiens war nun preußisch. Und die nahezu gleichaltrige Maria Theresia, die 1741 den Österreichischen Erbfolgekrieg nach dem Tod ihres Vaters Karls VI. für sich entscheiden konnte, war besiegt und gedemütigt.

Ein Pragmatiker auf dem Thron des preußischen Königreichs hätte sich damit wohl zufriedengegeben, nicht aber ein Draufgänger, der, wie sein Biograph Kunisch meint, die Katastrophe ebenso brauchte wie den Triumph. Schon im Jahr darauf marschierte Friedrich erneut gegen Österreich. Vorgegebener Anlaß war die Absetzung Maria Theresias durch Karl Albrecht von Bayern, der daraufhin als Karl VII.

an dem die Salzsiederei entstand, hatte seinen Namen also mehr als verdient. Und er hatte dank der Habsburger eine große Zukunft vor sich. Jahrhundertelang war die Oder der wichtigste Transportweg für den Rohstoff »Boisalz«, und Neusalz wurde zum nördlichsten Umschlagplatz des schlesischen Salzhandels. Doch bald schon war es mit der Herrlichkeit vorbei. Nach dem Dreißigjährigen Krieg lag der schlesische Handel am Boden, und die Sperrung der Boisalz-Zufuhr 1710 durch Brandenburg führte zur Einstellung des Siedebetriebs. Ihren Salzbedarf deckten die Habsburger nun durch den Bau einer Faktorei für Hallenser und Magdeburger Salinensalz.

Wahrscheinlich wäre die ehemalige Salzstadt an der Oder heute keiner Rede wert, hätte nicht ein anderer europäischer Herrscher Einsicht mit ihr gehabt. Nachdem die Preußen 1740 Schlesien erobert hatten, gab Friedrich der Große Neusalz eine zweite Chance. Er verlieh dem Ort die Stadtrechte und ließ einen Bebauungsplan erstellen, in dem neben den bestehenden 182 Bauten Platz für 220 neue Bauwerke bereitgestellt wurde. Doch die Zeit der Salzsiederei war vorbei. Aus Neusalz sollte unter den Preußen eine Industriestadt werden. Bald entstanden die Textilfabriken der Unternehmerfamilie Gruschwitz und zahlreiche Eisenhüttenwerke.

Das alles erfahre ich im Museum von Nowa Sól, das sich in der ehemaligen Fabrikantenvilla derer von

Gruschwitz befindet. Die Museumsleiterin hat sich viel Zeit für mich genommen, ich war allerdings auch der einzige Besucher. Raum für Raum hat sie für mich aufgeschlossen, den Lichtschalter angeknipst, von den einzelnen Ausstellungsstücken gesprochen und hinter mir das Licht wieder gelöscht. Als ich nach dem Rundgang durch die Geschichte der Stadt im Foyer des Museums stand, zeigte sie mir noch die Postkartensammlung mit Motiven aus den zwanziger Jahren. So erfuhr ich, daß es in Neusalz sogar eine Ausflugsgaststätte an der Oder gegeben hat.

Und heute? Vollgepackt mit meinem Museumswissen mache ich mich auf zu einem Stadtrundgang. Nowa Sól, das heute 40 000 Einwohner zählt und damit die drittgrößte Stadt der Woiwodschaft Lubuskie ist, war im Krieg nicht zerstört worden. Allerdings wurden die mehrstöckigen Gründerzeithäuser seit der Wende nicht saniert. So macht Nowa Sól auf den Besucher einen eher traurigen Eindruck. Der wird noch dadurch verstärkt, daß ich vergeblich nach dem Marktplatz, dem Zentrum der Stadt, suche. Dabei sind doch gerade die schlesischen Städte berühmt für ihre prächtigen, oft quadratisch angelegten Marktplätze. Doch dann erinnere ich mich an den Geschichtsunterricht im Museum. Neusalz war schließlich keine Stadtgründung aus dem 12. oder 13. Jahrhundert, sondern eine habsburgische

den Habsburger Thron bestieg. Der zweite Schlesische Krieg war mithin ein klassischer Präventionskrieg, und auch damit hatte Friedrich II. Erfolg. Am Ende standen weitere Gebietsgewinne in Schlesien und nach den Schlachten von Hohenfriedberg und Kesselsdorf 1745 der zweite Siegfrieden.

15 Jahre nachdem der Vater versucht hatte, den Sohn zu brechen, hatte Friedrich sein Preußen zu einer europäischen Großmacht gemacht. Für den Friedrich-Biographen Johannes Kunisch war das das ausschlaggebende Motiv für die Schlesischen Kriege gewesen. Die geopolitischen Interessen, der Versuch etwa, den sächsischen Griff nach Polen zu unterbinden, seien demgegenüber zweitrangig gewesen. Das habe auch für den dritten Schlesischen Krieg gegolten, der 1756 begann und sieben Jahre dauern sollte. Trotz der vernichtenden Niederlage bei Kunersdorf in der Nähe von Frankfurt (Oder) gelang es dem Feldherrn Friedrich, das Blatt zu wenden. Am Ende des Siebenjährigen Krieges, den der Historiker Johannes Burkhardt auch als einen »Staatsbildungskrieg« bezeichnet hatte, war Preußen endgültig zum europäischen Machtfaktor geworden, und Friedrich hatte schon zu Lebzeiten den Beinamen »der Große« bekommen.

In Letschin, einer der wenigen Städte im ländlichen und provinziellen Oderbruch, verehren sie Friedrich bis heute als einen »Großen«. Der war der Preußenkönig für die Letschiner aber nicht wegen seiner Kriege, die er um Schlesien geführt hatte, sondern wegen einer Modernisierungsleistung, die man noch immer als Großtat bewundert. Die Rede ist von der Trockenlegung des Oderbruchs, mit der Friedrich gleich nach dem Ende des zweiten Schlesischen Krieges begonnen hatte. In dieser elf Jahre dauernden Friedensperiode, soll Friedrich gesagt haben, habe er eine weitere Provinz erobert, diesmal allerdings im Frieden.

Oderbruch, das war über Jahrhunderte Sumpfgebiet, ein Schwemmland des Oderstroms, das von Lebus bis Oderberg

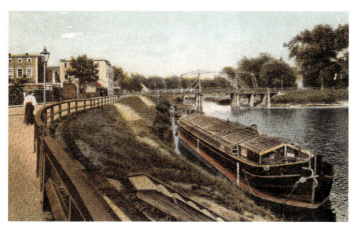

Postkarten des deutschen Neusalz an der Oder werden heute im Stadtmuseum von Nowa Sól verkauft.

reichte und nur spärlich bewohnt wurde, meist von wendischen Slawen, die vom Fischfang aus den zahlreichen Oderarmen lebten. Über den Fischreichtum konnte sich selbst Theodor Fontane begeistern:

»In den Gewässern fand man: Zander, Fluß- und Kaulbarse, Aale, Hechte, Karpfen, Bleie, Aland, Zährten, Barben, Schleie, Neunaugen, Welse und Quappen. Letztere waren so zahlreich (zum Beispiel bei Quappendorf), daß man die fettesten in schmale Streifen zerschnitt, trocknete und statt des Kiens zum Leuchten verbrauchte. Die Gewässer wimmelten im strengsten Sinne des Wortes von Fischen, und ohne viele Mühe, mit bloßen Handnetzen, wurden zuweilen in Quilitz an einem Tage über 500 Tonnen gefangen.«

Das wirtschaftliche Zentrum des Bruchs war die Stadt Wriezen an der Oder. An den Markttagen, so Fontane, »fanden sich aus den Bruchdörfern Hunderte von Kähnen in Wriezen ein und verkauften ihren Vorrat an Fischen und Krebsen an die dort versammelten Händler«.

Industriestadt. Manchmal kann Wissen auch tröstend sein.

Am Ende meines Stadtrundgangs entdecke ich das Salzmagazin. Es ist das letzte Überbleibsel aus der Salzzeit von Nowa Sól, sieht man vom Namen der Stadt einmal ab. Diesmal tröstet das Wissen nicht. Am Salzmagazin mit seinem steilen Walmdach befindet sich keine Hinweistafel, dafür ist das Gebäude blau angestrichen. Nur der Name des Platzes – Salzplatz – erinnert daran, daß hier einmal das Zentrum des schlesischen Salzhandels war. Vielleicht, denke ich mir, wäre es besser, die Stadt würde nach einem neuen Namen suchen. Altsalz vielleicht, aber das würde noch trauriger klingen.

Weinanbau an der Oder

Es gab Zeiten, da muß diese Stadt im Dauerrausch gewesen sein. Gegen Ende des 15. Jahrhunderts, berichten Chronisten, hat man den Weingenuß in der niederschlesischen Weinstadt Grünberg nicht nach Schoppen oder Quarten abgerechnet, sondern nach den Stunden, die man in der Schenke zugebracht hat. Was für eine Vorstellung. Und was für ein lohnendes Ziel auf meiner Oderreise, auch wenn es etwas abseits liegt vom Fluß. Schließlich ist Zielona Góra, wie Grünberg seit 1945 heißt, auch heute noch Weinstadt. Zumindest wirbt es damit. Alljährlich im September findet das Weinfest statt. »In diesen Tagen herrscht in unserer Stadt Bacchus, der Weinkönig«, heißt es verheißungsvoll auf einem Flyer.

Und tatsächlich. In Zielona Góra, dem 120 000 Einwohner zählenden politischen und kulturellen Zentrum der Woiwodschaft Lebuser Land, ist die Weinrebe allgegenwärtig – auf Postkarten, auf Veranstaltungsplakaten, in Form von Skulpturen in den Parks, in der Weinabteilung des Museums in der Aleja Niepodległości. Der Leiter des Museums, Andrzej Toczewski, hat bei der Künstlerin Dorota Komar-Zmyślony sogar einen Gemäldezyklus mit dem Titel »Ein Jahr im Weinberg« in Auftrag gegeben. Seitdem kann man im Museum sehen, wie der Weinanbau einer Stadt Rhythmus verleiht: vom Schneiden

Was Theodor Fontane noch im nachhinein fasziniert hat, muß der Zeitgenosse Friedrich als zutiefst rückständig empfunden haben. Schon in den Jahren der Kerkerhaft in Küstrin, meint sein Biograph Johannes Kunisch, muß in ihm deshalb der Plan gereift sein, diese märkische Bruchlandschaft trockenzulegen – und damit, wie die Legende geht, eine Provinz im Frieden zu gewinnen.

Wie aber sollte man solches Unterfangen in Angriff nehmen? Auf wen sollte man hören, wen um Rat bitten, welche Maßnahmen als erste ergreifen? Mit solchen Fragen hatte sich bereits Friedrichs Vater beschäftigt. Nach dem verheerenden Sommerhochwasser von 1736, bei dem 171 Menschen ihr Leben verloren, hatte der Soldatenkönig den niederländischen Deichbaumeister Simon Leonhard von Haerlem um Rat gebeten, wie man das Oderbruch künftig vor solchen Katastrophen schützen könne. Von Haerlems Antwort erfolgte prompt: Es reiche bei weitem nicht aus, einen geschlossenen Deich von Güstebiese nach Wriezen zu bauen, man müsse das sumpfige Gebiet auch entwässern, am besten durch ein neues Flußbett, das den alten Oderlauf über Güstebiese, Wriezen und Oderberg nach Hohensaaten erheblich verkürzt.

In Friedrich Wilhelm I. fand von Haerlem einen Befürworter dieser Pläne, allerdings nur theoretisch. Als der Niederländer dem schon von Krankheiten gekennzeichneten Soldatenkönig 1736 seine Überlegungen vortrug, sagte der: »Ich bin jetzt zu alt und will es meinem Sohne überlassen.«

Der Sohn hatte also ein komplettes Sanierungsprogramm in der Schublade, als 1745 der zweite Schlesische Krieg gewonnen war und sich der Tatendrang des Preußenkönigs einer neuen Herausforderung zuwenden konnte. Nachdem Haerlems Plan das Placet des Mathematikers Leonhard Euler bekommen hatte, der das Vorhaben noch einmal auf seine Machbarkeit prüfen mußte, war es schließlich soweit. Im Juli 1747 begannen die Bauarbeiten für den neuen Oderkanal, der eine direkte Verbindung zwischen Güstebiese und

Hohensaaten schaffen sollte. Um mehr als 20 Kilometer sollte der Oderlauf verkürzt werden. Damit wurden nicht nur die Sumpfgebiete trockengelegt, sondern auch Städte wie Wriezen und Oderberg vom Oderstrom abgeschnitten, die jahrhundertelang am Fluß gelegen hatten.

Schon sieben Jahre später waren die Arbeiten beendet. Wie die Einweihung des Kanals begangen wurde, beschreibt der Historiker Karl Spiegelberg in seiner Geschichte des Wasserbaus an der Oder:

»Am 1. Juli 1753 war der Kanal für die neue Stromoder beendet, das Wasser geflutet. Den am 3. Juli 1753 angesetzten Einweihungsfeierlichkeiten standen keine Hindernisse im Wege. Auch die eigens initiierte Dampferfahrt verlief bis etwa 1,3 Kilometer vor Hohensaaten reibungslos. Kurz vor der Mündung in die bisherige Oder aber endete der Ausflug unerwartet. Der Kapitän meldete Grundberührung. Bauherren und Regierung gingen, ohne Panik zu verbreiten, davon aus, daß der Oderstrom seinem neuen Flußbett in kurzer Zeit die notwendige Tiefe verleihen werde. Und genau das geschah innerhalb von nur knapp zwei Wochen. Bereits Mitte Juli 1753 konnte der Stromoderkanal für die Schiffahrt freigegeben werden. Er erwies sich nun als gut passierbar.«

Das gewaltige Werk war also vollbracht. Doch das war nur der erste Schritt. Nach der Trockenlegung folgte im Oderbruch die Kolonisierung. Auf die gewonnene Provinz mit ihrer Fläche von 130 000 Morgen wurden, wie es Fontane nennt, 1300 Kolonistenfamilien »angesetzt«. Sie waren von Friedrich aus aller Herren Länder an die Oder geholt worden, also kamen Pfälzer, Schwaben, Polen, Franken, Westfalen, Vogtländer, Mecklenburger, Österreicher und Böhmen in die neuen Kolonistendörfer. Eine Besonderheit bildeten die Schweizer Neusiedler, Hugenotten zumeist, die sich im Oderbruch in Kolonien niederließen, die von nun an Namen wie Beauregard oder Vevais trugen. Die neuen Bewohner des Oderbruchs mußten ihr Kommen nicht bereuen, wie Theo-

der Weinreben im Januar über die Ernte im September und Oktober bis zum Genuß des guten Tröpfchens in den kalten Wintermonaten. So ging das in Grünberg bis ins 18. Jahrhundert. Wein aus Grünberg, das war nicht nur, wie Jochen Klepper übertreibt, der nördlichste Wein der Welt. Das war auch eine regelrechte Industrie. 2 200 Weinberge mit einer Anbaufläche von 700 Hektar umgaben die idyllisch gelegene Stadt. 48 Weingärtnermeister überwachten die Reifung der Trauben, die Ernte und die Winzerei.

Und sie beobachteten, wie die Weinanbaukultur ihren Niedergang nahm. »Drei Dinge waren dafür ausschlaggebend«, erklärt der Lokalhistoriker Krzysztof Garbacz: »Das kälter werdende Klima, der Bau von Eisenbahnen, die die besseren Moselweine nach Schlesien brachten, sowie der Siegeszug des Bieres im 18. Jahrhundert.« Von den 2 200 Weinbergen ist nur einer übriggeblieben. Ein Schauweinberg sozusagen, im Weinbergspark südlich der Altstadt.

Doch das soll sich bald ändern, verspricht die Frau in der Touristinformation. »Ein Investor aus dem Ausland hat von der Stadt die Rechte für den Weinanbau erworben. Dann wird es hier nicht nur einmal im Jahr Weinfest geben, sondern das ganze Jahr über.«

Ob das der Stadt bekommt? Ich lasse die Frage vorerst offen und nehme den Bus nach Cigacice, einem

Modegeschäfte und herausgeputztes Ambiente: in der Fußgängerzone der Altstadt von Zielona Góra/Grünberg herrscht geschäftiges Treiben.

kleinen Oderdorf, ebenfalls Teil der alten Kulturlandschaft in der Grünberger Weinregion. Irgendwie hatte sich in meinem Kopf die Vorstellung festgesetzt, in Cigacice sehe es aus wie am Rhein, mit Hängen voller Reben, einem ewigblauen Himmel und einem Fluß, der in lieblichen Kurven durch die Weinberge plätschert. Schuld an dieser Vorstellung war nicht nur eine Postkarte, auf der es hieß: »Grüße aus dem Trauben- und Luftkurort Tschicherzig«, sondern auch der Schriftsteller Jochen Klepper. Der hatte in seinem Oderroman »Der Kahn der fröhlichen Leute« geschrieben:

»Von Grünberg bis zum Dorfe Tschicherzig wölben sich die kleinen gelben Berge, mit niedrigen, buschigen Weinstöcken bepflanzt, in breiten

dor Fontane weiß: »Man streute aus und war der Ernte gewiß. Es wuchs ihnen zu. Alles wurde reich über Nacht.«

Neben die Militarisierung der Oderregion war unter der Ägide Friedrichs II. auch deren Modernisierung getreten. Dies betraf nicht nur das Oderbruch. Am gesamten Lauf der Oder, von Schlesien bis Pommern, ließ Friedrich Deiche bauen, weitere Durchstiche vornehmen und eine Vielzahl der vor allem in Schlesien noch vorhandenen Wehre räumen. Dem großen wirtschaftlichen Projekt der Besiedelung des Oderbruchs folgte der Ausbau der Oder zur preußischen Schiffahrtsstraße. Die Philosophie, die sich dahinter verbarg, hatte Friedrich schon in seiner Kabinettsorder vom 30. Januar 1742 verraten: Zur »Facilitirung der Schiffahrt« und zur »Beförderung des Commercii« solle die Oder, so Friedrich, »recht navigabel« gemacht werden. Mit dem Beginn der Herrschaft Friedrichs war die Oder wieder auf der europäischen Landkarte aufgetaucht – nicht als europäischer Fluß allerdings, sondern als preußisches Machtinstrument.

Der im Krieg nicht zerstörte Marktplatz von Grünberg gehört zu den schönsten im Lebuser Land.

An die Vergangenheit der Stadt erinnert das Weinmuseum.

Was aber bedeutete die Friderizianische Modernisierung in einem Land, das schon bald von der europäischen Landkarte verschwinden sollte? Welches Bild hat man östlich der Oder heute von Friedrich, diesem Kriegsführer und Landesherrn, der sich seine Provinzen im Krieg holte – oder eben im Frieden? Was denkt man in Polen über die »düsteren« Ereignisse des 6. November 1730 in Küstrin, das heute Kostrzyn heißt?

Als im Jahre 2003 in Breslau das Festival der alten Musik »Vratislavia Cantans« stattfand, wurde deutlich, wie schwierig die Erinnerung an Friedrich in Polen noch immer ist. Die Veranstalter hatten für das Festival mit einem Plakat geworben, auf dem Friedrich II. als Flötenspieler zu sehen war. Kaum war das Konterfei des Preußenkönigs in der Stadt geklebt, hagelte es Proteste. Stellvertretend für viele fragte die Inhaberin des Lehrstuhls für Musikgeschichte an der Universität Breslau, Maria Zduniak, in Polens größter Tageszeitung *Gazeta Wyborcza*: »Warum dieser König, warum der Feind Polens?« Und hatte nicht der ehemalige polnische Außenminister Władysław Bartoszewski, der 1944 am War-

Wellen. An ihrem Fuß liegt Dorf bei Dorf.«

Es war eine ungewöhnliche Hügellandschaft, die Klepper da vor Augen hatte, vor allem für die Oder:

»Der Wein auf den Hügeln reift nur in kleinen, dürren Reben am Stock. Denn es ist das nördlichste Weinland der Erde. Die Menschen dort wissen es und zeigen ihren Stolz darauf. Wenn die Weinlese beginnen soll, begehen sie am Sonntag zuvor ein hohes Fest.«

Heute sieht man von alldem nichts mehr. Lieblich ist Cigacice, wie Tschicherzig heißt, zwar noch immer. Es scheint auch, als wäre manch Gutbetuchter vom Großstadtleben in Zielona Góra in dieses Oderdorf geflüchtet. Aber Hänge voller Reben? Fehlanzeige.

Zurück in Zielona Góra, lande ich endgültig in der Wirklichkeit. In der *Gazeta Lubuska* steht ein Artikel über das bevorstehende Weinfest. Es gibt Streit. Mit den Bierbrauereien. Die nämlich weigern sich, während der lustigen Septembertage auf den Ausschank ihres Gerstensaftes zu verzichten. Nun will die Stadt zeigen, wer Herr im Hause ist, und vor Gericht ziehen. Was wäre das schließlich für eine Werbung, wenn am Ende eines Weinfestes lauter Bierleichen auf der Straße lägen. Ob Weinleichen freilich besser wären fürs Image und den Schädel? Hatte nicht ein einer der Chronisten aus der goldenen Zeit des Weines berichtet: »… aber der Grünberger ist noch sehr viel ärger. Laß ihn nicht deine Wahl sein, gegen ihn ist der Saalwein noch viel süßer als Zucker. Er ist ein Wein für Mucker.«

Wo die Oder am rheinischsten ist

Von Zielona Góra fahre ich mit dem Bus nach Krosno Odrzańskie. Den Bahnverkehr hat die polnische PKP vor zwei Jahren eingestellt, er war nicht profitabel genug. Seitdem fehlt den Bewohnern von Krosno nicht nur die schnelle Verbindung in die Hauptstadt der Woiwodschaft, sondern auch ins brandenburgische Guben. Krosno liegt nicht irgendwo an der Oder, Krosno liegt im Grenzgebiet, dem Zwischenland zwischen Polen und Deutschland.

schauer Aufstand teilgenommen hatte, noch 2002 in einem Interview mit dem *Spiegel* zu bedenken gegeben: »Wenn wir Polen an Preußen denken, fallen uns als Erstes bestimmt nicht die Tugenden ein.«

Daß Friedrich in Polen bis heute als Feind gilt, mag verwundern, schließlich profitierte auch Schlesien von der Modernisierungspolitik des Preußenkönigs. Doch in der polnischen Friedrich-Rezeption wurde auf diese Seite der Friderizianischen Herrschaft erst spät hingewiesen. Lange Zeit vorherrschend war das Friedrich-Bild Władysław Konopczyńskis. Der hatte in seiner Friedrich-Biographie eine Linie gezogen von der Polenpolitik des 18. Jahrhunderts bis zum Kulturkampf in der Bismarck-Ära und zur Vernichtungspolitik der Nazis. Als sich der Historiker Gerard Labuda 1970 an eine Neubewertung des polnischen Friedrich-Bildes machte, war ihm der geballte Ärger der Zunft sicher. Sätze wie: »Man darf die Schuld für die eigene Schwäche nicht allein beim Eroberer suchen«, wurden damals als Versuch gewertet, das polnische Geschichtsbild zu revidieren.

Was eine Neubewertung des Friedrich-Bildes wie auch sein Konterfei auf Breslauer Plakatwänden noch immer problematisch macht, ist weniger die Würdigung des Preußenkönigs, der das Oderbruch trockenlegen ließ und die Oder zur »Beförderung des Commercii« »recht navigabel« gemacht hatte. Es ist nicht einmal seine Rolle als Feldherr in den drei Schlesischen Kriegen. Zum »Feind Polens« wurde Friedrich vielmehr als preußischer Großmachtpolitiker, der im Bündnis mit Rußland und Österreich 1772 mit der Teilerei Polens begonnen hatte.

Die Teilungen Polens hat der Warschauer Historiker Włodzimierz Borodziej einmal den »schlimmsten politischen Skandal des 18. Jahrhunderts« genannt. Zwar habe Rußland den größten Teil der Ländereien der Adelsrepublik erhalten. »Die Tatsache jedoch, daß zwei deutsche Staaten von den Teilungen

»Der König ist überall«. Friedrich II. bei der Kartoffelernte in Darrmietzel, nördlich von Küstrin, in der Neumark. Gemälde, 1886, von Robert Warthmüller

profitiert hatten – besonders wichtig waren die neuerworbenen polnischen Provinzen für Preußen –, sollte von nun an das Verhältnis der Polen zu ihren deutschen Nachbarn prägen.« Sosehr die Teilungen zu den Traumata der polnischen Geschichte gehörten, so nachhaltig schrieben sich die Aufstände gegen die Fremdherrschaft in den Mythenschatz der polnischen Nation ein. Ihnen ist auch die polnische Nationalhymne gewidmet, in der es heißt: »Noch ist Polen nicht verloren / Solange wir leben / Das, was fremde Übermacht uns raubte / Werden wir mit dem Schwert wiedergewinnen.«

Der in der Nationalhymne beklagte Raub hatte mit einer Annäherung zwischen Friedrich dem Großen und der russischen Zarin Katharina II. begonnen. Anders als ihre

Die Oder bei Krosno/Crossen wurde schon von Klabund besungen.

Die Lektüre im Bus macht mich neugierig. Was hat es wohl auf sich mit einer Stadt, über die Alfred Henschke, besser bekannt als Klabund, einst schrieb: »Wo der Bober in die Oder, wo die Zeit mündet in die Ewigkeit«? In der sich, dieser Befund ist jüngeren Datums, laut Aussage der örtlichen Polizei eine »soziale Pathologie« und eine »soziale Abnormität« der lokalen Bevölkerung entwickelt habe, sprich: der Schmuggel und die Kriminalität floriere? In der ein engagierter Stadtverordneter die Unfähigkeit des Bürgermeisters kritisierte, der den Anleger am Oderufer zu niedrig hatte bauen lassen, so daß er nun mehrere Monate im Jahr unter Wasser steht. In der der Kritiker anschließend vom Bürgermeister gefeuert wurde, weil man solche Kritik nicht offen

Schwiegermutter auf dem Petersburger Thron, Zarin Elisabeth, war Katharina um einen Ausgleich mit Preußen bemüht, mit dem sich Rußland 1762 noch im Krieg befand. Im Frieden von Hubertusburg, 1763 geschlossen, verzichtete Rußland sogar auf seine Eroberungen.

Der plötzliche Sinneswandel kam allerdings nicht aus heiterem Himmel. Schon länger hatte man in Petersburg und Berlin die Staatskrise in Polen, die mit dem Tod des polnischen Königs August III. ihren Höhepunkt fand, mit einem weinenden und einem lachenden Auge beobachtet. Augusts Tod nutzte Katharina II., um ihren Schützling Stanisław Poniatowski als Stanislaus II. auf den Warschauer Königsthron zu setzen. Ein schwacher polnischer König, das war auch im Sinne Preußens. Schon lange nämlich gab es Überlegungen zwischen Preußen und Rußland, das Königreich Polen aufzuteilen. Man suchte nur noch nach einem günstigen Anlaß.

Der war 1772 gekommen. Rußland befand sich im Krieg mit den Türken und wollte sich deshalb der preußischen Neutralität versichern. Das Bündnis zwischen Friedrich II. und Katharina II. wurde im Petersburger Vertrag besiegelt – und damit auch das Schicksal Polens. Nach Schlesien konnte sich Friedrich, der Kämpfer um alles oder nichts, nun auch die polnischen Gebiete zwischen Pommern und dem preußischen Kernland, die sogenannte Provinz Westpreußen, unter den Nagel reißen. Rußland bediente sich im Osten des Landes, und Österreich, das auch nicht außen vor bleiben wollte, gründete 1772 im Süden des Königreichs das Königreich Galizien und Lodomerien mit Krakau und Lemberg als nun habsburgischen Städten. 17 Prozent des polnischen Gebiets waren besetzt, wovon 110 000 Quadratkilometer auf Rußland entfielen, 70 000 auf Österreich und 35 000 auf Preußen.

Nachdem Stanislaus II. 1791 eine neue Verfassung in Restpolen eingeführt hatte, schlugen die Teilungsmächte kurze Zeit später erneut zu. Angeblich um Unruhen in Polen zu vermeiden, wurde Polen ein zweites Mal zerlegt – diesmal allerdings nur zwischen Preußen und Rußland. Unter Friedrichs Nachfolger Friedrich Wilhelm II. gewann Preußen die nordöstlich der Oderregion gelegene Provinz »Südpreußen« hinzu, zu der Posen und Gnesen gehörten, wo im Jahre 1000 die Gründungsgeschichte des polnischen Staates begonnen hatte. Zwei Jahre später war Polen ganz aufgeteilt und Warschau eine preußische Stadt. Der polnische Staat verschwand für 123 Jahre von der Landkarte Europas.

Fragt man heute Polen danach, welche Spuren die Preußen, Österreicher und Russen in den jeweiligen Teilungsgebieten hinterlassen haben, werden sie sich schnell einig sein, daß die Situation im russischen Teilungsgebiet die schwierigste gewesen sei. In Krakau wiederum heißt es, die österreichische Fremdherrschaft habe den Polen wenigstens eine gewisse Autonomie zugestanden, in der Kunst und Wissenschaften zur Blüte kommen konnte.

Das Urteil über die Preußen in Polen fällt dagegen zwiespältiger aus. Von Autonomie war keine Rede, von Germanisierung um so mehr. Bereits Anfang des 19. Jahrhunderts hatte Stanisław Staszic dieser Ambivalenz einen sarkastischen Ausdruck verliehen:

»Von den drei Teilungsmächten schätzen die Polen am meisten die preußische, und zwar in solchem Maße, daß wenn der preußische König nur diesen Drang abstellte, diesen bald offenkundigen, bald verdeckten staatlichen Willen, unser Volk zu vernichten, den Namen der Polen auszulöschen, wenn er ihnen ihre Sprache zurückgäbe, ihre Rechte, ihre Rechtsprechung und ihre eigenen Behörden, und wenn er dann auch noch polnischer König würde, dann würden die Polen von den drei Regierungen die seine übernehmen. Dabei handelt es sich um eine Monarchie bei völliger Alleinherrschaft der Könige, und doch gibt es in dieser zugleich auch ein Höchstmaß an persönlicher und bürgerlicher Freiheit, was im Zusammenhang mit einer Alleinherrschaft wahrlich ein Balanceakt ist.«

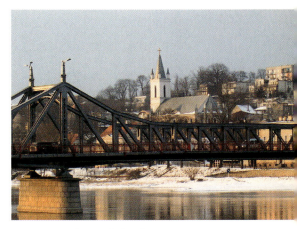

Die 1905 errichtete Oderbrücke ist das Wahrzeichen von Krosno.

ausspricht, schon gar nicht in den deutschen Medien?

In Krosno angekommen, sind diese Fragen erst einmal vergessen. Klabund hatte recht. Crossen, wie Krosno zu seiner Zeit hieß, lohnte eine Ode. Nicht nur wegen der Bobermündung, sondern auch wegen der Crossener Berge hinterm nördlichen Oderufer. Nirgendwo ist die Oder rheinischer als hier, in Krosno Odrzańskie.

Ich mache mich auf ins kleine Stadtmuseum, das seinen Sitz in der ehemaligen Piastenburg hat. Dort soll ein Treffen mit deutschen und polnischen Journalisten zur Tausendjahrfeier stattfinden, die die Stadt im Sommer 2005 begeht. 1005 war Crossen erstmals urkundlich erwähnt worden. Im Museum sitzen sie schon zusammen, die Journalisten, Studenten der

Blick auf den Berglehn am nördlichen Ufer der Oder

Europa-Universität Viadrina, die Krosnoer Bürgerinitiative *Skarpa*, zu der auch der Abgeordnete gehört, der den Pfusch am Bau des Oderanlegers bemängelt hatte, und die Krosnoer Stadthistorikerin Beata Halicka. Und, um ihre Geschichte soll es heute gehen: Wilfried Reinicke und Tadeusz Słominski. Der eine war 1945 aus Crossen geflohen, der andere hatte im gleichen Jahr Krosno in Besitz genommen.

Geteilte Geschichte in Krosno

Die Geschichte von Wilfried Reinicke geht so:
»Mein Vater war 1910 nach Crossen gekommen, er hat die Firma Nippe übernommen. Das war ein Textilkauf-

Treffender hätte man das Regierungsprogramm des preußischen Absolutismus nicht auf den Punkt bringen können. Auch unter Friedrichs Thronfolgern war das Friderizianische Programm von Militarisierung und Modernisierung fortgeführt worden. Nicht umsonst sollte die Festung Küstrin, von der Theodor Fontane als »düsterem« Ort gesprochen hatte, in Polen lange Zeit als Symbol der preußischen Militarismus und des deutschen »Drangs nach Osten« gelten. Als 1945 von der Festung nur noch Ruinen übrig waren, wurden Ziegel und Steine nach Warschau gebracht – zum Wiederaufbau der von den Deutschen zerstörten polnischen Hauptstadt.

Küstrin, das ist aber auch ein Symbol für den Wandel des polnischen Blicks auf die Preußen. Von der Geschichte der preußischen Festung ist auf zahlreichen Informationstafeln vor den Ruinen des Schlosses inzwischen auch in polnischer Sprache die Rede, und alljährlich finden in Kostrzyn sogenannte Festungstage statt. Deutsche und Polen aus Kostrzyn, Berlin-Spandau und dem brandenburgischen Städtchen Peitz erinnern dann mit bunten Trachtenzügen an diesen Teil der Geschichte, der plötzlich nicht mehr in einem militaristischen, sondern eher in folkloristischem Licht erscheint.

Woher der Sinneswandel in Kostrzyn? Was am polnischen Friedrich-Bild hat sich inzwischen verändert? Bereits in den siebziger Jahren hatten sich die Wissenschaftler in der polnischen Historiographie gegenüber den Nationalisten zu behaupten begonnen. Den Durchbruch schaffte schließlich der Geschichtswissenschaftler Stanisław Salmonowicz mit seinem Buch »Prusy. Dzieje państwa i społeczeństwa« – »Preußen. Geschichte des Staates und seiner Gesellschaft«.

In dieser ersten wissenschaftlichen Friedrich-Biographie in Polen würdigte der Autor auch die Leistung des Preußenkönigs als Modernisierer. Nach dem Ende der europäischen Teilung wird das preußische Erbe mitunter sogar als Herausforderung verstanden. In den polnischen West- und Nordgebieten, meint der Allensteiner Historiker Robert Traba, sei die »preußische Landschaft« mit ihren neogotischen Kirchen, Herrenhäusern, Friedhöfen und Bahnhöfen noch immer präsent. Die schwierige Aufgabe für die Polen sei es heute, auf natürliche Art und Weise von Verwaltern zu Miterben der Kulturgüter in den ehemals preußischen Gebieten zu werden.

Welche Ausmaße diese »schwierige Aufgabe« annehmen kann, zeigt sich einmal mehr in Kostrzyn. Seit der Wende bemühen sich die Stadtväter der Oderstadt um den Wiederaufbau der im Krieg zerstörten Festung. Zur Begründung sagte einer der Bürgermeister, Grzegorz Tomczak, einmal: »Wir betrachten die Festung als Ursprung der Geschichte Küstrins, als Teil des europäischen Kulturerbes.«

Folgt dem nationalen Blick auf Friedrich nun ein postmoderner? Nicht europäisch im Sinne gemeinsamer Verständigung, sondern beliebig im Geiste des »Anything goes«? Nein, meint dazu der Stettiner Historiker Kazimierz Wóycicki. »Es ist vielmehr die Suche nach einer eigenen Heimat, die nun das Zeitalter der Ideologien abgelöst hat.«

Das gilt nicht nur in Kostrzyn, sondern auch im Oderbruchstädtchen Letschin, wie es die Geschichte des Friedrich-Denkmals zeigt, das seit 1990 wieder auf dem Dorfplatz steht. Diese Geschichte gibt zugleich Aufschluß über die Geschichte der DDR und ihre Verarbeitung der Modernisierungs- und Militarisierungspolitik des »Alten Fritzen«.

Schon seit 1905 stand auf dem Dorfplatz von Letschin eine überlebensgroße Bronzeplastik Friedrichs des Großen. Geschaffen hatte diese Skulptur der Bildhauer Hans Weddo von Glümer, ein Schüler von Reinhold Begas. 1945 aber sollte Schluß mit der »fritzischen Gesinnung« in Letschin sein. Auf Anordnung deutscher Dienststellen in der Sowjetischen Besatzungszone mußte die Bronzeplastik weichen. Einige Einwohner von Letschin sollten den Bronze-Friedrich nach Fürstenwalde bringen – zum Schrotthändler.

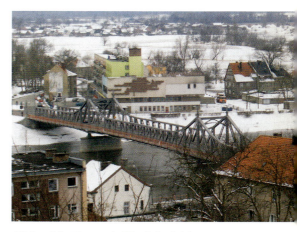

Blick auf die Unterstadt. Hier befand sich vor dem Krieg das Zentrum von Crossen.

haus am Markt, das dort schon seit 1838 stand. Ich bin 1936 geboren. Meine ersten Erinnerungen haben mit dem Verschwinden der Juden aus Crossen zu tun. Da war der Arzt Dr. Scheringer, der Geburtshelfer meiner Geschwister. Von dem hieß es, er sei ins Ausland gegangen. Ich erinnere mich auch, wie mich unser Kindermädchen an die Hand genommen hat und raus mit mir ist, zur brennenden Synagoge. Das ist meine erste Erinnerung überhaupt, ich war damals zweieinhalb Jahre alt. Wenn ich einmal meine Erinnerungen an Crossen aufschreiben sollte, würde ich sie ›Meine jüdischen Erinnerungen‹ nennen. Man hat die Juden aus ihrer Heimat vertrieben, da war von Heimatvertriebenen noch keine Rede.

Crossen war eine schöne Stadt: der

Markt zwischen Oder und Kanal, das Steilufer, die Bobermündung, die Schule, die Klabund besuchte, bevor er ins Gymnasium nach Frankfurt ging. Dort ist er übrigens, entgegen der Legende, Gottfried Benn nicht begegnet, sie haben sich erst später kennengelernt. Dann kam das Jahr 1944. Es hatte sich schon seit einiger Zeit angekündigt, die Front rückte immer näher. Ich sah Pferdewagen, Flüchtlingstrecks, die kamen aus Ostpreußen. Meine Eltern hatten im Wohnzimmer eine Landkarte hängen. Auf der war der Frontverlauf eingezeichnet.

Am 29. Januar 1945 war es so weit. Mit dem letzten Zug, der ging, haben wir Crossen verlassen. Wir fuhren über Magdeburg zu dem Dorf, in dem mein Vater geboren worden war. Es ging uns nicht schlecht. In Wittstock hatte mein Vater eine Filiale des Textilgeschäfts. Darauf konnten wir nun aufbauen, das war ein Neuanfang.«

Und das ist die Geschichte von Tadeusz Słominski:

»Zum ersten Mal in Crossen war ich 1942. Ich habe meinen Bruder besucht, der bei den Deutschen in Grünberg als Zwangsarbeiter beschäftigt war. Es war eine aufregende Reise, weil man als Pole, der aus Posen nach Deutschland fuhr, eine Genehmigung brauchte. Die war aber legal nicht zu bekommen, also fuhr ich schwarz. Von Grünberg sind wir dann mit dem Fahrrad nach Crossen geradelt.«

Was dann tatsächlich passierte, erzählt Wolfgang Bartsch, heute Gastwirt und Vorsitzender der Interessengemeinschaft »Alter Fritz« folgendermaßen:

»Der Schrotthändler besah sich das 10,3 Zentner schwere Denkmal und meinte, die Letschiner sollten doch nicht so dumm sein, ein solch wertvolles Stück einfach aufzugeben. Gesagt, getan. Der Fürstenwalder Schrotthändler gab den tapferen Letschinern Wiegekarte und Quittung, und der Bronzefritz nahm den Weg zurück ins Oderbruch. Dort freilich tobte der Bürgermeister und verlangte, das unerwünschte Standbild zu zersägen. Doch die tapferen Letschiner brachten Fritzen in eine Gurkeneinlegerei und versteckten ihn hinter Gurkenfässern. Nur wenige Letschiner wußten davon.«

So wurde das Standbild Friedrichs des Großen, dessen Geschichte an der Oder an jenem düsteren 6. November 1730 einen so tragischen Anfang nahm, in einem kleinen Bruchdorf unversehens zum Symbol für den Umgang mit seiner eigenen Geschichte und Gegenwart. Wie es weiterging, erzählt die Publizistin Regina Scheer, die die Geschichte vom »Alten Fritz hinter den Gurkenfässern« ausgegraben hat:

»1953, als die Zeiten sich zu ändern schienen, wurde er wieder hervorgeholt, aber es war noch zu früh, und er wurde in einer Scheune eingelagert, zwischen Holz und Stroh. Es war ein offenes Geheimnis, an das niemand rührte. Aber 1986, zum 200. Todestag des ›Alten Fritz‹, als auch das Standbild in Berlin Unter den Linden wieder eingeweiht worden war, dachten die Letschiner, jetzt sei die richtige Zeit gekommen. Einige Dorfbewohner stellten das Standbild nachts auf den Dorfplatz.« Der wiederauferstandene »Alte Fritz« ohne Sockel erregte Aufsehen:

»Einige Jahre zuvor wäre der Vorgang wohl politisch gewertet und die Dorfbewohner wären hart bestraft worden. Auch 1986 wurden einige Dorfbewohner von der Polizei ver-

Oderlandschaft bei Krosno in der Woiwodschaft Lebuser Land

nommen, sie sollten wegen groben Unfugs zu je 250 Mark Geldstrafe verurteilt werden. Aber der Fürstenwalder Polizeichef ließ die Strafe mit Verweis auf das Berliner Denkmal ruhen.«

Der Letschiner Friedrich wurde nun erst einmal restauriert. Als das Standbild schließlich endgültig am 31. Mai 1990 wieder aufgestellt wurde, war die DDR schon in Auflösung begriffen. Bis heute aber sind die Letschiner stolz auf ihre Aktion zivilen Ungehorsams. Mit Friedrich wollen sie nun in die Zukunft, und die heißt Tourismus.

Deutsch-polnische Grenze an der Oder bei Reitwein, August 2003. Bis 1945 war die Oder der »Fluß des deutschen Ostens«.

Der nationale Fluß.
Die Ideologien der Oder

Im Warschauer Verlag Interpress erschien 1977 ein für die damalige Zeit einzigartiger Bild-Textband über die Oder. Er war in deutscher Sprache gedruckt und somit vor allem an die Besucher aus der DDR gerichtet, die seit dem 1. Januar 1972 ohne Visum ins Nachbarland reisen konnten. Die Fotografien von Jan Popłoński und der Text von Ignacy Rutkiewicz zeigten ein vielschichtiges Bild vom Westen der Volksrepublik Polen. Gerühmt wurden der technische Fortschritt, die sozialen Errungenschaften und auch das experimentelle Theater eines Jerzy Grotowski in Breslau. Im Polen der aufziehenden Gewerkschaft Solidarność war man schon stolz auf seine Untergrundkünstler, als man sie in der DDR noch verfolgte.

Alle Vielfalt konnte aber nicht darüber hinwegtäuschen, daß das opulente Buch aus Warschau vor allem eines zum Ziel hatte: die Verortung der Oder in der polnischen Geschichte und Gegenwart. Ganz in diesem Sinne beginnt der Text von Ignacy Rutkiewicz im Duktus eines Manifests:

»Die Geschichte hat hier einen weiten Bogen gespannt.

Der Neusiedler

»Crossen hat mir sofort gefallen«, sagt Słominski. »Als Flachländer aus dem Posener Land habe ich das Gebirge bewundert. Die Stadt war ruhig und sauber, es gab aber auch viele Soldaten. Am liebsten wäre ich dort oder in Grünberg geblieben. Doch es gab keine Arbeit, also bin ich wieder zurück. Aber ich weiß noch genau, wie ich dachte: In so einem Häuschen am Oderufer würde ich gerne einmal wohnen.

Am 15. April 1945 bin ich dann zum zweiten Mal in die Stadt gekommen, das war noch vor der Konferenz in Potsdam und dem Beginn der polnischen Verwaltung. Ich war einer von neun Pionieren, die aus Crossen Krosno Odrzańskie gemacht haben.

Dann gab es noch die russischen Soldaten, die waren von der schlimmsten Sorte.

Ich war sehr bestürzt, als ich die Stadt sah. Crossen war von den Russen zerstört worden, ob planmäßig oder nicht, das weiß ich nicht. Ich habe dann ein Häuschen am Oderufer gefunden, das ich bezogen habe, zusammen mit dem Bruder von Klabund. Da lebten wir eine Weile, der Deutsche und die Polen. Heinz Henschke, so hieß der Bruder, war für mich ein Held. Er hat sich um den Wiederaufbau des Krankenhauses gekümmert und dort als Arzt gearbeitet. 1946 mußte er gehen.

Ich bin geblieben und habe in Krosno eine Fabrik geleitet. Und ich habe die Chronik der Stadt weitergeschrieben. Viele Bewohner von Krosno haben mich dafür kritisiert. Aber Krosno ist ja nicht 60, sondern 1000 Jahre alt.«

Heute sind Wilfried Reinicke und Tadeusz Słominski Freunde.

Die Neißemündung in Ratzdorf

Im Unterschied zur Mündung des Bober in die Oder hat es ein anderer Mündungsort nicht zu einer Ode gebracht. Er ist, außer ein paar Hochwasserspezialisten, nicht einmal einer größeren Öffentlichkeit bekannt. Dabei trifft hier nicht nur die Lausitzer Neiße, einer der größten Zuflüsse, auf die Oder, sondern die Oder Polen liegt wieder – wie einst – an der Oder. Seine gegenwärtigen Grenzen kann man als Kopie der Grenzen vor zehn Jahrhunderten ansehen, als der polnische Staat gerade erst im Entstehen war.«

»Polen an der Oder« lautete die Botschaft von Rutkiewicz, und dieser Titel war programmatisch in vielerlei Hinsicht. Dem DDR-Leser sollte zunächst bedeutet werden, daß die Oder-Neiße-Grenze unumstößlich sei. Dies um so mehr, das war die zweite Botschaft, als die Oder schon vor 1000 Jahren die Grenze zu den Deutschen bildete. Die dritte Botschaft schließlich ging ans eigene Volk. Grämt euch nicht wegen der an die Sowjetunion gefallenen ostpolnischen Gebiete. Hier ist eine neue Heimat, die schon die Heimat eurer Vorfahren war.

Das Buch von Jan Popłoński und Ignacy Rutkiewicz ist inzwischen vergriffen. Seine Botschaften lassen sich an der deutsch-polnischen Grenze aber noch immer entziffern. In Czelin zum Beispiel erinnert ein Mahnmal daran, wie es zur Grenze an Oder und Neiße und damit zum zweiten Mal in der Geschichte zu »Polen an der Oder« kam. An diesem Ort haben polnische Soldaten am 27. Februar 1945 den ersten weißroten Grenzpfahl an der Oder gesetzt, lange vor der Potsdamer Konferenz und nur vier Wochen nachdem die Rote Armee am 31. Januar 1945 an dieser Stelle die Oder überschritten hatte.

Nördlich von Czelin, in Gozdowice, wurden zu Ehren der Pioniersoldaten der 1. Polnischen Armee ein Denkmal und ein kleines Museum errichtet. Darüber hinaus ist auf einer Steinwand die Landkarte Polens zu sehen, mit der Oder als seiner neuen Westgrenze.

Weiter nördlich, in Siekierki, wurden die gefallenen polnischen Soldaten der Roten Armee bestattet, über ihren Gräbern stehen symbolisch 1000 Kreuze.

Doch nicht nur den polnischen Opfern und Helden des Zweiten Weltkriegs ist die eindrucksvolle Gedenklandschaft entlang der Oder gewidmet, sondern auch den symbolischen

Schlachten vergangener Jahrhunderte. Bei Cedynia hat man ein gewaltiges Monument in die Oderhänge gebaut, das an die Schlacht erinnert, die hier im Jahre 972 zwischen dem Piastenfürsten Mieszko I. und dem Markgrafen Hodo stattgefunden haben soll. Hodo wollte das Gebiet östlich der Oder unter seine Gewalt bringen, doch Mieszko konnte den Angriff abwehren. Seitdem gilt die Schlacht von Cedynia als Symbol der über tausendjährigen Geschichte des Polentums an der Oder. Das Denkmal, das 1972 errichtet wurde, ist noch heute eine Stätte nationalen Gedenkens.

Daß die publizistische und denkmalpolitische Thematisierung der Oder-Neiße-Grenze in den siebziger Jahren einen neuen Höhepunkt erreichte, ist kein Zufall. 18 Jahre lang war die Grenze zwischen den »sozialistischen Bruderstaaten« DDR und Volkspolen geschlossen. Mit der Grenzöffnung am 1. Januar 1972 war deshalb nicht nur Freude verbunden. In Polen wuchs auch die Angst vor revanchistischen Forderungen. Immerhin lebten in der DDR weit mehr »Umsiedler« als in der Bundesrepublik. Und hatte nicht der erste DDR-Staatspräsident Wilhelm Pieck zu verstehen gegeben, daß er den Grenzvertrag von Zgorzelec 1950 nur zähneknirschend unterschrieben hatte? Tobte nicht seit Jahren ein Konflikt zwischen polnischen und DDR-Reedereien um die Fahrrinne im Stettiner Haff?

Das Buch von Jan Popłoński und Ignacy Rutkiewicz und die Gedenklandschaft zwischen Czelin und Cedynia waren in den siebziger Jahren also einem doppelten Vorhaben verpflichtet. Sie sollten das Polentum an der neuen Westgrenze festigen und damit zugleich eine Öffnung in Richtung Westen ermöglichen. Daß man dabei auf die Symbolik der Oder zurückgriff, hat mit der tiefreichenden Bedeutung dieses Flusses für die deutsch-polnische Beziehungsgeschichte zu tun. Oder besser für die deutsch-polnischen Beziehungskonflikte.

Eine Grenze war die Oder in der Geschichte der Deutschen und Polen immer wieder gewesen. Das gilt auch für die selbst auf die deutsche Grenze. Die Rede ist vom brandenburgischen Grenzörtchen Ratzdorf.

Schaut man in die Ortschronik, ahnt mal allerdings, warum dieser Flecken nie zu größerer Bedeutung kam. Immer wieder war das 1316 erstmals urkundlich erwähnte Ratzdorf den Fluten ausgesetzt. »Schwere Hochwasserwellen« verzeichnet die Chronik in den Jahren 1736, 1769, 1804, 1830–32, 1854, 1871, 1876, 1903, 1926, 1930 und, natürlich, 1997. Nur einmal kam die Katastrophe nicht zu Wasser, sondern zu Lande. Am 18. November 1706 wurde Ratzdorf bis auf wenige Gebäude von schwedischen Soldaten niedergebrannt.

Wegen der häufigen Überschwemmungen war auch die Landwirtschaft ein mühseliges Geschäft. Also wandten sich die Ratzdorfer der Oder zu und machten aus ihrem Dorf ein Schifferdorf, wie mich die Ortschronik lehrt. 1880 gründete der Unternehmer Meißner aus Fürstenberg/Oder in Ratzdorf eine Schiffswerft, die immerhin 30 Arbeiter beschäftigte. Mit der Fertigstellung des Oder-Spree-Kanals 1891 wurde die Werft ausgebaut, kurz vor dem Ersten Weltkrieg gab es in Ratzdorf neben 4 Kaufleuten, 2 Bäckern, 2 Schmieden und 2 Schuhmachern 2 Kahnbauer mit 14 Gesellen und Lehrlingen, 20 Schiffseigner und 50 Bootsleute.

Voller Staunen über solche Anpassung an den Fluß schlendere ich durchs Dorf. Es sieht proper aus, vom

Hochwasser 1997 ist nichts mehr zu sehen. Von einer Werft allerdings auch nicht. Statt dessen steht am Ende des Dorfes, unmittelbar vor der Mündung der Neiße in die Oder, ein »Europäisches Begegnungszentrum«. Im Jahre 2000 wurde das leerstehende Werftgebäude dafür umgebaut. Seitdem hat es zahlreiche Gäste gesehen, unter ihnen den deutschen Bundeskanzler Gerhard Schröder auf seiner Sommerreise 2001.

Es gibt auch wieder Lehrlinge, wenn auch keine Kahnbauer. Einer von ihnen, er lernt Koch, erzählt mir vom Ende der Werft. 1958 wurde sie geschlossen, sie hat sich einfach nicht mehr gerechnet. Schon kurz nach der Grenzziehung war die Binnenschiffahrt auf der DDR-Seite reduziert worden. Die Werft also ein Opfer der Grenze und das Begegnungszentrum ihre späte Gewinnerin.

Schade nur, daß man das Begegnungszentrum nicht auf dem Wasserweg erreichen kann. Einen Anleger sucht man in Ratzdorf vergeblich. Dafür erinnert ein Pegelhäuschen noch immer an den »Höchststand« der Flut von 1997. Bevor ich mich auf die Weiterreise mache, erzählt der Lehrling noch, was die Ortschronik verschweigt. Gleich nach der Jahrhundertflut hatte die brandenburgische Landesregierung Pläne zur Erhöhung von 164 Kilometern Deiche aus der Schublade gezogen. Die meisten von ihnen sind fertiggebaut, nur da nicht, wo es am nötigsten wäre. In Ratzdorf

Zeit nach der Taufe Mieszkos I. im Jahr 966 und der Grenzziehung zum Heiligen Römischen Reich Deutscher Nation. So schied die Oder während der europäischen Ostsiedlung vom 12. bis zum 14. Jahrhundert recht unterschiedliche Siedlungsräume – vor allem in Schlesien. Während sich die deutschen Siedler vorwiegend auf dem linken Oderufer niederließen und alten polnischen Burgstädten wie Oppeln, Brieg oder Breslau im Laufe der Jahrhunderte ihren Stempel aufdrückten, gab es am rechten Oderufer keine ethnische Hegemonie der Deutschen. Es war eine im besten Sinne des Wortes gemischte Grenzlandschaft, ganz so, wie sie die Dichter der polnischen Grenzlandliteratur wieder im Sinn haben.

Doch im Zeitalter des aufkommenden Nationalismus war für solche Räume des Übergangs kein Platz. Es begann die Zeit der Inanspruchnahme, der Bekenntnisse, der Eindeutigkeiten und der Abgrenzung. Für polnische Historiker galt es deshalb immer wieder nachzuweisen, daß Schlesien östlich der Oder auch nach der Eroberung durch die Preußen polnisch geblieben sei. Zur Ideologie wurde diese These, indem nicht nur die Oder, sondern auch deren Einzugsgebiet zur Grenze konstruiert wurden. In einem Aufsatz des polnischen Geographen Wacław Nałkowski aus dem Jahre 1914 heißt es: »Der Grenzcharakter wird (…) durch den Umstand unterstrichen, daß die Oder ein einseitiges System ist, denn sie besitzt fast keine linken Zuflüsse; ihr ganzes Einzugsgebiet liegt auf der rechten, der polnischen Seite.«

Es war die Zeit während des Ersten Weltkriegs, in der nationale und geographische Konstruktionen wie diese Konjunktur hatten. Polen drängte mit Macht auf die europäische Landkarte zurück und ließ keinen Zweifel daran, daß es ein mächtiges, ein überlebensfähiges Polen sein sollte, das nach den Jahren der Teilung seine »Wiedergeburt« feierte. Ein Polen, zu dem nicht nur ein freier Zugang zur Ostsee ge-

Neue Deichbrücke in Fürstenberg. Der Oder-Spree-Kanal verbindet die Oder mit Berlin.

hörte, sondern auch das oberschlesische Industrierevier. Vor allem aber ein Polen, das auch eindeutig von Polen bewohnt wurde. Mehr und mehr gewann deshalb die piastische gegenüber der jagiellonischen Staatsphilosophie die Oberhand. Piastisch galt als Synonym für ein ethnisch einheitliches Polen mit der Oder als Westgrenze. Jagiellonisch war dagegen gleichbedeutend mit Ostpolen und seinen über Jahrhunderte gewachsenen Vielvölkerregionen, in denen Polen, Deutsche, Juden, Ukrainer, Litauer und Russen zusammen lebten. In Deutschland wiederum wurde der Verlust der Ostgebiete zur Schicksalsfrage der Weimarer Republik und die Oder zum »Strom des deutschen Ostens«, zur Bastion des Deutschtums gegenüber der »polnischen Bedrohung«.

weigern sich zwei Bauern hartnäckig, ihr Land zu verkaufen, die Enteignungsverfahren laufen. So bringt es Ratzdorf, das unbekannte Dorf an der Mündung der Neiße in die Oder, doch noch zu einer Nachricht.

Fürstenberg und Eisenhüttenstadt

Für die Oderschiffer war Fürstenberg lange Zeit ein wichtiger Ort. Von Fürstenberg führte der Oder-Spree-Kanal in die Hauptstadt und machte Berlin zur »Stadt an der Oder«. In Fürstenberg befand sich ein Winterhafen, in dem nicht nur die Schiffe überwintern konnten, sondern auch die Kinder der Oderschiffer – sie konnten in Fürstenberg auf die Schule gehen. Die Oderschiffahrt, lese ich in einem Architekturführer, habe aber auch die Entwicklung der Stadt um die Wende vom 19. zum 20. Jahrhundert bestimmt: »1889 kam es zur Gründung der Schleppergenossenschaft, 1881 wurde eine Schiffswerft gegründet, 1883 eine Reparaturwerft. 1930 lebten 500 Schifferfamilien in der Stadt.«

Heute führt der Oder-Spree-Kanal zwar immer noch nach Berlin, aber Fürstenberg/Oder gibt es nicht mehr. Neben die mittelalterliche Stadt, deren Silhouette überm Steilufer der Oder beeindruckt, wurde in den fünfziger Jahren die »erste sozialistische Stadt« der DDR gestellt. Fürstenberg war nun ein Ortsteil von Eisenhüttenstadt.

Wie jede Nationalisierung hatte auch dieser Kampf um die nationale Zugehörigkeit des Oderraums seine Vorgeschichte. Im Posener Land, wie Oberschlesien ein ethnisches Mischgebiet, in dem Deutsche und Polen über Jahrhunderte als Nachbarn gelebt hatten, begann die Nationalisierung bereits mit den polnischen Teilungen von 1772 bis 1795. Mitte des 19. Jahrhunderts erreichte sie schließlich ihren vorläufigen Höhepunkt. Nach der 1848er Revolution hatte der polnische Revolutionsführer Ludwik Mierosławski zum Aufstand gegen die preußische Fremdherrschaft aufgerufen. Die polnische Nationalarmee in Posen war auf 10 000 Mann angewachsen. Mierosławski fühlte sich stark genug, es endlich mit der preußischen Teilungsmacht aufzunehmen. Aber auch Preußen war gewappnet. In den Kasernen der Garnisonsstadt Frankfurt (Oder) wurde sogleich die Mobilmachung angeordnet. Mitte April 1848 standen den Truppen Mierosławskis rund 40 000 preußische Soldaten gegenüber. Zwei Tage später war der Aufstand niedergeschlagen.

Eine schmerzliche Niederlage war das nicht nur für die polnischen Nationalisten, sondern auch für die demokratischen Kräfte in Deutschland und Polen, die das Wort vom »Völkerfrühling« ernst genommen hatten. Im Laufe der Märzereignisse in Berlin hatten die Aufständischen auch Ludwik Mierosławski befreit. Der war nach einem ersten gescheiterten Aufstand in Posen 1846 verhaftet, zum Tode verurteilt, dann aber begnadigt und in Berlin-Moabit inhaftiert worden. Schwarzrotgoldene neben weißroten Fahnen gehörten in Berlin bald zum alltäglichen Bild auf den Straßen. Doch Mierosławski scherte sich wenig um Märzereignisse und Völkerfreundschaft. Kaum war er aus dem Moabiter Knast befreit, begab er sich nach Posen, um seinen zweiten Aufstand vorzubereiten.

Im demokratischen Lager in Deutschland war man enttäuscht. Mierosławskis Aufstand in Posen sah man weniger als Kampf gegen die preußische Fremdherrschaft als vielmehr als Ausscheren aus der »demokratischen Internationale«. Entsprechend brüsk wurde der Aufstand bei der Nationalversammlung in der Paulskirche in Frankfurt/Main zurückgewiesen. »Die polenfreundliche Stimmung unter den deutschen Demokraten«, schreibt der Slawist Thomas Urban, »war umgeschlagen.«

Was nach dem Ende der 1848er Revolution und den Hoffnungen auf ein demokratisches und liberales Europa folgte, ist in die deutsch-polnische Beziehungsgeschichte als »Kulturkampf« eingegangen. Dieser Kampf war vor allem mit einer Person verbunden – Otto von Bismarck. Posen war für Bismarck unteilbar – und preußisch. Was darunter zu verstehen war, erfuhren die 60 Prozent Polen unter den 1,5 Millionen Einwohnern der Provinz, als Bismarck 1862 preußischer Ministerpräsident wurde. Außer im Religionsunterricht durfte in den Schulen nicht mehr auf polnisch unterrichtet werden. Doch der Kulturkampf richtete sich nicht nur gegen die polnische Sprache, sondern auch gegen die katholische Kirche. Die preußischen Behörden verhafteten Geistliche, die angeblich gegen den »Kanzelparagraphen« verstießen. Der verbot es ihnen ausdrücklich, sich politisch zu äußern. Um den polnischen Einfluß endgültig zurückzudrängen, setzte Bismarck schließlich auf eine Neuansiedlung deutscher Kolonisten in Posen. Im Rahmen des »Gesetzes betreffend der Beförderung deutscher Ansiedlungen in den Provinzen Westpreußen und Posen« stellte Berlin 100 Millionen Mark zum Ankauf von geeigneten Grundstücken zur Verfügung. Die Polen reagierten mit der Gründung eigener Banken, die die polnischen Grundbesitzer vom Verkauf an Deutsche abhalten konnten. »Eine Veränderung der Bevölkerungsstruktur«, resümiert Thomas Urban, »wurde auf diese Weise nicht erreicht, das Gesetz erwies sich im Sinne Berlins als Fehlschlag. Überdies förderte es das Zusammengehörigkeitsgefühl der Polen und stärkte ihr Nationalbewußtsein.«

Aus der Oder- war eine Stahlstadt geworden.

Mit der Oder hat »Hütte« tatsächlich nichts zu tun. Der Weg vom Ortsteil Fürstenberg ins neue Zentrum führt über die Bahntrasse, vorbei an ausgedehnten Plattenbausiedlungen, dann erst ist Eisenhüttenstadt erreicht. Erstaunlich kompakt wirkt es auf mich, überhaupt nicht so unwirtlich wie die »zweite sozialistische Stadt« Hoyerswerda. In Eisenhüttenstadt hatten sich die DDR-Oberen ihren Traum von der Industrialisierung an der polnischen Grenze noch etwas kosten lassen, bei Hoyerswerda haben sie bereits gespart. Im Stahlwerk, das noch immer EKO heißt und gleich hinterm Stadtzentrum beginnt, erklärt mir Arbeitsdirektor Rainer Barcikowski, welche Rolle Polen für die Stahlstadt spielt. »Früher haben bei uns polnische Arbeiter gearbeitet, heute produzieren wir in einem Tochterunternehmen in Poznań.« Auf dem Weg dahin müssen die LKW allerdings große Umwege in Kauf nehmen. Eine Brücke über die Oder hat »Hütte« bis heute nicht, die nächsten Grenzübergänge befinden sich in Frankfurt (Oder) oder Guben. So ist auch das polnische Storchendorf Kłopot am andern Oderufer fast unerreichbar.

Auf dem Weg zurück zur Oder fällt mir auf, daß Fürstenberg nicht nur ein Ortsteil von Hüttenstadt geworden ist, sondern eine richtige Geisterstadt. Hinter den meisten

Fenstern gähnende Leere, die meisten Geschäfte geschlossen, Menschen auf den Straßen sind selten. Nur unten, am Hafen, ist noch etwas Betrieb. Wer hier welche Güter transportiert, will ich wissen. »Schüttgut«, sagt ein Hafenarbeiter, »die Polen haben den Markt übernommen und fahren nun Schüttgut nach Berlin.«

Der Europagarten

Auch Frankfurt war zu DDR-Zeiten eine Stadt, die ihrem Fluß den Rücken kehrte. Nicht mehr am Ufer der Oder wurde das zerstörte Zentrum der Stadt wiederaufgebaut, sondern »landeinwärts«, so daß sie heute noch in Frankfurt scherzen, die Stadt habe sich um 180 Prozent gedreht und sich Berlin, der Hauptstadt der DDR, zugewandt.

Mit dem Wiederaufbau entlang der Karl-Marx-Straße ging aber nicht nur die Altstadt verloren, sondern auch ein Ausflugsziel, zu dem die Frankfurter in der Vorkriegszeit vor allem an den Wochenenden gepilgert waren. Die Rede ist von der Insel Ziegenwerder südlich des Stadtzentrums. Auf ihr hatte man den Schutt abgeladen, der in den fünfziger Jahren in der Altstadt weggeräumt worden war. Aus der Ausflugs- wurde eine Trümmerinsel, ein mit dem alten Frankfurt untergegangenes Eiland.

Und heute? Ich betrete den Ziegenwerder über die südliche Brücke, vom

Doch die Verfechter des Kulturkampfes, der schon längst zur Germanisierungspolitik geworden war, gaben nicht auf. Auch nicht nach der Gründung des deutschen Kaiserreichs 1871. Dabei stand in Mitteleuropa seit 1867 auch ein anderes Modell im Umgang mit ethnischen Minderheiten zur Debatte. Nach dem Deutschen Krieg von 1866 und der Entscheidung Preußens für eine kleindeutsche, also Österreich ausschließende Lösung der staatlichen Einigung schlossen sich die Habsburger mit Ungarn zur kaiserlich und königlichen Monarchie zusammen. Diese Donaumonarchie war fortan das Gegenmodell zum preußischen Deutschland, schreibt Claudio Magris in seiner so klugen wie aktuellen Biographie dieser mitteleuropäischen Region:

»Die Donau ist der Fluß von Wien, Bratislava, Budapest, Belgrad und Dazien, das Band, das (…) das habsburgische Österreich durchzog und umschloß. Dessen Mythos und Ideologie ließen sie zum Symbol einer vielfältigen, übernationalen Koine werden, eines Reiches, dessen Herrscher sich an ›meine Völker‹ wandte und dessen Hymne in elf verschiedenen Sprachen gesungen wurde.«

Die Donau, meint Magris, wurde zum Fluß des deutsch-ungarischen-slawischen-romanischen-jüdischen Mitteleuropa, das dem germanischen Reich und seinem Fluß, dem Rhein, polemisch entgegengesetzt wurde. Zwar legt Magris Wert darauf, daß diese »hinternationale Ökumene«, wie sie der Prager Johannes Urzidil begeistert nannte, einzig und allein dem Hintertreffen zu verdanken war, in das Österreich nach dem Votum Bismarcks für eine kleindeutsche Lösung geraten war. Doch das sollte nicht in Frage stellen, daß der »Mythos Donau« in der k.u.k. Monarchie auch seinen realen Hintergrund hatte. Und der bedeutete am Oberlauf der Oder eine ebenso große Autonomie für die Tschechen in Mähren, wie er im österreichischen Teilungsgebiet in Krakau die polnische Kultur und Wissenschaft zur Blüte reifen ließ.

Ganz anders dagegen im deutschen Kaiserreich. Der

Theater und Modenschau bei der Eröffnung des Europagartens in Frankfurt (Oder) und Słubice im Mai 2003

Stadion aus. Von hier ist es nur ein Katzensprung zur Inselspitze, dann öffnet sich ein grandioser Ausblick: auf die Oderauen vor Słubice, die Oderberge dahinter, die Teilung des Flusses in den Hauptstrom und einen Altarm. Frankfurt hat sein verschüttetes Eiland wieder. Zur 750-Jahr-Feier der Stadt 2003 wurde der Ziegenwerder von den Trümmern befreit und in den »Europagarten« verwandelt. Der steht nun auch den Słubicern zur Verfügung.

Haben Frankfurt und Słubice ihre Oder tatsächlich wiederentdeckt? Sich wieder ihrem Fluß zugewandt, den die beiden Stadthälften so lange teilten, bis er sie selbst teilte, in eine deutsche und eine polnische Stadt? Ich mache die Probe aufs Exempel. Von der Südspitze des Ziegenwerder geht es über den Uferweg in Richtung Norden, hier standen während des Eröffnungssommers 2003 sogar Palmen am eigens aufgeschütteten Oderstrand. Eine Brücke gibt es nun auch am Nordzipfel der Insel und ein Freilichtkino obendrein. Die Brücke führt geradewegs auf den Campus der Europa-Universität Viadrina, über die Leinwand des Freiluftkinos schaut man auf die Oder.

Am Campus beginnt die neue Oderpromenade, die sich Frankfurt zur 750-Jahr-Feier gegönnt hat. Meine Zweifel sind zerstreut. Wer auf dieser Promenade entlangschlendert, bekommt einen Eindruck davon, wie es sich lebt in Städten, die ihren Fluß

Bismarcksche Kulturkampf war nun nicht mehr nur preußische, sondern auch deutsche Politik geworden. Daran sollte sich auch nichts ändern, als Bismarck 1890 entlassen wurde. Kaum hatte Wilhelm II. den Thron bestiegen, wurden in Frankfurt, Schlesien, Posen und Westpreußen sogenannte »Ostmarkenvereine« gegründet. Diese Kampforganisationen, die das »Deutschtum in den Ostmarken« gegen die »Polengefahr« mobilisieren sollten, wurden von Berlin ausdrücklich unterstützt. Namentlich Wilhelm II. reiste mehrfach nach Posen, ließ dort den jüngsten Schloßneubau der Hohenzollern errichten und appellierte an die deutschsprachige Bevölkerung:

»Hier im Osten zu wirken ist eine Verpflichtung gegen das Vaterland, gegen das Deutschtum. Und wie der Posten nicht von der Wache weichen darf, so dürfen Deutsche nicht aus dem Osten weichen.«

Was vor dem Ersten Weltkrieg noch als Beschwörung klang, wurde nach seinem Ende zum Fanal eines »nationalen Überlebenskampfs«. Mit dem Versailler Vertrag war nicht nur Polen auf der europäischen Landkarte wieder aufgetaucht. Der deutsche Oderraum wurde auch Grenzgebiet zu Polen. Die junge Weimarer Republik hatte mit Posen und Westpreußen seine östlichen Provinzen verloren – und das ausgerechnet an den »Saisonstaat« Polen, wie man ihn verächtlich nannte. Städte wie Glogau waren nun keine fünf Kilometer von dieser »blutenden« Grenze entfernt. Doch das war noch nicht alles. Nach drei Aufständen in Oberschlesien fiel auch das Kattowitzer Industriegebiet in polnische Hände. Osten und Oder waren zu Kampfbegriffen geworden. Der ungelöste deutsch-polnische Beziehungskonflikt wurde der Weimarer Republik und dem polnischen Staat zum ständigen Begleiter.

Wie sich der Verlust der Ostprovinzen im Alltag der deutschen Oderstädte ausgewirkt hat, mag ein Blick auf das Frankfurt der Zwischenkriegszeit verdeutlichen. Nach der

Unterzeichnung des Vertrages von Versailles wurde Frankfurt zur Stadt ohne Hinterland. Teile des Frankfurter Regierungsbezirks grenzten nun unmittelbar an Polen, was nicht nur den Wegfall alter Absatzmärkte bedeutete, sondern auch den Zustrom von Flüchtlingen sowie die Abwanderung in den Westen. Eine der Hilfsmaßnahmen, die die Regierung in Berlin der krisengeschüttelten Stadt zukommen ließ, waren die Verlegung der Reichsbahndirektion Ost von der Spree an die Oder und der Bau der Wohnungen für die Reichsbahner. Der »deutsche Osten« war zum Synonym der nationalen Selbstbehauptung geworden und zum Propagandabegriff gegen die zunehmende »Ostflucht«, in deren Folge in der Zwischenkriegszeit fünf Millionen Deutsche aus den verbliebenen Ostprovinzen in Richtung Berlin oder Ruhrgebiet zogen. Und er hielt Einzug in die politische Umgangssprache, wie der Osteuropahistoriker Karl Schlögel betont:

»Osten und deutscher Osten taucht seit den 20er Jahren in unendlich vielen Variationen und Kombinationen auf: Ostwunder, Ostarbeit, Ostmark, Ostwendung, Ostwanderung, Osterlebnis, Ostprogramm, Oststudium, Stil des deutschen Ostens, das ›ostdeutsche Volk‹, Ostuniversitäten, Ostsemester, die Ostfrage, ›die Menschen des Ostens‹.«

Auch in Frankfurt an der Oder hatte der »deutsche Osten« Konjunktur. Die Siedlung, die der Architekt Hans Martin Kießling für die neue Reichsbahndirektion Ost baute, war nicht nur Zeugnis der städtebaulichen Moderne, die auch in Frankfurt Einzug gehalten hatte. Sie war zugleich gebautes Symbol des Deutschtums und bekam deshalb den Namen »Ostmarksiedlung«. Das neue Stadion am östlichen Oderufer, ebenfalls nach den Plänen Kießlings gebaut, hieß »Ostmarkstadion«. Wie das zu verstehen war, erklärte der Frankfurter Oberbürgermeister Paul Trautmann 1925, ein Jahr nach Fertigstellung der Ostmarksiedlung:

»Aus der brandenburgischen Provinzstadt war eine Grenzstadt geworden, die größte und bedeutendste zwischen nicht leugnen, sondern achten, die wieder zu Flußstädten geworden sind, auch wenn der Fluß heute nicht mehr den Schiffern dient, sondern den Erholungssuchenden. Weiter geht es auf der Promenade, vorbei am Kleist-Museum, das im Mai 2004 eine literarische Schiffsreise mit deutschen, polnischen und niederländischen Autoren veranstaltete und dem ehemaligen Junkerhaus, in dem nun das Museum Viadrina untergebracht ist. Je näher man der Stadtbrücke kommt, desto größer wird die Kneipendichte. Anstatt der Oder und damit Polen den Rücken zuzukehren, sitzen die Frankfurter an lauen Sommerabenden wieder an ihrem Fluß und schauen auf die Angler, die am Słubicer Ufer ein Plätzchen gefunden haben.

Frankfurt hat seine Oder zweifellos wiederentdeckt, in Słubice war sie dagegen nie in Vergessenheit geraten. Auf dem Damm waren schon lange vor dem Fall des Eisernen Vorhangs eine Allee gepflanzt und ein Spazierweg angelegt worden. Auf ihm geht es nun wieder oderaufwärts, vorbei am kleinen Słubicer Hafen, hinab zur Aue und immer am Oderufer entlang bis zum Ziegenwerder. Nur eine Brücke gibt es hier nicht. Noch nicht. In Frankfurt und Słubice ist inzwischen alles möglich. Selbst eine Straßenbahn soll bald wieder über die Stadtbrücke rollen.

Die internationale Küche

Um die westpolnische Küche zu verstehen, muß man die in Brandenburg kennen. Besser: die zu sein sie vorgibt. Schließlich herrsche im Lande eine kulinarische Einöde sondergleichen, sagte mir vor einiger Zeit der Soziologe Ulf Matthiesen. Bockwurst und Kartoffelsalat statt Carpaccio und Rucola – so ißt Brandenburg, immer etwas hinterm Mond.

Ganz anders dagegen die polnische Küche, hat mir ein Freund versprochen. Hier schaue man sich nicht hilflos um, sondern blicke freudig in die Zukunft. Mir bleibt nichts anderes übrig, als noch einmal die Probe aufs Exempel zu machen.

Mein Selbstversuch in Sachen Słubicer Küche beginnt gleich hinter der Stadtbrücke, am »Plac Przyjaźni«, dem »Platz der Freundschaft«. Gut polnische Küche, reichlich Auswahl – kein Studentenschuppen ist das »Odra«, sondern ein richtiges Restaurant. Selbst die Frankfurter essen hier, vor allem im Sommer, wenn man draußen sitzen und ungestraft neugierig sein kann. Es wird ihnen aber auch leicht gemacht: Im »Odra« kann man nicht nur »Filet z kurczaka« bestellen, sondern auch »Hähnchenbrust«. Mir läuft das Wasser im Mund zusammen, der Freund hatte recht. Wenn das keine Abwechslung zu Kartoffelsalat und Bockwurst ist.

Doch das »Odra« ist kein typisches Restaurant in Słubice, das zeigt die Bar Berlin und der neuen Grenze, die größte Stadt der Provinz Brandenburg. Treu den alten Überlieferungen galt es, die Zeiten und mit ihnen die neuen Aufgaben zu erkennen. Ein Bollwerk des Deutschtums auf wirtschaftlichem und kulturellem Gebiet zu sein, ein Brückenkopf zur Wahrung der Verbindungen mit den entrissenen altdeutschen Gebieten.«

Trautmanns Nachfolger Kirre ging sogar noch weiter. Er sagte: »Wir als die größte Stadt in der Ostmark betrachten es als heilige Pflicht, den Wall zu bilden gegen das andringende Slawentum. Unser Wahlspruch muß sein: Ein Wille, ein Weg, ein Ziel: Deutsch ist die Ostmark, deutsch soll sie bleiben, deutsch muß wieder werden, was deutsch einst war.«

Daß Frankfurt bald nicht mehr nur ein Bollwerk des Deutschtums, sondern auch des Nationalsozialismus wurde, wundert da nicht. Bei den Reichstagswahlen vom 6. November 1932 bekam die NSDAP 46,2 Prozent, am 5. März 1933 erzielte sie sogar 56,3 Prozent. Deutschlandweit waren die Nazis damals nur auf 43,9 Prozent gekommen.

War der »deutsche Osten« ideologischer Kampfbegriff, wurde die Oder zu seinem Symbol. Der Oderstrom war nun nicht mehr Schiffahrtsweg oder Ausflugsziel, sondern der »deutsche Strom«, den es zu verteidigen galt. Diesem Ziel diente vor allem der Bau einer Verteidigungslinie, die am Westufer der Oder von Oppeln bis Crossen aus dem Boden gestampft wurde. Ihr Name war zugleich Programm: »Oderstellung«.

Obwohl die Oder im Versailler Vertrag dem Völkerbund unterstellt wurde und der Weimarer Republik jegliche Aufrüstung verboten war, wurde bereits 1925 mit dem Bau der »Oderstellung« begonnen. Vor allem in der Region rund um Glogau entstanden zahlreiche Bunkeranlagen an Brücken und Fährübergängen. Polnische Historiker sehen heute eines der Motive zum Bau der »Oderstellung« in den überraschend deutlichen Siegen, die die polnische Armee im Polnisch-Sowjetischen Krieg verbuchen konnte. Unter dem

Kommando des Marschalls Józef Piłsudski eroberten polnische Verbände Anfang der zwanziger Jahre die überwiegend polnischsprachigen Metropolen Wilna und Lemberg und schlossen sie der jungen Zweiten Republik an. Darüber hinaus hatten die polnischen Aufstände in Oberschlesien gezeigt, wie entschlossen man war, dem neuen Staat die nötige Stärke zu verleihen. Aus der Sicht der Polen war das »wiedergeborene« Polen, für das man 123 Jahre kämpfen mußte, alles andere als ein »Saisonstaat«.

Daß die deutsche Befestigungslinie am westlichen Ufer der Oder entstand, hatte vor allem strategische Gründe. Wegen ihrer zahlreichen Dämme und vergleichsweise geringer Anzahl an Brücken war die Oder wie geschaffen für eine Verteidigungslinie. Doch die Bunkeranlagen der »Oderstellung« dienten nicht nur der Verteidigung, sondern auch möglichen Angriffen, wie die interalliierte Kommission in Breslau bald feststellte. Kaum hatte die Kommission die militärischen Anlagen entdeckt, berief sie im Februar 1927 ein Botschaftertreffen der Alliierten ein. Das Ergebnis: Deutschland wurde verpflichtet, die »Oderstellung« wieder abzubauen.

Schon kurze Zeit später wurden die Arbeiten freilich mit um so größerer Intensität wiederaufgenommen. Zwischen 1928 und 1939 entstanden zwischen Breslau und Crossen 650 Bunker, Dutzende von gepanzerten Gefechtsständen und am Oder-Warthe-Bogen östlich von Frankfurt sogar ein unterirdisches Versorgungssystem für LKW und Eisenbahnen. Seine militärische Funktion aber sollte dieser millionenschwere »Ostwall« nicht erfüllen. Nachdem die Rote Armee und mit ihr polnische Verbände 1945 die mittlere Oder erreicht hatten, durchbrachen sie die »Oderstellung« bei Steinau, Oppeln und Ohlau am 23. Januar 1945. Sechs Tage später nahm die 1. ukrainische Front der Roten Armee die Befestigungen an der Oder nordwestlich von Neusalz.

Die Nationalisierung der Oder als »Fluß des deutschen Ostens« wurde auch ideologisch untermauert. Diesem

»Jan Min«. Dort hat man sich auf Kuchnia Azjatycka – asiatische Küche – spezialisiert. Allerdings wird, wie mein Freund, der Słubicer Küchenforscher Felix Ackermann entdeckt hat, »zu den diversen Nudel- und Reisgerichten aus Rücksicht auf die polnischen Eßgewohnheiten auch Krautsalat gereicht«. Der vietnamesische Koch, der hier einst Pionierarbeit leistete, sei inzwischen von einem Einheimischen verdrängt worden. Der Konkurrenzkampf ist groß in Polens Schlemmerparadies, vor allem, wenn es um die internationale Küche geht.

Denn »international«, das ist das Markenzeichen der Słubicer Gastronomie. Auch die beiden beliebtesten Pizzerien am Ort, das »Amigo« und das »Patrol«, machen auf International Style: hier ein bißchen italienisch, dort ein bißchen amerikanisch und zwischendurch immer wieder polnisch. Und natürlich asiatisch. Neben amerikanischer Pizza gibt es im »Patrol« selbstverständlich auch Hähnchen mit Nußsoße.

Noch aber bin ich nicht ganz überzeugt von der Welt, die in den Słubicer Küchen zu Gast ist. Nach einem Wodka im »London Pub« steuere ich dem Höhepunkt der Gastrotour entgegen: dem Restaurant »Ramzes«. Alles, was hier nicht polnisch ist, ist ägyptisch. Das gilt nicht nur für die Wandmalereien samt Hieroglyphen, sondern auch die in polnisch, deutsch, englisch und russisch verfaßte Speisekarte. Dort gibt es Hähnchen Spezial und Spezial-Hähnchen, Hähnchen Spezial à la Ramzes und Spezial-Hähnchen à la Ramzes. So wird die Speisekarte länger und länger, ohne daß sich an den Zutaten (Hühnerfleisch, Salat und Soße) etwas ändern würde. Ulf Matthiesen, der Kritiker der brandenburgischen Küche, hätte seine helle Freude. Und vielleicht würde ihm einer erzählen, daß es Restaurants wie »Ramzes«, »Piramida« oder »Sphinks« inzwischen in jeder polnischen Großstadt gibt. Was ja nicht unbedingt gegen Słubice spricht. Im Gegenteil: Wann wird man schon zu den Großstädten gezählt?

Wen der ganze Gastrorummel in der heimlichen Hauptstadt des Grenzlandes dann doch an die Hektik von Manhattan erinnert, dem sei zum Abschluß ein Besuch der »Warszawianka« empfohlen. Am kleinen Hafen, abseits der Menschenmassen auf der Zigarettenstraße, gibt es zwar nur Pommes und Broiler, dafür aber jede Menge Romantik und den schönsten Sonnenuntergang an der Oder. Felix hatte es versprochen, und er hatte recht. Hier ist Słubice fast eine italienische Stadt.

Die Frankfurter Universität

Frankfurt und Słubice hätten ihren Fluß nicht wiedergefunden, wenn sie nicht die Europa-Universität Viadrina oder das Collegium Polonicum gehabt hätten. Erst mit ihren beiden Hochschuleinrichtungen konnte »Słubfurt«

Zweck diente vor allem die »deutsche Ostforschung«, zu deren Zentrum die »Grenzlanduniversitäten« im ostpreußischen Königsberg und schlesischen Breslau wurden. Stellvertretend für viele seiner Kollegen brachte 1925 der Geograph Albrecht Penck das wissenschaftliche und politische Programm der Ostforschung auf den Punkt:

»Wo deutsches Volk siedelt, ist deutscher Volksboden, da hört man deutsche Sprache und sieht man deutsche Arbeit. (...) Der deutsche Volksboden wird von einem eigenartigen deutschen Kulturboden begleitet, der sich von dem benachbarter Kulturgebiete unterscheidet. Er ist gekennzeichnet durch eine äußerst sorgfältige Bebauung, welche nicht gleich halt macht dort, wo sie schwierig wird. (...) Dieser deutsche Kulturboden greift im Osten fast allenthalben über den deutschen Volksboden hinaus und bildet außerhalb desselben den Gürtel eines Landes, in dem die deutsche Bevölkerung gegenüber der anderssprachigen zurücktritt, wo sie aber dem Lande den Kulturcharakter aufdrückt oder aufgedrückt hat.«

Mit ihrer Theorie des Volks- und Kulturbodens haben es sich Wissenschaftler wie Penck zum Ziel gesetzt, die geforderte Revision des Versailler »Diktat-« oder »Schandfriedens« auch wissenschaftlich zu begründen. Die deutschen Grenzen, so das Argument, seien erst wiederhergestellt, wenn aus dem deutschen Kulturboden wieder deutscher Volksboden wird. Diesem Auftrag verpflichtet waren die unter großem finanziellen Einsatz herausgebrachten Hauptwerke der »Ostforschung« – der »Deutsche Volkskunde Atlas« sowie das »Handwörterbuch des Grenz- und Auslandsdeutschtums«. Nach dem Ende des Habsburgerreiches 1918 war der Ethnozentrismus endgültig in Mitteleuropa angekommen.

Ethnozentrismus und nationalistisch grundierte Kartenwerke findet man aber auch in den Argumenten polnischer Geographen und Historiker. So legte der Lemberger Geogra-

phieprofessor und Penck-Schüler Eugeniusz Romer bereits während des Ersten Weltkrieges den »Geograficzno-statystyczny Atlas Polski« vor, der bei den Verhandlungen über die Grenzen der neuen Republik Polen eine Rolle spielen sollte. Wie bei seinen deutschen Kollegen stand für Romer die Wissenschaft im Dienste der Politik, wenn er die Aufgabe des Atlas mit den folgenden Worten beschreibt: »Für die Bedürfnisse derjenigen, die dieses Land befreien wollen, und für diejenigen, die dort regieren wollen, illustriert der Atlas die nationalen, sozialen und wirtschaftlichen Verhältnisse in der Zeit vor dem großen Krieg.«

Die Tatsache, daß Romer in seinem Kartenwerk das Gebiet Polens über Oberschlesien bis nach Niederschlesien

Im Vordergrund das Hauptgebäude der Viadrina, im Hintergrund die Oder. Viadrina heißt »die an der Oder gelegene«.

zu einem der Zentren der deutsch-polnischen Grenzregion werden. Dabei war Frankfurt schon einmal Universitätsstadt, die erste an der Oder überhaupt.

Begonnen hatte die Geschichte der Oderuniversität mit dem brandenburgischen Kurfürsten Joachim I. Der hatte im Jahre 1506 dem Drängen des Frankfurter Bürgermeisters Andreas Sommerfeld nachgegeben, an der Oder eine brandenburgische Landesuniversität zu gründen. Daß es eine solche Universität in Brandenburg geben mußte, stand außer Zweifel. Nach den hochmittelalterlichen Universitätsgründungen in Prag (1348), Krakau (1364), Wien (1365) und Leipzig (1409) erfolgte im Spätmittelalter eine neue Gründungswelle. Man wollte nicht zurückfallen im mittelalterlichen Wettbewerb der Landesherrscher. Auch Pommern an der Odermündung leistete sich deshalb eine Landesuniversität. Die wurde schon 1456 gegründet, allerdings nicht in Stettin, sondern im vorpommerschen Greifswald. Der Grund: Die Hansestadt war weitaus bedeutender als die Stadt an der Oder. Außerdem hatte Greifswald mit dem Bürgermeister Heinrich Rubenow einen unermüdlichen Lobbyisten, den sich wohl auch sein Frankfurter Kollege Sommerfeld zum Vorbild nahm.

Vor allem aber hatte die Gründung der sächsischen Universität in Wittenberg 1502 Joachim I. unter Druck gesetzt. Und gab es da nicht auch die

und Breslau hin ausgedehnt hat, wurde von deutscher Seite mit Empörung zur Kenntnis genommen. So beantragte Romers Lehrer Penck bei den österreichischen Behörden, in deren Zuständigkeit sich die Lemberger Universität damals noch befand, den Atlas beschlagnahmen zu lassen. Doch das liberale Wien hatte keine Zweifel an der Wissenschaftlichkeit des Werks. Romer selbst wandte sich wiederum gegen deutsche Arbeiten, die die deutschen Besitzansprüche in Oberschlesien untermauern sollten.

Für den heute in Krakau lehrenden Geographen Bronisław Kortus ist Eugeniusz Romer zweifelsohne einer der Wegbereiter der polnischen Westforschung, die nach dem Ersten Weltkrieg als Reaktion auf die deutsche Ostforschung entstanden sei:

»Nach dem Ersten Weltkrieg konnte sich Deutschland mit dem Versailler Vertrag und den territorialen Verlusten nicht abfinden. Die Außenpolitik der Weimarer Republik bemühte sich um eine Revision des Vertrags und insbesondere um eine neue Grenzziehung im Osten. Dieser revisionistischen Politik Deutschlands stand die deutsche Wissenschaft zu Diensten, auch die Geographie. Man entwickelte auf breiter Front die so genannte Ostforschung, die territoriale Ansprüche im Osten rechtfertigen sollte. Das führte zwangsläufig zu einer Verteidigungsreaktion von Seiten der polnischen Wissenschaft zu Gunsten der Rechte Polens auf die festgelegten Westgrenzen und den Zugang zum Meer.«

Sowohl die deutsche Ostforschung als auch die polnische Westforschung gehören heute zu den wenig erforschten Kapiteln in der Beziehungsgeschichte beider Länder. Um so überraschender war es, als der Stettiner Historiker Jan Piskorski zusammen mit seinen deutschen Kollegen Jörg Hackmann und Rudolf Jaworski 2002 eine vergleichende Studie zu den wissenschaftlichen »Kampfdisziplinen« der Zwischenkriegszeit vorlegte. Die deutsch-polnische Zusammenarbeit auf dem Gebiet der Geisteswissenschaften, heißt es im Vorwort, sei »inzwischen so gefestigt und damit auch belastbar, daß sie auch einen unbequemen Rückblick auf die historisch-politischen Konfrontationen und Kontroversen der vergangenen Jahrzehnte vertrage«. Damit gemeint sei unter anderem, schreibt Rudolf Jaworski, »die immer noch ausstehende kritische Aufarbeitung der wechselseitig aufeinander bezogenen deutschen Ost- und polnischen Westforschung, also jener hochpolitisierten Forschungsanliegen beider Länder, die nach dem Ersten Weltkrieg im Streit um Territorien, Minderheiten und Kultureinflüsse entstanden waren, den Zweiten Weltkrieg überdauerten und lange Zeit das geistige Klima zwischen beiden Ländern vergiftet haben«.

Doch kann man beide Disziplinen wirklich miteinander vergleichen? Ja, meint dazu der Soziologe Marek Prawda, der im Sammelband von Piskorski, Hackmann und Jaworski sein eigenes Fach in Polen unter die Lupe genommen hat:

»Der Westgedanke in Polen und die Ostforschung in Deutschland existieren in einem speziellen Dialog und in gegenseitiger Abhängigkeit. Zutreffender könnte man diesen Zustand auch als das Halten zweier Monologe definieren. Dies hat dem deutsch-polnischen Wissenschaftsdialog deutlich seinen Stempel aufgedrückt.«

Am 1. September 1939 aber waren die beiden »Monologe«, von denen Prawda sprach, zu Ende. Was folgte, waren Krieg, Besatzung, Völkermord. Schon mit dem Machtantritt der Nazis war aus der Ostforschung die Disziplin geworden, die den Worten Taten folgen lassen sollte. Dafür wurden die »Volksdeutschen Forschungsgemeinschaften«, die seit 1931 das institutionelle Bindeglied zwischen Politik und Wissenschaft waren und mehr als 1000 Wissenschaftler beschäftigten, ab 1937 in die Zuständigkeit der SS überführt. Nach dem Überfall auf Polen und dem Beginn des Zweiten Weltkriegs übernahm 1943 das Reichssicherheitshauptmann unter Heinrich Himmler die Dienstaufsicht. Himmler war es auch, der

Gerüchte aus Schlesien, daß die Gründung einer Universität in Breslau kurz bevorstehe? Eine Universität, das war schließlich kein Luxus, das war Standortvorteil und Modernisierung zugleich, ein Ort, an dem das Personal für die Verwaltung, das Rechtswesen und die medizinischen Einrichtungen ausgebildet wurde. Die Frage in Brandenburg war also nicht, ob, sondern nur noch, wo man eine Universität gründen wollte. In Berlin oder in Potsdam, also im Zentrum der Macht? Oder in Frankfurt, an der Peripherie? 1506 war die Frage entschieden. Andreas Sommerfeld hatte sich durchgesetzt. Die brandenburgische Landesuniversität wurde in Frankfurt (Oder) gegründet.

Sucht man in den Frankfurter Bibliotheken heute nach den Gründen für die brandenburgische Standortentscheidung, trifft man unweigerlich auf den ersten Rektor der Universität, Konrad Wimpina. Der, zuvor Professor der Theologie an der Universität Leipzig, pries in einem Einladungsschreiben an potentiell Lehrende und Lernende die Vorzüge der neuen Universitätsstadt. Frankfurt sei eine Stadt mit heiterem und mildem Klima, lobte er, an der fischreichen Oder gelegen, aus der alles Wünschenswerte herangebracht werden könnte, und obendrein von Weinbergen umgeben. Dies, so Wimpina, sei der ideale Ort, um einen Markt der Wissenschaften zu gründen.

Ausschlaggebend, vermutet der

Frankfurter Historiker Ulrich Knefelkamp, seien wohl andere Gründe gewesen. Eine Universität in Frankfurt, meint er, habe die wichtige Lücke zwischen den Universitäten in Greifswald und Krakau gefüllt. Damit habe die neue Universität eine wichtige »Brückenfunktion zwischen den westlichen und östlichen Gebieten Mitteleuropas« übernommen. Wie sich zeigte, war dies kein bloßes Wunschdenken, denn ein Großteil der Studenten kam aus den Gebieten östlich der Oder, aus Polen. Kein Wunder also, daß man der neuen Universität einen Namen gab, der wie kein anderer diese Brückenfunktion verdeutlichte: Universitas Viadrinensis. Viadrina, das bedeutete nicht mehr und nicht weniger als »die an der Oder gelegene«. Was für eine Hommage an einen Fluß, dessen Einzugsgebiet sich Brandenburg mit Pommern, Schlesien und Böhmen teilte.

Und siehe da: Die Gründung der Viadrina war ein voller Erfolg. Bereits im ersten Studienjahr hatten sich mehr als 900 Studenten in die vier Fakultäten Theologie, Recht, Medizin und Artes eingeschrieben. Ihnen winkte nicht nur eine erstklassige Ausbildung, sondern auch ein lustiges Studentenleben. Nicht umsonst hatte der Kurfürst der Universität und ihren Angehörigen einige Privilegien zugestanden. Dazu gehörte, daß die Artistenfakultät 200 Liter Bier einlagern durfte, den Juristen wurden immerhin 50 Faß Bier und 13 Viertel als »Reichskommissar für die Festigung des Deutschen Volkstums« zwei Jahre zuvor den in seinem Hause ausgearbeiteten »Generalplan Ost« vorgelegt hatte. In diesem Plan war die Schwelle vom Ethnozentrismus der Zwischenkriegszeit zum Völkermord bereits überschritten. Er sah unter anderem ein ethnisch bereinigtes Mittel- und Osteuropa in Polen, den baltischen Ländern, Weißrußland, Teilen der Ukraine, der Krim und in Leningrad vor. Von den 45 Millionen Menschen, die auf diesem Territorien lebten, waren 31 Millionen als »rassisch unerwünscht« eingestuft. Die meisten von ihnen sollten nach Westsibirien deportiert werden. Dies hätte für 80 bis 85 Prozent der Bevölkerung Polens, 64 Prozent der Westukrainer und 75 Prozent der Weißrussen gegolten. Die Verbliebenen sollten, so sah es der »Generalplan Ost« vor, entweder germanisiert oder ermordet werden.

Im opulenten Oder-Buch von Jan Popłoński und Ignacy Rutkiewicz wird stellvertretend für die Ideologie der Vernichtung der Herausgeber der Zeitschrift »Volk und Raum«, Johannes Dierkes, zitiert. Der hatte die Germanisierung in Osteuropa bereits 1930 damit begründet, daß die Ostgrenze Deutschlands andernfalls in zwanzig Jahren an der Elbe verlaufe. Popłońskis und Rutkiewicz' Fazit:

»Es war also keine Laune der Geschichte oder der Siegermächte, die auf den Trümmern des Dritten Reiches ein neues Europa entwarfen, daß Polen an die Oder und an die Ostsee zurückgekehrt ist.« An anderer Stelle heißt es: »Die vor dem Krieg in bestimmten wissenschaftlichen und politischen Kreisen formulierte Konzeption von einem Polen, wie es zur Zeit der Piasten ausgesehen hatte, an sich eher ein Wunschtraum denn ein Programm, erwies sich jetzt als übereinstimmend mit den Zielen der großen Antihitlerkoalition. Die geschichtliche Bilanz konnte ausgeglichen werden.«

Dieser »Ausgleich der geschichtlichen Bilanz« war freilich nicht das Werk der polnischen Exilregierung, sondern das von Josef Stalin. Ein »Polen an der Oder«, das war gleich in mehrfacher Hinsicht nach dem Geschmack des Diktators. Einmal, weil er mit polnischen Gebietsgewinnen im Westen die Polen über die an die Sowjetunion fallenden Gebiete hinwegtrösten konnte. Zum andern sollte die Oder-Neiße-Grenze ein ewiger Stachel im Verhältnis zwischen Deutschen und Polen bleiben und so den Einfluß der Sowjetunion als einziger Schutzmacht der »Unabhängigkeit« Polens sichern. Mit der Rückkehr der Polen in die »wiedergewonnenen Gebiete« hatte das wenig zu tun, mit Machtpolitik und Hegemonialstreben dagegen um so mehr.

Es war also keine leichte Aufgabe, die sich den polnischen Geographen, Historikern und Archäologen nach dem Krieg und der Vertreibung der Deutschen stellte. Aus Gebieten, die bis 1945 sechs Jahrhunderte lang nicht polnisch gewesen waren, mußte über Nacht »urpolnische Erde« gemacht werden. Es galt, alte und neue slawische Namen für Städte, Flüsse, Berge und Regionen zu finden und, wo möglich, die Spuren der Deutschen zu tilgen. Vor allem aber hatten die neuen Eliten jeglichen Hinweis darauf zu unterlassen, daß die Rückkehr in die »wiedergewonnen Gebiete« nichts anderes war als ein Ausgleich für die verlorengegangenen Ostgebiete. Eine ideologische Kraftanstrengung dieser Größenordnung war nur möglich, indem die beiden mächtigsten Lager dieser Zeit zusammenarbeiten. Sowohl die Nationaldemokraten mit ihrem Konzept des piastischen Polen als auch die moskautreuen Kommunisten wirkten fortan an dieser neuen Ideologie des »Polen an der Oder«.

Zu den Zentren dieses »Westgedankens« wurden das Instytut Zachodni (Westinstitut) in Poznań, das Instytut Śląski (Schlesisches Institut) in Opole und das Instytut Bałtycki (Ostseeinstitut) in Gdańsk. Namentlich das Westinstitut in Poznań avancierte unter seinem Gründungsdirektor Zygmunt Wojciechowski zum Vorreiter bei der Begründung des urpolnischen Charakters der »ziemie odzyskane« – der »wieder-

Die Universität Breslau. Radierung von G. B. Probst, 1760

Wein zugestanden. Kein Wunder also, daß die Viadrina bald zu den sechs größten der insgesamt 19 Universitäten im Deutschen Reich gehörte.

Die Oderuniversitäten

Und sie blieb vorerst die einzige an der Oder. Ein Jahr vor der Gründung der Frankfurter Viadrina waren die Pläne für eine Schlesische Universität in Breslau geplatzt. Zwar hatte der damalige König von Böhmen und Ungarn Władysław II. bereits die Gründungsurkunde vorbereitet. Doch in Krakau witterte man Konkurrenz und intervenierte am Hofe – mit Erfolg. Die Viadrina, die unter dem brandenburgischen Kurfürsten Joachim II. 1539/40 lutherisch und später

Das Collegium Polonicum in Słubice ist eine Einrichtung der Viadrina und der Adam-Mickiewicz-Universität in Poznań.

gewonnenen Gebiete«. Schon 1948 gab Wojciechowski die »Monografia Odry« (Monographie der Oder) heraus, in der er die Bedeutung dieses Flusses für die polnische Geschichte nachzuweisen suchte. Zugleich untersuchte er in seiner Abhandlung »Polska – Niemcy. Dziesięć wieków zmagania« (Polen und Deutschland. Zehn Jahrhunderte des Kampfes) die Beziehungsgeschichte beider Länder. In diesem Werk, so blickt der Breslauer Historiker Grzegorz Strauchold auf die damalige Zeit zurück, hegte Wojciechowski »nicht den geringsten Zweifel daran, daß die Geschichte beider Völker eine fast ununterbrochene Kette von Kämpfen sei, bei denen Polen das defensive Element bildete«.

So entstanden nach dem Zweiten Weltkrieg erneut »zwei Monologe«, wie Marek Prawda die polnische West- und die deutsche Ostforschung in der Zwischenkriegszeit genannt hat. Hier die Ideologie der »wiedergewonnenen Gebiete«. Dort die bundesdeutschen Vertriebenenverbände, die sich, wie schon die Nationalisten in der Weimarer Republik, für eine Revision der Ostgrenzen stark machten.

Im Buch von Jan Popłoński und Ignacy Rutkiewicz aus dem Jahre 1977 konnte man aber bereits andere Töne vernehmen. Im europäischen Maßstab, heißt es am Ende des Lehrstücks vom »Polen an der Oder«, sei die Grenze an Oder und Lausitzer Neiße »zur Grundlage neuer, friedlicher und freundschaftlicher Beziehungen zwischen Polen und Deutschen geworden«. Sogar Wojciechowskis These von der »ununterbrochenen Kette von Kämpfen« wird in Frage gestellt, wenn auch unter neuen ideologischen Vorzeichen: »Die gemeinsame Gesellschaftsordnung Volkspolens und der Deutschen Demokratischen Republik hat es erleichtert, die üble Vergangenheit zu überwinden, von der ein bedeutender polnischer Historiker einmal geschrieben hat, daß es zehn Jahrhunderte der Auseinandersetzung waren. Die polnische Realität an der Oder findet auch im zweiten deutschen Staat, in der Bundesrepublik Deutschland, Verständnis.«

Eine Abkehr von der Ideologie der »wiedergewonnenen Gebiete« war es nicht, was der DDR-Besucher da zu lesen bekam, wohl aber eine Anpassung der Ideologie an die Wirklichkeit. Seit der überraschenden Öffnung der Grenze der DDR zu Volkspolen 1972 waren Hunderttausende auf die andere Seite geströmt. Erstmals seit Kriegsende und Vertreibung trafen Deutsche und Polen aufeinander, und siehe da: von Haß und Feindschaft keine Spur. In den Begegnungen zwischen denen, die östlich der Oder ihre Heimat verloren, und denen, die dort eine neue gefunden hatten, war bereits ein neues Europa spürbar, ein Europa, das keine Ideologien mehr brauchte, sondern persönliche Begegnung und Erfahrung.

Das galt nicht nur für die polnische Seite, sondern auch für die DDR, wie der Erfolgsroman »Die Reise nach Jarosław« des Ostberliner Schriftstellers Rolf Schneider zeigte. In diesem literarischen Roadmovie aus dem Jahre 1974 wird die Geschichte der 18jährigen Gittie erzählt, die sich mit Jan, einem polnischen Architekturstudenten, auf die Reise nach Jarosław macht. Aus diesem Ort in der Nähe von Krakau stammte die Großmutter von Gittie, Oma Hela, deren Sprache in Gitties Ohren nicht wie Sprache klang, sondern wie Musik, Musik von Jimi Hendrix. Irgendwann kam der Moment, in dem Gittie die Grenze vor sich hatte:

»Ich ging weiter über die Brücke. Rechts neben mir war ein Gitter. Unter mir war ein Fluß. Ich ahnte sofort, daß der Fluß Oder hieß, und ich stellte mich erst mal an das Gitter, um in die Oder zu spucken. Nach Möglichkeit spucke ich von jeder Brücke, vorausgesetzt, unter der Brücke ist Wasser.«

Kaum war die Brücke überschritten, war Gittie in einer anderen Welt:

»Dieses Słubice war verdammt winzig. Es bestand aus zirka einem Dutzend Straßen, und ich lief bißchen drin rum. (…) Ich sah eine Menge kleiner Kinder, die alle dunkle Haare hatten und wie besessen durch die Straßen rannten.

calvinistisch wurde, blieb bis zum Beginn des 18. Jahrhunderts das geistige Zentrum der Oderregion.

Doch Breslau gab nicht auf. Nachdem Böhmen und mit ihm Schlesien 1526 habsburgisch geworden waren, stand die Gründung einer Schlesischen Universität wieder auf der Tagesordnung. Aber erst am 15. November 1702 war es soweit: Der Habsburger Kaiser Leopold I. setzte zum Gegenschlag gegen die lutherische Übermacht in der Oderregion an. An diesem 15. November wurde am Ufer der Oder das katholische Jesuitenkolleg Leopoldina gegründet. 39 Jahre später war das Hauptgebäude fertig, dessen prächtige Aula Leopoldina mit dem Abbild des Odergottes Viadrus noch heute die Betrachter fesselt. Die Viadrina in Frankfurt hatte ernst zu nehmende Konkurrenz bekommen.

Doch der letzte Erfolg blieb der universitären Gegenreformation verwehrt. Immer wieder hatte der Breslauer Bischof versucht, aus der Leopoldina mit ihren beiden Fakultäten Philosophie und Recht eine Volluniversität zu machen. Doch genauso regelmäßig war er gescheitert. Der mehrheitlich protestantische Rat der Stadt hatte alle Hebel in Bewegung gesetzt, eine katholische Konkurrenz zur Viadrina zu verhindern. 1811 gelang der Stadt sogar eine feindliche Übernahme der Leopoldina. Nachdem der preußische König Friedrich Wilhelm II. die katholischen Klöster, darunter auch das altehrwürdige

Leubus, säkularisiet hatte, verlegte er die Viadrina kurzerhand oderaufwärts – von Frankfurt nach Breslau. Aus dem katholischen Jesuitenkolleg wurde eine preußische Volluniversität. Die Leopoldina und die Universitas Viadrinensis wurden verschmolzen zur neuen Universitas Litterarum Vratislaviensis.

1811 hatte Frankfurt seine Universität verloren, nach der Wende hatte es sie wiedergewonnen. Und den alten Namen dazu – Viadrina. Zählt man alle Universitäten zusammen, die an der Oder gelegen sind, wird man feststellen, daß die Oderregion längst ein geistiges Zentrum in Europa ist. Oderuniversitäten gibt es inzwischen auch in Ostrau, Oppeln und Stettin.

Ich verlasse die Bibliothek. Draußen ist es sonnig. Die Brücke voller Studenten. Mit Wein oder Bier von ihrer Universität können sie heute nicht mehr rechnen. Wohl aber mit einer europäischen Karriere. Es fällt mir schwer, Frankfurt und Słubice flußabwärts nach Norden zu verlassen.

Brücken über das Lebuser Land

Die Fähre in Lebus hat schon Günter Eich in seinem Gedicht »Oder, mein Fluß« beschrieben. Sie mußte er nehmen, um von der ehemaligen Bischofsstadt überzusetzen in das »Haus rechts der Oder, wo ich geboren bin«. Seit 1945 allerdings gibt es die Fähre

Dann sah ich etwas, das ein Wochenmarkt war oder auch wieder nicht, weil die Verkaufsstände von fünf Figuren unmöglich ein Wochenmarkt sein können. (...) Auf einem von den Schemeln saß eine alte Frau mit weißem Kopftuch. Sie hatte helle Augen und nicht mehr besonders viel Zähne im Mund. Sie erinnerte mich trotzdem irgendwie an Oma Hela. (...) Ich hätte plötzlich in die Luft springen können. Ich wollte nach Jarosław, und nichts in der Welt hätte mich in dieser Sekunde davon abbringen können.«

Im Staunen der 18jährigen zeigte sich: Die junge Generation der DDR war angekommen in der polnischen Gegenwart jenseits der Oder, und die war nicht selten gleichbedeutend mit Freiheit, Abenteuer und alten Geschichten, den Geschichten der Alten. An diesem Abschied von der Ideologie und an der Ankunft in der Wirklichkeit konnte auch die Schließung der Grenze 1980 nichts mehr ändern. Wer heute, wie damals die Romanheldin Gittie, über die Oderbrücke schlendert, spürt: Das neue Europa ist nicht Wunschdenken, es hat Gestalt angenommen. Über die Stadtbrücke pendeln deutsche Studenten, die in Słubice wohnen, und polnische Studenten, die an der Europa-Universität Viadrina in Frankfurt studieren. Deutsche und polnische Künstler nehmen in einem Verein namens »Słubfurt« die Vereinigung beider Städte vorweg und geben einen Vorgeschmack darauf, wie es sich in einer Doppelstadt lebt, der die Oder nicht mehr Grenze, sondern Übergang ist. Beide Städte sind dem Fluß, von dem sie vor Jahrzehnten abgerückt waren, wieder zugewandt, und ihre Bürger promenieren an seinen Ufern. Selbst die Vertriebenen und ihre Nachkommen sind inzwischen in guten Händen. Mit dem »Institut für angewandte Geschichte« können sie sich unter fachkundiger Hilfe polnischer und deutscher Studenten auf die Reise in ihre alte Heimat machen – und zugleich, wie Gittie in der »Reise nach Jarosław«, das Polen von heute entdecken.

Einige hundert Kilometer oderaufwärts leben die alten Ideologien allerdings fort. In Oberschlesien tobt sogar wieder ein Kulturkrieg, meint der Kattowitzer Publizist Michał Smolorz. Nur daß dieser Kulturkrieg sich nicht mehr allein gegen die Polen richtet, sondern auch gegen die Deutschen. »Beide Kriegsparteien verschanzen sich in ihrem Graben, und jeglicher Versuch, einen Kulturdialog zu führen, endet mit einer Schlammschlacht.« Die Waffen dieses Krieges: der Bau von Denkmälern für gefallene Wehrmachtsoldaten in den Dörfern, in denen die deutsche Minderheit eine Mehrheit ist; die Weigerung der polnischen Seite, verdiente Personen zu ehren, nur weil sie Deutsche waren.

Smolorz, selbst Pole und nicht Angehöriger der deutschen Minderheit, hat für dieses letzte Terrain der Oder, in dem nicht Europa, sondern die Ideologien herrschen, zwei Erklärungen, eine pessimistische und eine optimistische. Die pessimistische lautet: Überall dort, wo Polen und Deutsche nicht mehr in einem Staat zusammen leben, feiert die grenzüberschreitende Zusammenarbeit Erfolge – von Breslau über Frankfurt und Słubice bis Stettin. Dort aber, wo Polen und Deutsche zusammen leben, scheint noch immer das alte polnische Sprichwort zu gelten: »Solange Erde und Mond sich drehen, wird nie ein Deutscher eines Polen Bruder sein.«

Die optimistische Erklärung: Während der letzten Volkszählung in Polen im Jahre 2003 votierte die Mehrheit der in Oberschlesien verbliebenen Vorkriegsbewohner und deren Nachfahren erstmals seit der Wende nicht mehr mit »deutsch«. Als Nationalität gaben sie statt dessen »schlesisch« an. Am Ende der Ideologie, das weiß man auch in Oberschlesien, steht nicht mehr der Verlust von Identität, sondern Europa, Europa an der Oder.

Die Oderbrücke ist das Wahrzeichen von Frankfurt und Słubice.

nicht mehr. Der letzte, der im Februar 1945 übersetzte, war der damals 15jährige Peter Zaeske. Geblieben sind nur die Fährbuhnen auf beiden Seiten der Oder, die seitdem wie mahnende Finger aufeinander zeigen.

Um so größer war für Peter Zaeske die Aufregung, als er am 7. Juni 2003 wieder auf der Fährbuhne stand. Zusammen mit dem brandenburgischen Umweltminister durfte der inzwischen 75jährige über die Oder setzen. Anlaß war die Proklamation des Lebuser Landes zur »Landschaft des Jahres 2003/2004«. Diese Auszeichnung wird alle zwei Jahre von der Naturfreunde-Internationale mit Sitz in Wien vergeben und gilt als große Unterstützung für die Bemühungen derer, denen Naturschutz und sanfter Tourismus kein Widerspruch ist.

Eisenbahnbrücke über die Oder bei Czernica östlich von Breslau

Zeit der Begegnungen. Brücken über die Oder-Neiße-Grenze

An die Zeit nach 1945 erinnert man sich in Urad nicht gerne. Es war die Zeit der Vertreibung aus dem Osten Polens und der Ankunft in einer unbekannten Welt. An der Oder war alles zerstört, erinnert sich Władysław Wydmuch. »Hier war die Front von Guben bis Frankfurt, in Aurith stand der Volkssturm und zwischen Frankfurt und Küstrin die ukrainische SS. Als die Russen kamen, haben die Deutschen die Brücken zerstört. Danach die Grenze, der kalte Krieg. Die Leute, die in die ehemals deutschen Gebiete kamen, hatten genug mit sich selbst zu tun, sie mußten sich in der Fremde einleben, da blieb nicht viel Zeit, um untereinander Freundschaften zu schließen. Man war mißtrauisch. Worüber soll man heute reden? Über die alte, die verlorene Heimat oder die neue, die einem so lange keine Heimat geworden war?«

Władysław Wydmuch redet dennoch. Hinterm Zaun seines Hauses an der Dorfstraße von Urad steht er und erzählt, wie er als 18jähriger gleich nach dem Krieg nach Grzmiąca kam, wo seine Mutter sieben Hektar Land zugewiesen bekommen hatte. »Ich half meiner Mutter auf dem Feld, wenig

Die Landschaft des Jahres

»Landschaft des Jahres« wurde aber nicht nur der deutsche, sondern auch der polnische Teil des Lebuser Landes. Als Peter Zaeske und der brandenburgische Umweltminister die Fährbuhne in Nowy Lubusz erreicht hatten, wurden sie vom Woiwoden begrüßt. Lebuser Land, danach ist in Polen sogar ein ganzes »Bundesland« benannt. So galt die Ausstellung der Naturfreunde-Internationale nicht nur dem Zusammenspiel von Umwelt und sanftem Tourismus, sondern auch dem zwischen Deutschland und Polen. Feierlicher Höhepunkt der Zeremonien am 7. Juni 2003 war die Enthüllung eines Gedenksteins in Form einer imaginären Brücke. Denn das Lebuser Land soll wieder zusammenwachsen,

Die Oderwiesen bei Lebus. An den Uferhängen wächst das Adonisröschen.

und der Tourismus soll dabei den Takt angeben.

War das Ziel zu hoch gesteckt? Diese Frage kommt mir unweigerlich in den Sinn, als ich ein Jahr später in Lebus am Oderufer stehe. Noch immer sind die Fährbuhnen eine Mahnung, einen regulären Fährbetrieb gibt es nicht, und es wird ihn auch nicht geben, bevor Polen Mitglied der Schengen-Gemeinschaft ist. Eine Oderfähre, an der nicht nur der Fährmann, sondern auch der Bundesgrenzschutz zu tun hat, wäre zwar eine symbolische, allerdings auch eine unrentable Geste.

Doch seit der feierlichen Proklamation des Lebuser Landes als »Brücke in Europa« schaue ich anders auf die Fährbuhnen. Nicht mehr nur Mahnung sind sie plötzlich, sondern auch

später habe ich meine Frau kennengelernt. Wir sind dann hierher nach Urad gezogen. Anfangs bin ich in die Arbeiterpartei gegangen, aber die haben mich wieder rausgeworfen, weil ich mich geweigert hatte, landwirtschaftliche Kollektive zusammenzustellen.«

»Władek, was erzählst du!« Wydmuchs Frau Zofia kommt zum Zaun und schimpft. »Was erzählst du, sei still! Die wollen dir doch nur an den Kragen.« – »O nein«, lächelt Wydmuch. »Meine Geschichte können sie in Berlin hören und überall in Polen auch. Ich habe nichts zu verbergen.« Dann gibt er seiner Frau doch recht, indirekt. »Nur hier in Urad wollen sie noch immer nicht drüber reden. Sie weigern sich einfach.«

Urad, zehn Kilometer südlich von Słubice gelegen, war in den ersten Jahren nach dem Krieg weit weg von Warschau oder Lemberg, ganz im neuen Westen Polens, dem »wilden Westen«, wie es damals hieß. Da wollte keiner freiwillig hin, es sei denn als Glücksritter oder Plünderer. Die Geschichte von Urad ist darum auch die Geschichte von der Fremde, die einmal Heimat zu nennen keiner gedacht hätte.

Auch nicht in Aurith, dem Dorf am andern Ufer der Oder, 59 Einwohner, einst war die Ansiedlung das »Vordorf« von Aurith, dessen Zentrum sich drüben befand, dort, wo heute Urad liegt. Als Heinz Thurian nach dem Krieg nach Aurith kam, war seine Heimat wie die von Władysław Wydmuch eine geborgte. Sein Hab und Gut hatte er in Saude bei Guben lassen müssen, das nach der Grenzziehung an Oder und Neiße polnisch geworden war. Wie so viele Vertriebene und Flüchtlinge ließ sich Thurian unmittelbar hinter Oder und Neiße nieder. Daß die neue Grenze zwischen Polen und Deutschen Bestand haben würde, glaubte keiner – weder auf der deutschen noch auf der polnischen Seite. Vielleicht ist das ein Grund, warum man heute so ungern über diese Zeiten spricht. Man lebte auf gepackten Koffern, hüben wie drüben. Heinz Thurian, der Neuankömmling in Aurith, nannte den

Keller einer Ruine sein neues Zuhause. Auf der anderen Seite der Oder zogen Władysław Wydmuch und seine Frau Zofia in ein Haus, in dem alles an die vorherigen Bewohner, die Deutschen, erinnerte. Und zwischen ihnen floß der Fluß, den die Machthaber in der DDR und der Volksrepublik Polen bald als Teil einer »Friedensgrenze« bezeichneten.

Eine »Friedensgrenze« war die neue Grenze allerdings noch lange nicht, aller Propaganda der beiden »sozialistischen Bruderländer« zum Trotz. Heinz Thurian kann sich noch genau daran erinnern, wie er sich fühlte, als er damals, nach seiner Ankunft in Aurith, an die Oder ging. »Die Ufer wurden von bewaffneten Reitern bewacht, die jagten allem nach, was sich bewegte.« Doch Thurian ließ sich nicht davon abhalten, in der Oder zu fischen. Das bißchen, was er vom Feld erntete, reichte vorne und hinten nicht. Mit dem Boot traute er sich dennoch nicht auf den Fluß, wegen der Reiter. Statt dessen fischte er in den Oderlöchern der Auen. Die füllen sich, wenn die Oder Hochwasser führt. Vor allem rund um Aurith. Daß der westliche Teil des Dorfes vor dem Krieg nur dünn besiedelt war, hatte seinen Grund. Die ehemalige »Domäne Aurith« wurde immer wieder vom Hochwasser überspült. Das Dorfzentrum auf den östlichen Oderhügeln war dagegen sicher.

Es ist in den vergangenen Jahren viel die Rede gewesen von den geteilten Städten an Oder und Neiße, von Frankfurt und Słubice, von Guben und Gubin, von Görlitz und Zgorzelec. Über die geteilten Dörfer aber hat keiner gesprochen, nicht über Güstebieser Loose und Gozdowice, nicht über Lebus und Nowy Lubusz, nicht über Aurith und Urad. Dabei kann man in diesen Dörfern, besser noch als in den geteilten Städten, die Geschichte von Grenzziehung und Teilung wie in einem Brennglas beobachten.

Begonnen hat die Geschichte der Oder-Neiße-Grenze im November 1943. Auf der Teheraner Konferenz, dem ersten

Fahrradweg im Lebuser Land. Tourismus wird hier großgeschrieben.

Herausforderung. Was müßte geschehen, damit sich, sind die Grenzkontrollen erst mal weggefallen, ein Fährbetrieb lohnt? Wer könnte der Betreiber sein, die Kommune oder ein privates Unternehmen? Würde sich nicht auch der Einsatz eines Wassertaxis rechnen? Könnte man Lebus und Nowy Lubusz nicht mit all den andern Dörfern an der Oder verbinden, an denen es früher ebenfalls eine Fähre gab – Bielinek und Lunow, Güstebiese und Gozdowice, Aurith und Urad? Warum sollte in der deutsch-polnischen Grenzregion nicht möglich sein, was am polnischen Teil der Oder gang und gäbe ist. Wo die Brücken über den Fluß zu weit voneinander entfernt sind, verkehren die Gierfähren. Mühsam werden sie vom Stahlseil ans andere Ufer

Brücken über die Oder-Neiße-Grenze | Eine Flußreise durch Europa | 141 gezogen. Ein archaisches Schauspiel im Zeitalter von ICE und Billigfliegern. An der Oder aber wirkt es selbstverständlich.

Bei Tagträumen wie diesen schaut man tatsächlich anders auf den Fluß und seine vom Gras verwitterten Fährbuhnen. Die in Lebus ist sogar besonders schön. Zwei Gaststätten haben sich an ihr niedergelassen, als würden sie nur drauf warten, das hier wieder die Reisenden über die Oder kommen. Ich habe mir einen Picknickkorb mitgebracht und mache es mir am Fähranlieger gemütlich. Unter mir der Sandstrand im Abendlicht, gegenüber, am polnischen Ufer, liegt jemand am Strand und liest. Vielleicht das Gedicht von Günter Eich?

Der Schlächter von Warschau

In Küstrin fällt es heute noch schwer, Gedichte zu lesen. Breslau, Glogau, Stettin, all die zerstörten Städte hat man nach dem Krieg wiederaufgebaut. Das zerstörte Küstrin aber ließ man liegen, das polnische Kostrzyn entstand an anderer Stelle, über die Geschichte wuchs Gras.

Immer wieder, wenn ich auf die Ruinen der Festung Küstrin komme, ertappe ich mich dabei, nicht begreifen zu können, nicht begreifen zu wollen. Es ist nicht die Geschichte von Katte, der vor den Augen des jungen Kronprinzen Friedrich hingerichtet wurde, die mich so fassungslos

Treffen der »Großen Drei«, hatten sich Josef Stalin, Winston Churchill und Theodor Roosevelt darauf geeinigt, Polen wie »einen Schrank« in Richtung Westen zu verschieben. Die polnische Exilregierung in London hatte ein ums andre Mal darauf hingewiesen, daß die neue Grenzziehung nicht nur zu Lasten Deutschlands, sondern auch Polens gehen würde. Mit Wilna und Lemberg hätte Nachkriegspolen nicht nur zwei Städte an die Sowjetunion verloren, in denen die polnische Bevölkerung die Mehrheit stellte und die als mythische Orte der polnischen Kultur galten. Auch die Integration der deutschen Bevölkerung in den vorgesehenen polnischen Westgebieten wurde als nahezu unmöglich betrachtet. Daß dieses »Problem« einmal mit der Vertreibung von 12 Millionen Deutschen aus Schlesien, Pommern und Ostpreußen »gelöst« werden würde, stand damals noch außerhalb des Vorstellungsvermögens zumindest der polnischen Exilregierung.

Doch schon bei der zweiten Konferenz, die sich mit der europäischen Nachkriegsordnung beschäftigte, war die Entscheidung gefallen. Nicht mehr die polnische Exilregierung war der Verhandlungspartner von Churchill, Stalin und Roosevelt, sondern die moskautreue Führung der polnischen Kommunisten unter Edward Osóbka-Morawski. Der hatte sich bereits im Juli 1944 mit der Sowjetführung im »Lubliner Abkommen« auf die neue Westgrenze Polens geeinigt. Nicht an der Glatzer Neiße, wie in Teheran vorgesehen, sollte diese Grenze verlaufen, sondern an der Lausitzer Neiße. Damit war auch das Schicksals Niederschlesiens und mit ihm weiter Teile des Oderraums besiegelt. Breslau, die zweitgrößte Stadt Preußens, sollte fortan polnisch sein. Auf der Konferenz in Jalta im Februar 1945 nickten die »Großen Drei« nur noch ab, worauf sich Stalin und sein Statthalter in Polen geeinigt hatten.

Auf ihrer dritten Konferenz am 31. Juli 1945 stimmten die Alliierten im Potsdamer Schloß Cecilienhof der neuen

Grenze endgültig zu. Doch damit war die Diplomatie ohnehin nur den Tatsachen gefolgt. Bereits am 2. März 1945 war das zurückgebliebene Eigentum der deutschen Flüchtlinge beschlagnahmt und dem polnischen Staat zugesprochen worden. Knapp zwei Wochen später, am 14. März 1945, hatte die polnische Verwaltung die Gründung von vier neuen Woiwodschaften – Masuren, Oberschlesien, Niederschlesien und Pommern – bekanntgegeben, denen später auch Danzig folgte. Und noch bevor in der Konferenz von Potsdam beschlossen wurde, daß die deutsche Bevölkerung aus den neuen polnischen Gebieten nach Westen »in geordneter und humaner Weise« überführt werden sollte, waren 400 000 Deutsche »wild« vertrieben worden. Die Politik der ethnischen Säuberungen, die 1939 von Nazi-Deutschland in Polen begonnen wurde, richtete sich nun gegen die eigene Bevölkerung.

In Aurith und Urad läßt sich aber nicht nur die große Geschichte nachvollziehen. Hier finden sich auch die kleinen Geschichten derer, die die große hierhergespült hatte. Zum Beispiel die von Zofia und Stanisław Autuch. In ihrer Interviewsammlung »Aurith/Urad« haben Steffen Schuhmann und Tina Veihelmann die Geschichte der Autuchs festgehalten:

»Zofia und Stanisław Autuch siedelten in Urad, weil sie in der Bahn falsch ausgestiegen waren. Sie kamen aus Baranowice, das heute in Weißrußland liegt. Eigentlich wollten sie zur Sammelstelle Rzepin in den neuen Westgebieten reisen. Zwar wußten sie nicht, wie Rzepin aussah. Doch sie hatten geplant, dorthin zu fahren. Als der Zug in den Bahnhof einfuhr, gelang es ihnen nicht, ihr Gepäck auszuladen, bevor der Zug weiterfuhr. So reisten die Autuchs weiter nach Urad. Sie hatten keine Ahnung davon, daß dies die letzte Station vor der deutschen Grenze war. Weil die Bahn sehr lange hielt, luden sie ihre Habseligkeiten aus. Dann standen sie mit verschiedenen Tieren und einigem Mobiliar auf einem Bahnsteig

»Brücke« gehört inzwischen zum festen Bestandteil des deutsch-polnischen Wortschatzes.

macht, sondern die Geschichte der Zerstörung dieser Stadt, die Hitler mit den andern Oderstädten Breslau, Glogau und Frankfurt zur Festung erklären ließ. Wochenlang hat die Rote Armee Küstrin belagert, doch der Kommandant der Festung gab nicht auf. Heinz Reinefarth, der zuvor den Aufstand in Warschau niedermetzeln ließ und in Polen seitdem als »Schlächter von Warschau« bekannt war, wollte in Küstrin den letzten Willen seines Führers vollstrecken: Kämpfen bis zum letzten Blutstropfen.

Oder hat er doch nur so getan? Diese ebenfalls unbegreifliche Frage stellt Karl Heinz Henschel, als er mit jungen Beamten des Bundesgrenzschutzes einen Rundgang über die Ruinen der Festung Küstrin unternimmt. Henschel kennt sich aus hier, hier ist er zur Schule gegangen, dort hat er Schrippen bekommen. Der 75jährige führt durch eine imaginäre Stadt, eine Stadt, die nur noch im Gedächtnis ihrer einstigen Bewohner existiert – und auf Fotos, die Henschel den BGS-Beamten immer wieder zeigt.

Dann erzählt er weiter vom »Schlächter von Warschau«, der sich offenbar doch nicht an den Befehl seines Führers gehalten hatte. »Küstrin kampflos aufzugeben, daran hat er aber nicht gedacht«, so Henschel. »Reinefarth ist vielmehr geflohen und hat bei seiner Flucht in Richtung Westen sogar die letzte Oderbrücke gesprengt. Die Opfer waren einmal einer unbekannten Ortschaft und überlegten, ob sie hier siedeln sollten. Einige Soldaten, die in Urad stationiert waren und gerade am Bahnhof herumstanden, rieten ihnen zu. In Urad sei es lustig, sagten sie.«

Also blieben Zofia und Stanisław Autuch in Urad. Sie bekamen ein kleines Haus zugewiesen. Das Übergabeprotokoll lautete:

»Registrierte Habseligkeiten: Bettwäsche, Geschirr, ein Tisch, zwei Betten, ein Schrank, zehn Stühle. Lebendes Inventar: eine Kuh, ein Kalb, zwei Ferkel, sieben Hühner. Übergeben wird: ein Haus, 0,30 Hektar Land, ein Schweinestall, eine Scheune, ein Brunnen, eine Dreschmaschine (kaputt).«

Eine Geschichte wie diese hat auch der uns bereits bekannte Heinz Thurian zu erzählen:

»Wir hatten die Wahl zwischen einer Neusiedlung auf der grünen Wiese oder Aurith. Aurith, hieß es, liege direkt am Oderufer. Die eine Seite gehöre jetzt zu Polen, die andere liege am Westufer der Oder. Es sei die ›Domäne Aurith‹. Hier gebe es ein stattliches Gutshaus und fruchtbares Land. Die Domäne wäre leer, alle Leute wären vor den Russen geflüchtet. Jetzt könne man wieder hin und dort siedeln.«

Heinz Thurian war begeistert. Die Geschichte von Aurith kannte er aus seiner Schulfibel. Die Aurither hätten demnach eine Glocke in der Oder versenkt, und um sie wiederzufinden, eine Kerbe in einen Kahn schnitzt. Heinz Thurian wollte unbedingt in das Schildbürgerdorf ziehen, das direkt an einem so großen Fluß gelegen war. Er nahm sich vor, nach der versenkten Glocke zu suchen.

Was aber waren und sind die Wydmuchs, Autuchs und Thurians einander? Nachbarn? Fremde? Opfer? Täter?

Lange Zeit hatte sich diese Frage nicht gestellt. Da haben die Polen und Deutschen in Urad und Aurith nur nebeneinanderher gelebt, ein jeder an seinem Ufer der Oder und die »Friedensgrenze«, an der die bewaffneten Reiter patrouil-

Die Festung Küstrin vor der Zerstörung.

Oben der Marktplatz, über den eine Straßenbahn fuhr.

Links das Schloß, von dem aus Friedrich II. der Enthauptung Kattes zusehen mußte.

mehr die Zivilisten.« Die BGS-Beamten schauen betreten zu Boden. Aber Henschel hat noch nicht zu Ende erzählt. »Nach dem Krieg«, sagt er, »hat Heinz Reinefahrt in der Bundesrepublik Karriere gemacht, als CDU-Politiker auf Sylt.«

Ich bin Karl-Heinz Henschel dankbar. Wenigstens eine der Geschichten, über die Gras gewachsen war, hat er wieder sichtbar gemacht und das Unbegreifliche vielleicht etwas vorstellbarer. Begreiflich wird es damit noch lange nicht.

Woodstock an der Warthe

Begreiflich ist auch nicht immer, was Kostrzyn mit der Geschichte von Küstrin macht, die ja zugleich seine eigene Geschichte ist. Der Wiederaufbau der Altstadt, ein ambitioniertes Unterfangen mit dem so schönen wie komischen Titel »Virtual Kostrzyn«, ist inzwischen gescheitert, am Desinteresse der Investoren. Gleichwohl lassen die Stadtväter der 17 000 Einwohner zählenden Stadt nicht locker. Je kleiner ein Ort, desto größer seine Träume. Warum soll nicht einmal das ganz große Ereignis kommen, das Mega-Event, das dem kleinen Ort den Weg in eine große Zukunft weist?

Schon im Sommer 2004 fand auf den Trümmern des preußischen Militarismus ein Kunstspektakel der besonderen Art statt. »Dialog loci« hieß das Festival, zu dem die Initiatoren lierten, zwischen sich. Doch dann kam der 1. Januar 1972 und mit ihm die erste Öffnung der Grenze seit 1945.

Auch in Urad war man sich nicht sicher, was passieren würde, wenn die ehemaligen Bewohner von Aurith plötzlich auf der Dorfstraße auftauchten. Władysław Wydmuch wollte so lange aber nicht warten, er nahm die Sache selbst in die Hand. Lange schon hatte er den ehemaligen Besitzer seines Hauses in der Dorfstraße ausfindig gemacht. Nachdem die Grenze offen war, war es soweit. Wydmuch lud Gerhard Birkenfeld, der im westfälischen Münster eine neue Heimat gefunden hatte, nach Urad ein.

»Birkenfeld hatte seine ehemalige Heimat nach dem Krieg nicht wiedergesehen«, sagt Wydmuch und schaut etwas verstohlen in Richtung seiner Frau Zofia, die noch immer hinterm Gartenzaun steht. Doch Zofia hat es längst aufgegeben zu schimpfen, ihr Mann, das weiß sie schon lange, ist ein Sturkopf, deswegen hat sie ihn auch geheiratet. »Als die Grenze auf war«, fährt Wydmuch fort, »habe ich ihm geholfen, nach Polen zu kommen.« Wydmuch lächelt, seine Augen sind feucht. »Na ja«, sagt er, »was soll ich sagen. Inzwischen sind wir Freunde geworden. Seitdem kommt Birkenfeld jedes Jahr. Nur dieses Jahr ist es etwas schwierig, seine Frau ist krank geworden.«

Wie Gerhard Birkenfeld sind auch viele Ostdeutsche nach 1972 in ihre ehemalige Heimat gekommen, um zu sehen, ob die Höfe und Häuser, aus denen sie mehr als zwei Jahrzehnte zuvor vertrieben worden waren, noch standen, wer in ihnen wohnte und in welchem Zustand die Gebäude waren. Zu einer Neuauflage der alten Forderung nach einer Grenzrevision war es nicht gekommen. Im Januar 1972 und in den Wochen darauf zeigte sich, daß die Oder-Neiße-Grenze nicht nur von der SED-Regierung anerkannt worden war, sondern auch von den Menschen in der DDR. Am 1. Januar 1972 begann sie tatsächlich, die Nachkriegszeit.

Doch die polnischen Behörden blieben skeptisch, er-

Festungstage auf den Ruinen der Festung Küstrin feiern Polen und Deutsche gemeinsam.

An dieser Stelle befand sich einmal der Marktplatz von Küstrin.

innert sich Władysław Wydmuch: »Mit der Zeit war das ja zum Dauerzustand geworden. Von überall kamen sie her, zu jeder Jahreszeit, auch nach Urad. Dort suchten sie immer jemanden, der ein bißchen Deutsch spricht, und so landeten sie alle bei mir. Na ja, manchmal gab es auch Konflikte. Einmal machte einer ein Foto von einer Lehrerin, die in derselben Schule arbeitete wie er vor seiner Vertreibung. Die Lehrerin meldete das bei der Miliz, und die Miliz nahm den Mann mit. Auch ich habe damals Ärger bekommen, man hat mir sogar gedroht, mich aus dem Dorf zu verjagen. Wahrscheinlich galt ich der Miliz und manchen im Dorf als Deutschenfreund. Aber irgendwie hat sich das immer aufgelöst. Sie sehen ja, ich bin immer noch hier. Und die Deutschen, von denen es immer wieder heißt, sie würden ihre alten Höfe zurückkaufen wollen, sind immer noch drüben.«

Władysław Wydmuch reibt sich die Stirn. »Jetzt fragen sie sich sicher, woher ich Deutsch kann?« meint er. »Ganz einfach. Meine Frau kommt zwar von hinter dem Bug, ich selbst bin aber 1927 in Komorniki in der Nähe von Wieluń

Marek Pisarsky und Anne Peschken 20 internationale Künstler eingeladen hatten, um die Ruine in eine Freiluftinstallation zu verwandeln. Mit dieser Aktion schaffte es das Oderstädtchen in die Feuilletons der internationalen Presse. Doch das war nicht genug.

Kurze Zeit später fand bereits das nächste Spektakel statt. Sein Titel: »Przystanek Woodstock« – »Haltestelle Woodstock«. Bis dahin gastierte Polens größtes Underground-Open-air-Festival im Süden des Grenzgebiets, in Żary. Im Jahre 2004, das gaben die Organisatoren ganz unumwunden zu, hatte die Stadt Kostrzyn das bessere Angebot vorgelegt. So pilgerten also eine halbe Million Festivalbesucher nicht mehr nach Niederschlesien, sondern an die Oder-Warthe-Mündung, wo sie nicht

Zofia Wydmuch hinter ihrem Gartenzaun in Urad

nur Dutzende Bands erwarteten, sondern auch eigens trainierte Polizeibeamte, mobile Bankautomaten, eine Handelsmeile, und das alles auf freiem Feld.

Kostrzyn wäre allerdings nicht Kostrzyn, wenn die Träume nicht noch höher in den Himmel ragten. Oder besser: zu den Sternen. Das ambitionierteste aller Kostrzyn-Events ist nämlich ein Themenpark frei nach George Lucas' »Krieg der Sterne«. Hier Woodstock, dort Krieg? Kein Problem. Hauptsache, das Ganze findet auf der polnischen Seite statt. Und da hatten die findigen Marketingfachleute der polnischen Grenzstadt ein gewichtiges Argument. Deutschland war nämlich gegen den Irakkrieg, Polen war dafür. Daß man mit einem Standort an der Grenze dann doch

geboren. Das war 20 Kilometer von der Grenze zum damaligen Preußen entfernt. 1941, da war ich 14, mußte ich zu einem Deutschen arbeiten gehen, auf dem Hof derer von Meltzen. Die alte Frau von Meltzen hat damals die Wirtschaft geführt. Uns Zwangsarbeiter aus Polen hat sie wie Menschen behandelt, da hat sie keinen Unterschied gemacht. Daher habe ich mein Deutsch.«

Gibt es einen Gradmesser für europäische Blickbeziehungen? Einen Taktzähler für den Rhythmus des neuen Europa, seine Beschleunigung, aber auch seinen Stillstand? Ist Europa an der Oder, in Aurith und in Urad, meßbar?

Das »Wunder an der Oder« haben die beiden Soziologinnen Katarzyna Stokłosa und Dagmara Jajeśniak-Quast die Zeit der Grenzöffnung zwischen 1972 und 1980 einmal genannt. Es waren die kleinen Geschichten der Begegnungen, die sie davon überzeugt haben, daß in der deutsch-polnischen Beziehungsgeschichte eine neue Epoche angebrochen war. Eine Epoche, die man sehen konnte, fühlen, mit Händen greifen, auch wenn sie noch nicht in den Abhandlungen der Historiker angekommen war. Ganz so, wie es Karl Schlögel in seinem Buch »Im Raume lesen wir die Zeit« mit seinem Konzept der »Augenarbeit« umrissen hat:

»Sehen kann man lernen. Man sieht nur, wenn man stehenbleibt, wo alles sich nach vorn bewegt; man sieht nur, wenn man weiter ist oder schon außerhalb steht. Man muß sich zurücklehnen können, um zu sehen. Man muß im Fluß stehenbleiben können, um schärfer zu sehen.«

Sehen, staunen, mit eigenen Augen begreifen, die Perspektive wechseln – das ist tatsächlich eine Möglichkeit, der Geographie und der Geschichte, Raum und Zeit in der Oderregion auf die Spur zu kommen. Und natürlich auch den in so unterschiedlichen Erinnerungskulturen gründenden Identitäten, die in dieser Region aufeinandertreffen.

Sehen wollten auch Steffen Schuhmann und Tina Veihelmann, als sie im Herbst 2003 nach Aurith und Urad kamen. Sehen, was vom »Wunder an der Oder« übrig war und ob es vielleicht im Zusammenhang mit dem polnischen Beitritt zur Europäischen Union ein neues Wunder geben würde. Bei ihren Recherchen hatten die beiden herausgefunden, daß die Kontakte, die in den siebziger Jahren entstanden waren, wieder eingeschlafen waren. Als die DDR-Oberen die Grenze zur Volksrepublik Polen am 1. Oktober 1980 wieder geschlossen hatten, wandten Aurither und Urader einander erneut den Rücken zu. Die Oder floß zwischen beiden Dörfern wieder wie eine unüberwindliche Barriere, als hätte es die Jahre der Begegnung nicht gegeben. Daran änderte sich auch nichts nach der Wende in der DDR und in Polen. Aurith und Urad blieben zwei Dörfer am Ende der Welt.

Doch die Journalistin Tina Veihelmann und der Kommunikationsdesigner Steffen Schuhmann wollten auch dazu beitragen, daß sich die Aurither und Urader ihre Geschichten erzählen. Nicht die vom großen Europa, die hat man hier schon oft gehört, sondern die kleinen, die eigenen, die wichtigen Geschichten. Deshalb hatten sie jede Menge Holz besorgt, aus dem der gelernte Tischler Thomas Jurke aus Aurith 30 Aufsteller zimmern sollte. So viele Wandzeitungen sollten bis zum 1. Mai 2004, dem Tag der EU-Erweiterung, in beiden Dörfern aufgestellt werden, jede Woche eine. Jede Woche würde das Konterfei eines Aurithers in Urad zu sehen sein und das eines Uraders in Aurith. Jede Woche ein anderes Gesicht und eine andere Geschichte, bei manchen auch ein Schicksal, und natürlich jede Menge Hoffnungen, Enttäuschungen, Mißtrauen.

Als eine der ersten brachten Veihelmann und Schuhmann die Wandzeitung mit der Geschichte von Silke Thurian, der Schwiegertochter von Heinz Thurian, nach Urad:

»Im April 1998, ich arbeitete noch als Verkäuferin, machte mein Schwiegervater den Vorschlag, eine Gaststätte zu

Isabel Thurian (rechts) mit einer Freundin in Aurith

aufs deutsche Publikum schielt, wer will es verübeln?

Noch ist der Coup nicht in trockenen Tüchern. Kaum hatte eine polnische Zeitung die Pläne von George Lucas veröffentlicht, ließ der amerikanische Regisseur dementieren. Die Stadtverwaltung von Kostrzyn aber hat das Projekt nicht abgeschrieben. Sie gibt sich vielmehr ganz geheimnisvoll und lehnt mit dem Verweis auf eine »Schweigepflicht zu diesem Thema« jede Stellungnahme ab.

Vor der Schlacht um Berlin

Die Festung Küstrin fiel am 1. April 1945. Bereits zwei Monate zuvor, auch das gehört zu den Dingen, die man heute schwer begreifen kann, hatte die

Tina Veihelmann und Steffen Schuhmann beim Anbringen einer Wandzeitung

Rote Armee ein paar Kilometer flußabwärts bei Kienitz die Oder überschritten. Die Stelle, an der die 5. Stoßarmee der Weißrussischen Front unter Marschall Schukow übersetzte und am westlichen Oderufer einen Brückenkopf errichtete, ist unschwer zu finden. Eine Stele aus Edelstahl befindet sich dort, auf die einzig und allein ein Satz eingraviert ist, den Konrad Wolf, der spätere DEFA-Regisseur, an seine Eltern in Moskau geschrieben hat: »Die Offensive verleiht uns ein grenzenloses Maß an Energie, um noch schneller dem faschistischen Unrat ein Ende zu setzen.«

Unten im Dorf wird ebenfalls an den 31. Januar 1945 erinnert. Auf einer Granitplatte, auf der ein russischer T 34-Panzer thront, steht:

eröffnen. Einfach so anfangen geht ja nicht, dazu braucht man ja eine Masse Genehmigungen und auch Geld, das wir damals nicht hatten. Aber er sagte immer nur ›Mädchen, du schaffst das!‹, und so machten wir uns daran, den nötigen Bauantrag zu stellen und uns um eine Finanzierung zu kümmern. Am 17. Oktober 1998 haben wir eröffnet. Die ersten zwei Jahre lebten wir von den Leuten, die bei den Deichbauarbeiten nach dem Hochwasser beschäftigt waren. Dann kamen die Touristen.«

Auf der deutschen Seite erfuhren die Aurither vom Versuch von Sławek, sich selbständig zu machen:

»Ich bin hier geboren und möchte gar nicht weg. Auch wenn es jetzt noch sehr grau ist; eigentlich ist es hier sehr grün. Man hat den Fluß und die Wälder, es ist angenehm, hier zu leben. Seit 18 Jahren repariere ich Autos. Vor drei Jahren wurden mein Bruder und ich in Słubice gekündigt, man hat unsere Arbeitsplätze dort eingespart. Und weil es sehr schwierig ist, hier Arbeit zu finden, hatten wir die gemeinsame Idee, eine eigene Werkstatt zu gründen. Hier, auf unserem eigenen Grund und Boden, wo wir für unseren Betrieb keine Miete zahlen müssen, kann man gut über die Runden kommen. Am häufigsten reparieren wir PKW für die Leute hier aus der Umgebung. Aber eigentlich machen wir alles, weil die Aufträge nicht regelmäßig kommen. Es gibt Monate, in denen wir gar keine Arbeit haben, besonders der Winter ist eine tote Saison, und dann kommt man plötzlich bei den Aufträgen kaum hinterher.«

Das Projekt »Oder-Wandzeitung / Odra-Gazeta ścienna« war ein Ereignis. Jede Woche standen die Aurither und Urader vor den Aufstellern und konnten feststellen, daß ihre Geschichten gar nicht so verschieden waren. Das galt nicht nur für die erste Generation der Ankömmlinge, die aus ihrer alten Heimat vertrieben worden waren und sich in Aurith und Urad eine neue suchen mußten. Gemeinsam war auch das Bemühen der zweiten Generation der Neusiedler, Fuß zu fassen und Arbeit zu finden. Und hatten nicht sogar die Jugendlichen, die dritte Generation in Aurith und Urad, die gleichen Interessen? Bogdan und Daniel Bartoszewski aus Urad erzählten:

»Im Sommer ist die Oder nicht sehr tief, da muß man gar nicht richtig schwimmen. Wir kennen nämlich auf der anderen Seite ein paar Mädchen, die sich ein wenig in uns verliebt haben. Wann waren wir zum ersten Mal auf der anderen Seite? Vor 4 Jahren? Nee, 1997, im Winter; über das Eis! Im Dorf aber waren wir nie, nur am Ufer und sind immer wieder gleich zurück nach Polen. Nur einmal saßen wir drüben ein Stündchen herum. Bis der Zoll kam. Die haben wie verrückt durch ihre Lautsprecher geschrien, und wir sind geflohen. Auch von den Deutschen sind schon mal welche durch den Fluß gekommen. Ich glaube, dreimal.«

Unter den Deutschen, die durch die Oder auf die andere Seite schwammen, war auch Anita:

»Im Sommer baden wir in der Oder und spielen Volleyball – alle aus Aurith, die Zeit haben. Mitunter kommen die Jungs von Polen herübergeschwommen und quatschen mit uns, auf deutsch und auf englisch. Einmal kam die Feuerwehr, und die Jungs rannten in den Wald, weil sie Angst hatten. Einmal sind auch meine Freundin und ich von Aurith aus nach Polen geschwommen. Die Strömung ist nicht so stark, wie viele denken. Dennoch schafft man es nicht gerade von der einen Fährbuhne zur anderen, ohne abgetrieben zu werden. Man muß flußaufwärts ins Wasser gehen und schräg schwimmen. Im Winter haben die Jungs und wir gar nichts miteinander zu tun. Dann sitzen die in ihrem Haus und wir in unseren. Die meisten Erwachsenen denken nichts Gutes über die Jungs. Dabei sind sie eigentlich ganz nett, manchmal.«

Anita, wie sie von Bogdan und Daniel genannt wird, heißt in Wirklichkeit Isabel und ist die Tochter von Silke Thurian und die Enkeltochter von Heinz Thurian. In ihrem Zimmer in Aurith hat sie noch heute ein Foto von den »Jungs«. »Ein

Am Tag des polnischen EU-Beitritts am Fähranleger von Aurith

»Erster vom Faschismus befreiter Ort auf unserem Staatsgebiet. Ruhm und Ehre den Kämpfern der 5. Stoßarmee und der 2. Gardepanzerarmee.«

Inzwischen aber ist man nicht mehr so glücklich über die Texte. Gleich neben dem T 34 wurde eine neue Gedenkstädte errichtet. Auf ihr steht: »Den Opfern. 1939–1945.« Soll hier also auch derer gedacht werden, die sich der Roten Armee bis zuletzt entgegengestellt haben. Nicht nur der Hitlerjungen und der Volkssturmleute, die man schnell noch rekrutierte, sondern auch derer, die diese an die Front warfen?

Wie das Verhältnis zwischen Opfern und Opfern aussah, erfahre ich nicht in Kienitz, sondern in der Gedenkstätte in Seelow. Bei der letzten Schlacht vor dem Kampf um

Entspannen am Oderufer, hier am Fähranleger von Urad

Berlin fielen 12 000 deutsche Soldaten, 9 000 Polen und 33 000 Soldaten der Roten Armee. Die Wunden, die die Schlacht um die Seelower Höhen in der Landschaft hinterlassen haben, sieht man noch heute. Die Unsicherheiten in der Gedenkkultur ebenfalls.

Tourismus in Groß Neuendorf

Von Kienitz führt der neue Oderdamm stromabwärts. Er wurde nach der Jahrhundertflut von 1997 vergrößert und zum Radweg ausgebaut. Ich habe Glück und keinen Gegenwind. Dafür bin ich auch nicht der einzige auf dem »Oder-Neiße-Radweg«. Kaum war die Strecke vom Allgemeinen Deutschen Fahrradclub (ADFC) 2000 aus der Taufe gehoben, wählten

bißchen verliebt war ich schon. Wie das halt so ist.« Was für sie die Wandzeitung bedeutet? »Meine Mutter«, sagt Isabel Thurian, »hat darüber erfahren, daß ich durch die Oder geschwommen bin.«

Daß Silke Thurian das erfahren konnte, hat mit dem 1. Mai 2004 zu tun. Am Tag, an dem Europa um zwei Drittel größer werden sollte, waren alle 30 Wandzeitungen, die Tina Veihelmann, Steffen Schuhmann und Thomas Jurke in den Monaten zuvor hergestellt hatten, auf den beiden Fähranlegern am Oderufer zu sehen. Ein Boot des Technischen Hilfswerks sorgte für den Fährverkehr, Beamte des Bundesgrenzschutzes übernahmen die Paßkontrolle. Erstmals seit dem Januar 1945 waren Aurith und Urad wieder miteinander verbunden, und die Bewohner waren aus dem Häuschen. Wer mit der Fähre rüber wollte, mußte lange Wartezeiten in Kauf nehmen, doch das spielte keine Rolle. Endlich konnte man diejenigen treffen, deren Geschichten und Schicksal man in den Wochen zuvor nur durch die Wandzeitung kennengelernt hatte. Und ganz nebenbei erfahren, daß die grenzüberschreitenden Begegnungen der Jungen keinen 1. Mai 2004 brauchten. Für sie war die Oder schon lange keine Grenze mehr, sondern eher eine Herausforderung.

Tina Veihelmann und Steffen Schuhmann hatten recht behalten. Der 1. Mai 2004 in Aurith und Urad war kein großes Projekt der deutsch-polnischen Völkerverständigung, keines, das es in die Abendnachrichten gebracht hätte, wie der Händedruck des deutschen Außenministers Joschka Fischer mit seinem polnischen Kollegen Włodzimierz Cimoszewicz auf der Stadtbrücke zwischen Frankfurt und Słubice. Und doch war Europa an diesem Tag kaum greifbarer als in der Begegnung der Menschen aus diesen beiden Dörfern am Ende der Welt.

Mittlerweile ist in Aurith und Urad wieder der Alltag eingekehrt. Die Aufsteller mit den Wandzeitungen stehen nicht mehr auf den Fährbuhnen, sondern lagern in einem Schuppen in Urad, der einmal der Tanzsaal von Aurith gewesen war. Doch es hat sich etwas verändert in beiden Dörfern. Was geblieben ist, sind die Geschichten. Nicht nur die von den Wandzeitungen, sondern auch die, die man sich am 1. Mai 2004 erzählt hat. Zu diesen Geschichten gehört die von Jolanta Reimann. Die Enkelin eines der polnischen Neusiedler hat Pädagogik und Germanistik studiert, arbeitet in Słubice in einem Ausbildungsprojekt und lebt heute mit ihrem deutschen Mann in Urad. Als in Urad das alte Spritzenauto seinen Dienst versagte, nahmen die Reimanns die Sache in die eigene Hand. Ob sie der polnischen Seite ein altes Feuerwehrauto spenden könnten, fragten sie auf der deutschen Seite nach. Die Antwort kam schnell und lautete: Ja.

Das Problem war nur: Wie sollte man das deutsche Feuerwehrauto durch den polnischen Zoll bekommen? Aber das war kein Problem. Wenn es nötig ist, wird an der deutschpolnischen Grenze ein Auge zugedrückt, manchmal sind es sogar zwei. Als das Feuerwehrauto in Urad ankam, sind die Jugendlichen noch Tage später damit durchs Dorf gebraust. Vielleicht, hofft Jolanta Reimann, legen die Urader nun auch das Mißtrauen gegen ihren Mann ab.

Das nämlich ist geblieben, zumindest unter den Alten. Auch das gegen den »Deutschenfreund« Władysław Wydmuch. Aber die, die mißtrauen, fühlen sich nicht mehr im Recht. Das haben ihnen die Jungen beigebracht, die schon lange keine Scheu mehr davor haben, durch den Fluß zu schwimmen. Und manchmal erzählen auch die Alten in Urad wieder ihre Geschichten. Die von damals, als sie hierher ans Ende der Welt kamen, in den »wilden Westen« Polens. Und geblieben sind. So wie die Deutschen.

Provisorische Fährverbindung zwischen Aurith und Urad am 1. Mai 2004

dessen Mitglieder sie zur fünftbeliebtesten in ganz Deutschland. Tatsächlich läßt sich der Fluß vom Deich aus in seiner ganzen Majestät betrachten. Und immer wieder, am andern Ufer, die Hügel, die das Odertal auf der polnischen Grenze begleiten.

In Groß Neuendorf ragen der Speicher und das Hauptgebäude des Groß Neuendorfer Hafens in den Abendhimmel. Eine seltene Kulisse an der Oder und eine noch seltenere für ein kleines Dorf wie dieses. Doch Groß Neuendorf wurde, als das Oderbruch trockengelegt war, zur Hafenstadt. Als das Dorf 1911 auch noch an die Oderbruchbahn angeschlossen wurde, begann der Aufstieg.

Blick vom Turm des Schlosses in Głogów/Glogau auf die wiederaufgebaute Altstadt und die Ruinen der Pfarrkirche

Die Oder in Europa.
Das Beispiel Glogau

Für die letzten Bewohner des deutschen Glogau war der 8. Februar 1945 ein Schicksalstag. An diesem Tag schloß sich der Belagerungsring um die Stadt an der Oder, die vom Stadtkommandanten zuvor zur Festung erklärt worden war. Herbert K., der damals gerade die Schule beendet und eine Lehre als Elektro-Maschinenbauer bei der Firma Georg Kunze begonnen hatte, erinnert sich:

»Am Abend war Glogau eingeschlossen! Wir waren unserem Schicksal überlassen. Das Trommelfeuer der russischen Artillerie konzentrierte sich auf die Innenstadt. Sie ging langsam in Schutt und Asche auf. Am anderen Tag wurden wir von der HJ auf verschiedene Frontabschnitte der Stadt verteilt. Ich kam zum Reit- und Turnierplatz und war nun an der vordersten Front. Das Bild, welches ich dort sah, war grauenhaft! Im Schützengraben lauter gefallene Soldaten, deutsche und russische. Hier hatte ein schwerer Nahkampf stattgefunden. Wir mußten uns über die Gefallenen durcharbeiten. Mir wurde schlecht. (...) Der Ring um die Stadt wurde immer enger. Der Straßen- und Häuserkampf begann.«

Der touristische Hafen

Und der Tourismusboom. Zwar wurde die Oderbruchbahn schon 1970 wieder stillgelegt, und die beiden Hafengebäude verfielen. Der Initiative der Groß Neuendorfer Bürgermeisterin Karin Rindfleisch ist es zu verdanken, daß sie inzwischen wieder instand gesetzt sind. Bald schon soll es in ihnen Veranstaltungen, Filme, Lesungen geben. Kulturelles Zentrum ist der Ort aber schon heute. Es gibt die Galerie Oderbruch, die sich auf Fotografie spezialisiert hat, und das Landfrauencafé, in dem zahlreiche Veranstaltungen stattfinden.

Die Hinweistafeln zum Café sowie die zum Umbau des Hafens für den Tourismus sind zu meiner Freude auch auf polnisch verfaßt. Aber das

155

wundert nicht, immerhin gehört Bürgermeisterin Rindfleisch zu denen, die früher als andere begriffen haben, daß das Lebuser Land tatsächlich eine Brücke in Europa ist. Die Autoren meines Reiseführers zum »Oder-Neiße-Radweg« haben es allerdings noch nicht gemerkt. Ihnen wäre es am liebsten, wenn ich mich nur auf der deutschen Seite bewegte. Routen auf der polnischen Seite – Fehlanzeige.

Basar in Osinów Dolny

Den Gefallen tue ich ihnen nicht. Am Grenzübergang Hohenwutzen geht es über die Oder, und sofort werde ich mit einem erstaunlichen Anblick belohnt. Vor mir erheben sich die Ruinen einer ehemaligen Fabrik, die als Basar wiederauferstanden ist. Das erstaunliche ist aber der Name des Basars, der schon von weitem auf dem Dach der Ruine leuchtet: »Oder-Center-Berlin«. Was, um Himmels willen, hat die Oder mit Berlin zu tun? Berlin mit der Oder?

Um die Frage zu klären, werfe ich mich ins Getümmel. An einem Obststand habe ich Erfolg. »Ganz einfach«, sagt Jerzy, der Händler, »Osinów Dolny, das ist der kürzeste Weg von Berlin zur Grenze. Nur 58 Kilometer. Die Hälfte unserer Kundschaft kommt aus Berlin.«

Jerzy kann mir auch weiterhelfen, was es mit der Fabrikruine auf sich hat. »1937 entstand in Niederwutzen,

Was am Abend dieses 8. Februar 1945 in Glogau begann, war nicht nur für Herbert K. schwer begreifbar. Auch die polnische Zwangsarbeiterin Zofia Jakubczakowa hatte den Beginn der Kesselschlacht um Glogau erlebt.

»Am 12. Februar erbebte plötzlich die Erde in Glogau, die Häuser wankten, vom Himmel fiel Feuer. (...) Tag und Nacht knallten die Artilleriefeuer und fielen Bomben auf die Stadt. Ganze Häuser sanken vor den Augen zu Boden, sie wackelten und fielen wie Kartenhäuser. Die Nacht unterschied sich nicht vom Tag, denn es war überall hell von den überall tobenden Bränden. Es herrschte ein solcher Lärm, daß sich die Menschen in den Kellern in der Taubstummensprache verständigen und von den Lippen lesen mußten. Es schien, als ob niemand lebendigen Leibes diesen Andrang höllischen Feuers überleben und daß kein Stein auf dem andern bleiben würde.«

Keine sechs Jahre nachdem die deutsche Wehrmacht mit dem fingierten Überfall auf den Sender Gleiwitz den Zweiten Weltkrieg begonnen hatte, war das Schlachtfeld in den Oderraum zurückgekehrt. Und nirgendwo vor dem Kampf um Berlin wurde das »Tausendjährige Reich« so sinnlos und opferreich verteidigt wie an der Oder. Der »Fluß des deutschen Ostens«, den man in den zwanziger Jahren mit dem Bau der »Oderstellung« befestigt hatte, war für die nationalsozialistischen Machthaber zur zentralen Verteidigungslinie gegen die im Vormarsch befindliche Rote Armee geworden. Mit der Erklärung der Oderstädte Glogau, Breslau, Frankfurt und Küstrin zu »Festungsstädten« sollten dieser Vormarsch gestoppt oder mindestens große Truppenkontingente der Sowjetarmee gebunden werden. Wie irrsinnig diese Pläne waren, zeigt der Kriegsverlauf in den letzten Monaten vor der deutschen Kapitulation. Während die Rote Armee bei Kienitz bereits am 31. Januar 1945 über die Oder setzte und sich 30 Kilometer vor Berlin befand, gaben die Befehlshaber der

Glogau wurde im Krieg zu 95 Prozent zerstört. Postkarten wie diese werden heute im polnischen Głogów verkauft.

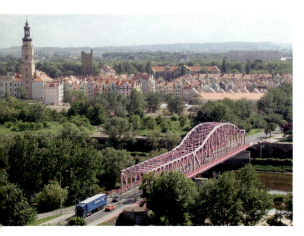

Oderbrücke in Glogau. Oben links die Altstadt mit dem Rathausturm

also hier an dieser Stelle, die Johannismühle. Das war nicht nur eine Fabrik, in der Sulfatzellstoff, Papiersäcke sowie Spezialwolle für die Sprengstoffindustrie hergestellt wurden. In der Johannismühle wurde auch geforscht, unter anderem über die Herstellung von Textilien aus Kartoffelkraut, die Verwendung von Kok-Saghyz-Pflanzen aus der Ukraine zur Herstellung von Gummierzeugnissen und – nicht zuletzt – nach neuen Wegen zur Herstellung von Zigarettenpapier aus einheimischen Rohstoffen. 1945 wurde die Fabrik zerstört.«

Noch beindruckender als das Wissen des Obsthändlers ist die Energie, mit der aus der Ruine einer Papierfabrik 1990 ein Basar wurde. Das allerdings erfahre ich nur hinter vorgehaltener Hand. Es war ein gewisser Adam

Festungsstädte noch immer Durchhalteparolen. Die Folge waren Tod und Zerstörung in aussichtsloser Lage. Küstrin kapitulierte erst am 1. April 1945, nach zwei Monaten erbitterten Kampfes. Die Festung Breslau ergab sich sogar erst am 6. Mai 1945, zwei Tage vor dem Ende des »Dritten Reichs«. Zuvor hatte Festungskommandant Karl Hanke ein ganzes Stadtviertel rund um den heutigen Most Grunwaldzki sprengen lassen. Im Zentrum der eingeschlossenen Stadt sollte ein neuer Flughafen gebaut werden. Der wurde zwar nie in Betrieb genommen, doch das störte Hanke wenig. Kurz vor der Kapitulation floh er mit einem Leichtflugzeug aus der Stadt, die bis zuletzt zu verteidigen er befohlen hatte.

In Glogau, rund 100 Kilometer oderabwärts gelegen, war bereits Ende Januar 1945 deutlich geworden, daß sich der Belagerungsring um die Stadt schließen würde. Der größte Teil der Zivilbevölkerung wurde deshalb vom 19. bis zum 21. Februar evakuiert. Doch noch immer waren von den ehemals 40 000 Einwohnern, 10 000 Zwangsarbeitern und 2 700 Kriegsgefangenen 5 000 Zivilisten in der Stadt. Stadtkommandant Oberst Arthur Schoen, der Glogau im Juli 1944 zur Festung erklärt hatte, wollte angesichts der dramatischen Lage das Schlimmste verhindern. Er schlug vor, Glogau zur »freien Stadt« zu erklären und kampflos an die Russen zu übergeben. Doch Schoen konnte sich nicht durchsetzen. Er wurde abgelöst und zum einfachen Soldaten degradiert. Der Kampf um die eingeschlossene Festung, der am Abend des 8. Februar 1945 begann, sollte noch ganze acht Wochen dauern. Als Glogau am 1. April schließlich der Roten Armee übergeben wurde, waren nur noch tausend Zivilisten am Leben. 95 Prozent der Stadt waren zerstört. Schoens Nachfolger als Stadtkommandant, Oberst Graf von Eulenburg, hatte mit seinen Getreuen die sowjetischen Linien durchbrochen und war in Richtung Westen geflohen. »Und wir«, kommentiert Hubert K. diese Flucht, »sollten Glogau bis zur letzten Patrone halten!«

Anders als in Breslau, das bald nach dem Krieg als Wrocław wieder aufgebaut wurde, sind die Zerstörungen in Głogów noch immer sichtbar. Neben dem Rynek, dem Marktplatz der heute 70 000 Einwohner zählenden Stadt, ragen die Ruinen der mächtigen Pfarrkirche in die Höhe, gleich daneben erstreckt sich ein von Blechzäunen eingefriedetes Areal, in dem die Grundmauern der zerstörten Bürgerhäuser freigelegt wurden. Auch rund um das wiederaufgebaute Schloß der Glogauer Herzöge an der Oderbrücke finden sich keine Straßenzüge mehr, sondern ausgedehnte Parkanlagen. Selbst das Stadttheater, über dessen kunstvoll verziertem Portal einst eine Büste von Andreas Gryphius thronte, steht als Ruine am Markt – eine fortwährende Mahnung an die Schrecken des Krieges. Hatte der Barockdichter nicht ein Sonett geschrieben, das heute wie ein böser Fluch über der Stadt liegt?

Zwischen wiederaufgebauter Altstadt und Schloß entstand ein Park.

> Du siehst, wohin du siehst, nur Eitelkeit auf Erden,
> Was dieser heute baut, reißt jener morgen ein;
> Wo itzund Städte stehn, wird eine Wiese sein,
> Auf der ein Schäferkind wird spielen mit der Herden.

Der am 2. Oktober 1616 in Glogau geborene Gryphius, bekanntester Dichter des deutschen Barock und mit Martin Opitz Begründer der schlesischen Dichterschule, wurde mit diesen Versen freilich nicht nur der Dichter der Vergänglichkeit alles Irdischen. Er ist auch der Chronist der ersten Zerstörung der Oderstadt. Bereits als 15jähriger erlebte Gryphius, wie eine Feuersbrunst in Glogau wütete und anschließend die Pest seine Eltern dahinraffte. Als er fünf Jahre später von einem Aufenthalt in Danzig und dem Studium im niederländischen Leiden in seine Heimatstadt zurückkehrte, hatte der Krieg, den man später den Dreißigjährigen nennen sollte, Schlesien bereits 18 Jahre lang in Mitleidenschaft gezogen. Das vorwiegend protestantische Schlesien war für

Sabłotzki, der das Gelände schon vor dem Bau eines Grenzübergangs vom Kriegsschutt befreit, Stromleitungen gelegt und mobile Toilettenhäuschen aufgestellt hatte. Manche in Osinów Dolny munkeln gar, daß nicht der polnische Staat die Grenzanlagen auf der polnischen Seite finanzierte, sondern Sabłotzki selbst. Das Geld habe er von deutschen und japanischen Investoren bekommen. So richtig weiß es keiner, so richtig will es auch keiner wissen. Geschäfte, die man im deutsch-polnischen Grenzgebiet macht, sind auch stille Geschäfte.

Von einem Niedergang der Basarwirtschaft, der in den vergangenen Jahren immer wieder beschworen wurde, ist in Osinów Dolny nichts zu spüren. Im Gegenteil: Der Basar hat

die Truppen des österreichischen Kaisers zum Schlachtfeld einer Rekatholisierung geworden, die für die Betroffenen nicht weniger schicksalhaft war als der Kampf um Glogau 300 Jahre später. Nach seiner Ankunft in der Heimat verdichtete Gryphius die Eindrücke von Krieg und Zerstörung zu einem Sonett, dem er den Titel »Threnen des Vatterlandes« gab:

Panorama von Glogau, der Geburtsstadt von Andreas Gryphius

> Wir sindt doch nuhmer gantz / ja mehr den gantz verheret!
> Der frechen völcker schaar / die rasende posaun
> Das vom blutt fette schwerdt / die donnernde Carthaun /
> Hat aller schweis / und fleis / und vorraht auff gezehret.
> Die türme stehn in glutt / die Kirch ist umbekehret.
> Das Rahthaus ligt im graus / die starcken sind zerhawn /
> Die Jungfrawn sindt geschändt / undt wo wir hin nur schawn
> Ist fewer / pest / und todt der hertz und geist durchfehret.
> Hier durch die schantz und Stadt / rint alzeit frische blutt.
> Dreymall sindt schon sechs jahr als unser Ströme flutt /
> Von so viel leichen schwer sich langsam fortgedrungen
> Doch schweig ich noch von dem was ärger als der todt.
> Was grimmer den die pest / undt glutt undt hungers noth
> Das nun der Selen schatz / so vielen abgezwungen.

Dann kam er doch noch, der Friede von Münster und Osnabrück, und Gryphius, der weitgereiste und schon zu Lebzeiten verehrte Dichter, verschrieb sich ganz dem Dienst an seiner Stadt. 1652, vier Jahre nach dem Westfälischen Frieden, weihte er eine der drei Friedenskirchen ein, die den Protestanten in Schlesien vom österreichischen Kaiser zugestanden wurde. Sie wurde vor den Toren der Stadt gebaut.

Zwei Jahre zuvor hatte Gryphius seinen Dienst als Landes-Syndikus des Glogauer Fürstentums angetreten. Als

Jurist, der er in Leiden geworden war, wollte er nun die Rechte der Landstände gegen die Bestrebungen des österreichischen Kaiserkrone durchsetzen; daraus entwickelte sich ein verzweifelter Kampf gegen den aufziehenden Absolutismus, der ihm wieder schmerzhafte Niederlagen einbringen sollte. Als 1654, trotz des Friedensschlusses, die Gegenreformation in Schlesien wieder auf dem Vormarsch war, wurde Gryphius vorläufig verhaftet. Der Rechtssyndikus hatte sich gegen die Einziehung einer protestantischen Kirche in katholischen Besitz gewehrt. Doch allzuviel konnte der Dichter, Dramatiker, Protestant, Naturwissenschaftler und Politiker nicht mehr ausrichten. Andreas Gryphius starb am 16. Juli 1664. Während einer Sitzung der Glogauer Landstände hatte er einen Schlaganfall erlitten und war, wie ein zeitgenössischer Chronist bemerkte, »mitten in seinen Amts-Verrichtungen Todes verblichen«.

Was bedeutet Andreas Gryphius seiner Stadt, die nun polnisch und katholisch ist, heute? Was ist sein Vermächtnis in Głogów? Oder wurde mit den deutschen Bewohnern von Glogau auch die Erinnerung an den Dichter vertrieben, den die Stadtväter einst mit einer Büste über dem Theater geehrt hatten?

Fragen wie diese stellte sich in Niederschlesien auch die erste Generation der polnischen Neusiedler. Es war nicht lange nach dem Krieg, da veröffentlichte ein junger polnischer Germanist ein Buch, das weit über seine Zunft hinaus Aufsehen erregten sollte. »Der junge Gryphius« hieß das Werk, sein Autor trug den Namen Marian Szyrocki. Als sei es das selbstverständlichste in diesen Nachkriegszeiten, rückte der polnische Germanist den schlesischen Barock in den Mittelpunkt seiner Forschung und machte den germanistischen Lehrstuhl der Universität Wrocław zu einem der bedeutendsten in ganz Polen. Später dann, da war Szyrocki schon Dekan seiner Fakultät, wurde die Germanistik in Wrocław auch ein Ort für die Auseinandersetzung mit der

auch vom zwei Kilometer oderabwärts liegenden Örtchen Besitz ergriffen. Osinów Dolny ist zugleich die Stadt der Friseure. Über 30 Salons haben inzwischen eröffnet, daneben auch einige »Begleitungsagenturen«. Bei soviel Produktdiversifizierung wundere ich mich nicht, als ich höre, daß der Basar mittlerweile ein Reiseziel geworden ist, das weit über Brandenburg und Berlin hinaus bekannt ist.

So wie im schleswig-holsteinischen Sollerup. Das dort ansässige Busunternehmen Bischoff-Reisen hat »Frankfurt (Oder)-Hohenwutzen« schon lange im Programm. Wer auf »Polenmärkte und Kurzreisen« steht, heißt es, dem winken für 72 Euro zwei Tage Schnäppchenjagd samt Übernachtung im Doppelzimmer. Der Basar als Reiseziel, das gibt es sonst nur in Kairo oder Istanbul.

Das historische Naturschutzgebiet

Solche Geschichten gibt es von der deutschen Seite nicht zu erzählen. Also bleibe ich am östlichen Oderufer und radele in Richtung Cedynia. Angesichts des strahlenden Wetters interessieren mich weniger die zahlreichen Denkmale, die die Gegend rund um Cedynia zu einer Gedenklandschaft der polnischen Rückkehr in die »wiedergewonnenen Gebiete« machen. Mein Ziel ist vielmehr der Cedyński Park Krajobrazowy, der

Zehdener Landschaftspark, der schon zum »Internationalpark Unteres Odertal« gehört.

Bester Ausgangspunkt, diese einzigartige Hügellandschaft zu erkunden, ist das Dörfchen Bielinek. Das mußte sich Anfang des 20. Jahrhunderts auch der Lehrer und Botaniker Roman Schulz gedacht haben. Bis dahin war das östliche Oderufer wegen seiner Abgeschiedenheit floristisch und faunistisch kaum erforscht. Roman Schulz, der Pionier, konnten also Neuland erkunden, und sein Spürsinn wurde bald belohnt, wie mir mein Reiseführer durch den Landschaftspark berichtet: »Auf den Höhen zwischen Bellinchen und Nieder-Lübbichow entdeckte Schulz die Zwergkirsche, die ganze Bestände bildete, aber auch den Backenklee, der damals in Deutschland überhaupt noch nicht gefunden worden war.«

Nach mehreren Vorträgen in Berlin hatte der Hobbybotaniker die Profis seiner Branche heiß gemacht. Sie fanden unter anderem Bestände der Flaumeiche bei Bellinchen. Schulz unterdes war beim Besitzer des Ritterguts Hohen-Lübbichow vorstellig geworden, der zugleich Reichsminister des Inneren war. Jener Dr. h.c. Walter von Keudell veranlaßte schließlich 1927, bei Bellinchen ein Naturschutzgebiet einzurichten. Siebzig Jahre später waren es nicht mehr nur deutsche Naturschützer, die den Geburtstag des ersten Naturschutzgebiets an Geschichte und Gegenwart Schlesiens. Dies war um so bemerkenswerter, als es sich bei den polnischen Germanisten in Wrocław nicht um polnischsprachige Schlesier handelte, sondern um Vertriebene der polnischen Jan-Kazimierz-Universität in Lemberg. Doch das kulturelle Gedächtnis des Raumes, das die polnischen Pioniere im ehemals deutschen Niederschlesien vorfanden, regte offenbar die Phantasie an und zwang zur Auseinandersetzung mit dem kulturellen Erbe einer Region, die schon immer multikulturell und europäisch gewesen war.

Vielleicht sind es Pionierleistungen wie die von Marian Szyrocki, die dazu beigetragen haben, daß nach der Zerstörung der Festungen Glogau und Breslau der Wille zum Wiederaufbau größer war als der Schatten der Vergangenheit. Pionierleistungen, wie sie auch Zofia Jakubczakowa vollbracht hat, die während der Kämpfe um die Festung Glogau als Zwangsarbeiterin schuften mußte. Nach Tagen der Bombardierungen hatte es Jakubczakowa nicht mehr im Luftschutzkeller ausgehalten, sondern war hinausgelaufen auf die Straßen, an deren Rändern nur noch Schuttberge lagen. In diesem Moment kamen wieder die Bomber der sowjetischen Luftwaffe. Jakubczakowa traf, wie sie sagte, der Blitz. Sie fiel in Ohnmacht, alles schien vorbei. Doch dann geschah etwas, das sie noch heute als Wunder begreift.

»Ich wachte auf. Um mich herum herrschte Halbdunkel. Ich bewegte die Hand und schrie auf: Ich empfand einen stechenden Schmerz. Ich berührte den Arm mit meiner gesunden Hand. Er war verbunden. Mir wurde übel.«

Zofia Jakubczakowa fragte sich, wo sie sei, da hörte sie ein Geräusch. Über sich sah sie das Gesicht einer alten Frau:

»Ich dachte, ich würde träumen, doch plötzlich hörte ich ihre Stimme. Sie sprach Deutsch – Sei ruhig, mein Kind, ruhig. Hab keine Angst. Alles ist in Ordnung. – Wer sind Sie? Meine Stimme erschien mir irgendwie fremd und sehr

Landschaft zwischen Glogau und Beuthen an der Oder

schwach. – Ich heiße Elisabeth Marthausen. Ich habe dich nach dem Fliegerangriff vor der Bäckerei gefunden. Du warst bewußtlos und verletzt. Du hast viel Blut verloren. Ich habe dich auf meinem Rücken zum Krankenhaus gebracht. Dort hat man dich verbunden. Ich sagte, du seist meine Tochter. Jetzt aber ist alles wieder gut. Du bist Polin, nicht wahr? – Ja. – Das habe ich mir gedacht. Wir haben dich hier hinter einem Vorhang versteckt. Bleib ruhig liegen, hier findet dich niemand.«

Zofia Jakubczakowa konnte es nicht glauben: »Deutsche?«, dachte sie bei sich. »Also gibt es auch solche Deutsche? Bisher kannte ich solche nicht. Fast drei Jahre war ich nun hier, und nie bin ich solchen Deutschen begegnet.«

Die inzwischen renovierte Kirche von Zatoń Dolna/Niedersaaten

der Oder feierten, sondern auch polnische.

Es sind aber nicht nur Zwergkirsche, Backenklee und Flaumeiche, die die Oderberge zwischen Bellinchen/Bielinek und Niederkränig/Krajnik Dolny zum beliebten Ausflugsziel von Touristen machen. Es ist auch der Ausblick auf die Oder und ihr Tal, das hier mehr als vier Kilometer breit ist. Den besten Blick hat man oberhalb von Zatoń Dolna/Niedersaaten. Die Fahrt dorthin ist fast eine Fahrt in eine Traumlandschaft. Vom Höhenzug der Oderberge geht es über Serpentinen hinunter, und immer wieder öffnet sich der Blick aufs Tal und die Spitze des Kirchturms von Zatoń Dolna. Endlich begreife ich, warum das Ausflugsziel Saatener Berge schon im 19. Jahrhundert zur

Zofia Jakubczakowa überlebte, und sie blieb in der Stadt, in der nun die Polen das Sagen hatten. Zusammen mit Władek, ihrem Mann, eröffnete sie in Głogów eine Bäckerei. Ihre eigentliche Pioniertat aber vollbrachte sie in den siebziger Jahren, als die Grenze zwischen der DDR und der Volksrepublik Polen geöffnet wurde. Eines Tages bekam Zofia Jakubczakowa unverhofften Besuch:

»Es besuchte uns der ehemalige Besitzer der Bäckerei. (...) Er hielt auf der Straße und klopfte schüchtern an. Na und? Wir hatten keinen Grund ihn zu lieben. Er war nicht wie die alten Marthausens.«

Doch mit der selbstauferlegten Gelassenheit war es bald vorbei. Der Besuch des ehemaligen Bäckers rief in Zofia Jakubczakowa wieder die Schrecken des Krieges und ihre Zeit als Zwangsarbeiterin wach. Und die ihres Mannes. Auch Władysław Jakubczak hatte in Glogau als Zwangsarbeiter schuften müssen – in jener Bäckerei des Herrn Fischer, der nun vor der Tür stand. Zofia Jakubczakowa erinnert sich: »Schön ist es hier bei euch, sagte er, sehr schön. Aber Glogau, er benutzte den deutschen Namen, der für mich wie ein Schlag ins Gesicht war, dieses Glogau erkenne ich überhaupt nicht wieder. Ich bin doch hier geboren, so viele Jahre habe ich hier gelebt, und jetzt kenne ich mich nicht mehr aus.«

Zofia Jakubczakowa antwortete: »Weil das hier nicht mehr Glogau ist, Herr Fischer, nicht Glogau, sondern Głogów.«

Doch dann schwand plötzlich aller Haß, den Jakubczakowa bislang empfunden hatte. »Was siehst du?« fragte sie sich. »Es ist ein alter Mann, der am Rande seines Grabes steht. Soviel blieb von ihm übrig, vom ehemaligen Herrn deines Mannes. Ein alter, zitternder Mann, dessen Tage gezählt sind. Ein Mensch, der die Stadt, in der er geboren wurde, nicht mehr erkennt, die Stadt, die er wohl noch immer in seinen Träumen sieht (...) – ich empfand schließlich ganz normales menschliches Mitleid mit diesem Mann.«

»Weil das hier nicht mehr Glogau ist, sondern Głogów« – in diesem so entschiedenen wie verteidigenden Satz verbarg sich der ganze Umbruch im Głogów der siebziger Jahre. 20 Jahre nach ihrer Zerstörung und der Neubesiedlung durch Vertriebene oder Zwangsarbeiterinnen wie Zofia Jakubczakowa hatte die Stadt endlich begonnen, nach vorne zu schauen. Vor den Toren Głogóws waren riesige Kupfervorräte entdeckt worden, die Polen bald zum größten Kupferexporteur in Europa machten. Auch der Aufbau der Stadt ging mit großen Schritten voran. Daß der ehemalige Besitzer der Bäckerei von Zofia Jakubczakowa seine alte Stadt nicht mehr wiedererkannte, war nicht erstaunlich. Wer in Głogów aus dem Bahnhof steigt, befindet sich tatsächlich in einer anderen Stadt, aufgebaut ganz im Stil der sozialistischen Nachkriegsmoderne. Wie im polnischen Stettin und im deutschen Frankfurt (Oder) wollte man auch in Glogau mit der Vergangenheit brechen und ein städtebauliches Zeichen für die Zukunft setzen. Nicht mehr das alte Zentrum rund um den Marktplatz mit Rathaus, Pfarrkirche und Stadttheater sollte in der Aufbruchsstimmung der siebziger Jahre das Bild von Głogów bestimmen, sondern der Glaube an die Zukunft am Plac Tysiąclecia, dem Platz des Millenniums.

Auch wenn der Name des Platzes daran erinnerte, daß sich hier vor 1000 Jahren schon einmal polnische Erde befand, atmete vor dem Bahnhof alles den Geist der neuen Zeit. Die Stadt, die bereits im 10. Jahrhundert als slawische Burgsiedlung entstanden war, von Boleslaw dem Schiefmündigen 1113 gegen den deutschen Kaiser Heinrich V. verteidigt wurde, 1253 das Magdeburger Stadtrecht verliehen bekam, mit Schlesien 1335 erst böhmisch, 1526 dann österreichisch und 1742 preußisch wurde und von Arnold Zweig als »Jugendparadies« beschrieben wurde, war nicht nur zerstört, sie war auch in Vergessenheit geraten. Das neue Głogów war ein paar Kilometer westlich des alten Glogau entstanden.

Blick auf das Unteres Odertal und die Kirche von Niedersaaten

Oben: Der von Lenné angelegte Landschaftspark in Criewen bei Schwedt

Unten: Sitz der Nationalparkverwaltung im Lenné-Park

Doch das Głogów Ende der siebziger Jahre stand nicht nur an der Schwelle zu einer neuen Epoche der Stadtgeschichte. Es war, wie das Beispiel der Zofia Jakubczakowa zeigte, auch reif geworden für eine Auseinandersetzung mit der Vergangenheit. Wenig später, im Jahre 1980, bekannte der Architekt Leszek Link:

»Mindestens zwei Generationen der Glogauer leben in anonymen urbanisierten Strukturen, ohne sich des über Jahrhunderte gestalteten Stadtbildes bewußt zu sein, ohne die in den Mauern schlummernde Geschichte ihrer Vorfahren zu kennen. Diese ungewöhnliche Situation zieht die Notwendigkeit unkonventioneller Handlungen und nicht standardisierter Lösungen nach sich, wenn man der Stadt zumindest teilweise ihr Gesicht zurückgeben will.«

Mit der Vergangenheit in die Zukunft. Das war nicht nur das Motto von Leszek Link. Es ist das Programm zahlreicher Intellektueller aus dem östlichen Mitteleuropa geworden. Stellvertretend für viele spricht der ukrainische Schriftsteller Juri Andruchowytsch, wenn er sagt:

»Zum Glück lebe ich in einem Teil der Welt, wo die Vergangenheit ungeheuer viel gilt. Der eine nennt es Verwurzelung, ein anderer Besessenheit. Ich weiß selbst nicht, wie ich es nennen soll; es gibt in diesem Teil der Welt einfach zu viele Ruinen, zu viele Skelette unter den Füßen.«

Andruchowytsch grenzt sich damit bewußt von jenen Intellektuellen im Westen des Kontinents ab, die der Meinung sind, glückliche Gesellschaften bräuchten keine Geschichte; nur die unglücklichen kämen ohne sie nicht aus, weil sie durch die Geschichte sich selbst und andern ihr Unglück erklärten und ihre Mißerfolge und ihre Unfähigkeit rechtfertigten. Für Andruchowytsch dagegen ist die Geschichtslosigkeit vor allem der Jüngeren in Europa Ausdruck einer großen Gefahr des Vergessens. Er plädiert deshalb dafür, die »Fülle der Zeiten« zusammenzudenken. Nur so entstehe ein bevorzugten »Destination« der wenigen Ausflugsdampfer auf der Oder gehörte.

Nationalpark Unteres Odertal

Von den Saatener Bergen aus begreift man auch den anderen Teil des »Internationalparks«, den »Nationalpark Unteres Odertal«. Es liegt mir zu Füßen ausgebreitet, dieses Land zwischen der Stromoder und der Hohensaaten-Friedrichsthaler-Wasserstraße, das man hier Zwischenoderland nennt. Eine Polderlandschaft, von Menschenhand gemacht: 1904 beschloß der preußische Landtag, den Hauptlauf des Flusses nach Osten zu verlegen und am Westrand des Odertals zwischen Hohensaaten und Friedrichsthal einen Kanal zu bauen. Das Land dazwischen sollte künftig als Überflutungsgebiet genutzt werden. Zu diesem Zwecke wurden bis 1932 177 Kilometer Deiche gebaut und 129 sogenannte wassertechnische Bauwerke, unter ihnen Schleusen, Brücken und »Einlaßbauwerke«, durch die das Hochwasser im Spätherbst auf die Polder gelenkt wurde.

Heute bildet das Zwischenoderland die Hauptattraktion des Nationalparks. Vom Nationalparkzentrum in Criewen aus kann man es sogar zu Fuß erlaufen. Ein Sommerweg führt durch die Flußauen und endet schließlich nach fünf Kilometern an einem Rastplatz an der Stromoder. Auf der anderen Seite, hier schließt sich der Kreis, thront die Kirche von Zatoń Dolna auf den Saatener Bergen.

Ein Zwischenoderland gibt es aber nicht nur zwischen Criewen und Zatoń Dolna, sondern auch weiter nördlich, wo die beiden Oderläufe bereits West- und Ostoder heißen. Auch hier war eine künstliche Polderlandschaft von Menschenhand geschaffen worden. Doch anders als jene zwischen Kanal und Stromoder wurde diese nach dem Krieg nicht wieder instand gesetzt. Das nördliche Zwischenoderland gehörte seit 1945 zu Polen, und die polnische Regierung hatte beschlossen, die Kunstwerke des Wasserbaus sich selbst zu überlassen. So hat sich die Natur die Kulturlandschaft, die die Oder einmal war, zurückerobert. Heute werden im Unteren Odertal 100 Vegetationstypen mit mehr als 1000 Pflanzenarten und 262 Vogelarten gezählt, darunter so seltene Arten wie der Schreiadler, der Seeadler, der Schwarzstorch, der Eisvogel, die Trauerseeschwalbe, der Wiedehopf, der Kranich, das Blaukehlchen, der Wachtelkönig und der Kampfläufer.

Gleichzeitig ist das Untere Odertal einer der wichtigsten Rastplätze und eine wichtige Durchzugsstraße für Zugvögel. Bis zu 40 000 Bleßgänse, 25 000 Saatgänse und ebenso viele Stockenten, 15 000 Pfeifenten, 9 000 Krickenten, 4 000 Spießenten, 3 000 Löffelenten und 1 000 Knäckenten werden jährlich gezählt. Insgesamt

Raum, »wo Zeit und Ewigkeit zusammen existieren«. – »Und dort«, sagt er, »wo es uns gelingt, wo wir – und sei es nur für einen Bruchteil – diese Fülle begreifen, dort werden wir vielleicht endlich wir selbst sein.«

In Głogów weiß man, was damit gemeint ist. Dem Manifest von Leszek Link folgte 1985 der ehrenamtliche Detailplan, den er zusammen mit seinen Architektenkollegen Józef Kordas, Jan Potacki, Jerzy Załucki und Wojciech Gębarski erarbeitet hat. In diesem Plan wurde vorgeschlagen, die historische Innenstadt wiederaufzubauen, das historische Straßennetz zu wahren und die städtebaulichen Proportionen der zerstörten Altstadt wiederherzustellen. In dieser Hinwendung zur alten Stadtstruktur manifestierte sich ein Paradigmenwechsel im Umgang mit dem kulturellen Erbe der Stadt. Der Direktor des Historischen Museums, Leszek Lenarczyk, sagt es heute so: »Nach 1945 wurde Głogów als polnische Stadt wiederaufgebaut, in den achtziger Jahren haben wir begonnen, die deutsche Stadt wiederaufzubauen, also sind wir heute eine europäische Stadt.«

Wäre Herr Fischer, der ehemalige Bäcker, heute nach Głogów gekommen, hätte er die Stadt vielleicht wiedererkannt. Rund um die Ruinen der Stadtpfarrkirche und des Stadttheaters ist der Wiederaufbau in vollem Gange. Die ulica Grodzka, die einstige Preußische Straße, strahlt in neuem Glanze, auf den ehemaligen Grundmauern stehen zweistöckige Geschäfts- und Wohnhäuser im postmodernen Stil. Vom ehemaligen Preußischen Tor im Westen bis zur Gryphiusstraße im Osten ragen die bunten Häuser aus dem Acker, der Glogaus Altstadt noch bis in die achtziger Jahre war.

Vor allem aber steht der Rathausturm wieder auf dem klassizistischen Rathausgebäude. Es war ein Deutscher, Klaus Schneider, der für dieses bis dahin wichtigste Projekt des Wiederaufbaus Gelder aus dem deutsch-polnischen Fonds besorgt hatte. Schneider, 1937 in Glogau geboren und

1945 mit seinen Eltern nach Westen geflohen, hatte nach seinem ersten Besuch in seiner Geburtstadt 1985 angefangen, Polnisch zu lernen. Und er setzte sich für den Wiederaufbau des Rathausturmes ein. Was vor 1989 wie Zukunftsmusik klang, war nach der Wende in Polen plötzlich möglich. 1989 lud der Bürgermeister von Głogów Vertreter des Glogauer Heimatbundes ein, wenig später wurde mit der Restaurierung des Turms begonnen. 1995 wurde der Turm auf das Rathaus gesetzt, in das nach seiner Renovierung 2002 schließlich die Stadtverwaltung zog. »Herzlichen Dank unseren deutschen Freunden«, sagte damals der Stadtpräsident Zbigniew Rybka. »Der Wiederaufbau des Rathausturms hat uns ein unvergessenes Erlebnis beschert, vergleichbar den Empfindungen der mittelalterlichen Stadtbürger, als ihr Rathausturm über die niedrigen Dächer herausragte als Inbegriff des städtischen Lebens.«

Die neue, die europäische Epoche Glogaus hat inzwischen auch die deutschen Vertriebenen in ihr Erinnern einbezogen. »1945–1939. Den deutschen und polnischen Opfern von Krieg, Gewalt und Vertreibung« lautet die Inschrift auf einem Gedenkstein, mit dem die Glogauer Sozialdemokraten einst des ersten Reichspräsidenten Friedrich Ebert gedacht hatten. Doch schon 1933 hatten die Nazis die Inschrift entfernt. Warum nicht »den Ebert«, wie der Stein in Głogów noch immer hieß, umwidmen, fragten sich nach der Wende sowohl Klaus Schneider als auch Zbigniew Rybka. Einfach war das freilich nicht. Ein Mahnmal allein für die deutschen Vertriebenen, wie es der Glogauer Heimatbund gefordert hatte, hatte der Stadtpräsident abgelehnt. »Das hätten unsere älteren Bürger, die ja aus den polnischen Ostgebieten vertrieben wurden, niemals hingenommen.« Also suchte Rybka nach einem Kompromiß – einem gemeinsamen Gedenken an die deutschen und polnischen Vertriebenen. Das wiederum war für die Deutschen nicht einfach. Doch Klaus Schneider, der Ex-Glogauer und

Sanfter Tourismus im Nationalpark Unteres Odertal. Hier der Auenpfad bei Criewen.

Das Zwischenoderland bei Criewen ist auch ein natürliches Überschwemmungsgebiet.

Stifter des Głogówer Rathausturms, wußte: »Wir haben nur eine Chance – das Denkmal gemeinsam zu gestalten.« Dadurch ließen sich auch die alten Glogauer überzeugen, ein gemeinsames Denkmal, das war besser als gar keines. So fanden die Głogówer und die Glogauer gemeinsam ihren »Stein der Weisen«, wie die Wochenzeitschrift *Die Zeit* das Denkmal nannte. Und Głogów, die Stadt, die aus den Trümmern des deutschen Glogau errichtet wurde, ist neben Breslau inzwischen ein Symbol der deutsch-polnischen Zusammenarbeit. Von einem »Zentrum gegen Vertreibung«, wie es Erika Steinbach, die Vorsitzende des Bundes der Vertriebenen, fordert, redet in Głogów und in der Glogauer Diaspora keiner. Die Vergangenheit reißt hier keine neuen

Gräben mehr auf, sie ist vielmehr Verpflichtung, für beide Seiten.

Damit das so bleibt, erinnerte Zbigniew Rybka bei der Einweihung des gemeinsamen Vertriebenen-Denkmals am 27. Mai 2000 auch daran, wer mit Krieg, Gewalt und Vertreibung begonnen hatte. Rybka sagte: »Wir dürfen nicht vergessen, daß es Konzentrationslager gab und gemordet wurde. Aber man muß auch wissen, daß über den Tod vieler Menschen in Gefängnissen nur ihre Angehörigkeit zur polnischen oder deutschen Nation oder ihr Name auf der entsprechenden ›Volksliste‹ entschieden hat und nicht ihre persönliche Schuld. (…) Wenn wir die Inschrift auf diese Weise verstehen, dann sind wir einen Schritt weiter.«

Gleich zu Beginn seiner Ansprache hatte der Stadtpräsident an den wohl berühmtesten Sohn der Stadt erinnert und aus den »Thränen des Vaterlandes« zitiert. Diese Worte von Andreas Gryphius, sagte Zbigniew Rybka, »sind bis heute aktuell geblieben. Unabhängig davon, wo und wann ein Krieg wütet, bedeutet er eine Tragödie für einfache Menschen, sie werden zu Opfern, verlieren ihr Hab und Gut und oft auch ihre Heimat und Leben.«

Doch es ist nicht nur die Vergangenheit, die die Głogówer Stadtväter umtreibt, sondern auch die Zukunft. Rafael Rokaszewicz läßt daran keinen Zweifel. Der junge und energische Beauftragte für das Głogówer Stadtmarketing, der seit der Eröffnung des neuen Rathauses am Marktplatz seinen Dienstsitz hat, kann von der Zukunftsagenda seiner Stadt aus dem Stegreif berichten: Sicherung der Arbeitsplätze in der Kupferindustrie, neue Industriegebiete und Sonderwirtschaftszonen zwischen Kupferhütten und Stadtrand, Stärkung des Dienstleistungssektors, Ausbau der Verkehrsanbindung. Vor allem anderen aber liegt Rokaszewicz, der auch für die Entwicklung des Tourismus zuständig ist, der Oderraum am Herzen. »Kommen Sie mal rüber«, sagt er

können sich in den Flußniederungen des Nationalparks bis zu 200 000 Gänse, Enten und Schwäne im Frühjahr und im Herbst gleichzeitig aufhalten. Im Herbst können darüber hinaus bis zu 15 000 Kraniche beobachtet werden. Zurück zur Natur – das war an der Oder nicht Werk des Menschen, sondern des Krieges.

Der Hafen von Schwedt

Der Nationalpark Unteres Odertal war im Juni 1995 aus der Taufe gehoben worden. Die Naturschützer hatten sich gegenüber der Lobby von Landwirten und Industrie durchsetzen können. Doch beendet war diese Auseinandersetzung noch lange nicht.

In Schwedt, der Industriestadt an der Oder, spüre ich es auf Schritt und Tritt: Der Nationalpark ist noch nicht in dieser Stadt angekommen. Während in Criewen, Angermünde oder Stützkow die Pensionen wie Pilze aus dem Boden schießen, setzten die Schwedter noch immer auf Industrie. Die heißt heute nicht mehr nur PCK, also Petrolchemisches Kombinat, sondern auch Papier. Zwei nagelneue Papierfabriken wurden nach der Wende gebaut, und die wollen ihr Papier nun auf der Oder nach Stettin bringen. Nicht auf kleinen Kähnen, sondern auf Großgüterschiffen.

Den Hafen haben die Stadtväter und die brandenburgische Landesregierung dafür bereits ausbauen lassen. Das Problem ist nur: Zwar können die Großgüterschiffe in Schwedt nun anlegen, nach Schwedt kommen sie deshalb noch lange nicht, dafür sind weder die Hohensaaten-Friedrichsthaler-Wasserstraße noch die Stromoder tief und breit genug. In Brandenburg ist es deshalb beschlossene Sache, den Kanal auszubauen. Der wiederum führt über weite Strecken durch die Kernzone des Nationalparks. Der Streit bleibt also weiter auf der Tagesordnung. Und die Lobby der Industrie hat gute Argumente. 300 Arbeitsplätze haben die Papierfabriken in Schwedt geschaffen, da können die Lobbyisten des sanften Tourismus nicht mithalten.

Europäische Flaute in Gartz

Es gab Zeiten, da war nicht nur Schwedt, sondern auch Gartz ein florierender Ort. Doch das hatte weniger mit der Industrie, der mittelalterlichen Stadtmauer oder dem historischen Stadtbild zu tun. Es war der Gartzer Hafen, der die Gäste gleich in Scharen anzog.

Glänzend weiß lagen die Schiffe am Anleger, fast als wäre man am Mittelmeer und nicht am Unterlauf der Oder. Es waren allerdings keine Sommerfrischler oder Ausflügler, die den Weg nach Gartz gefunden hatten, sondern Schnäppchenjäger. Und auch die Schiffsfahrten, die die Gartzer Reederei *Adler* mehrmals am Tag ins zehn

und deutet mit der Hand auf die Luftbilder, die auf der Längsseite seines Büros hängen. »Hier sind die Baufelder, die für den weiteren Wiederaufbau der Altstadt vorgesehen sind. Doch wie einst bis zur Oder werden die Häuser nicht mehr reichen. Für das Oderufer haben wir uns eine andere Nutzung gewünscht: Freizeit, Sport, Erholung.«

Mittlerweile ist die Stadtverwaltung von Głogów schon im Gespräch mit Investoren. Dabei geht es auch um die Oderinsel auf der anderen Seite des Ufer. »Der Investor möchte eine Marina bauen, mit allem, was dazugehört. Die Touristenschiffahrt auf der Oder kommt schließlich nicht von allein. Man muß in Vorleistung gehen.« Von der anderen Schiffahrt auf der Oder, den Frachtkähnen und Schubverbänden, für die die Oder mit neuen Staustufen ausgebaut werden soll, hält Rafael Rokaszewicz nicht so viel. »Damit würden wir uns nur die Grundlage für die touristische Entwicklung zerstören. Gerade die Radtouristen kommen ja nach Glogau, um die Auenwälder im mittleren Odertal zu genießen.«

Daß Głogów eine fahrradfreundliche Stadt ist, steht außer Zweifel. Schon auf dem Platz des Millenniums vor dem Bahnhofsgebäude steht ein großes Hinweisschild für den »Turystyczny szlak rowerowy«, den Fahrradweg von Głogów bis nach Brzeg Dolny. Auch in der Altstadt sind die Zeichen der neuen Zeit nicht zu übersehen: die ulica Grodzka, die einstige Preußenstraße, ist inzwischen sogar als reguläre Fahrradstraße ausgewiesen.

Mit der Vergangenheit in die Zukunft schaut auch Rokaszewicz' Chef, Stadtpräsident Rybka. Schon während der Einweihung des deutsch-polnischen Gedenksteins gegen Krieg, Gewalt und Vertreibung hatte er es angedeutet: »Im westlichen Teil Polens hat sich eine Bewegung der Entdeckung der wahren lokalen Geschichte, auch der deutschen, bemerkbar gemacht. In vielen Städten entstehen regionale Museen, die herausragenden deutschen Persönlichkeiten gewidmet sind. Wir in Glogau suchen nach Mitteln für den Wiederaufbau des Gryphius-Theaters.«

Ein Gryphius-Theater also. Ein Ort, der der Verleihung des Andreas-Gryphius-Preises endlich einen würdigen Rahmen geben wird. Seit 1992 wird dieser Preis, eine der wichtigsten literarischen Auszeichnungen der Bundesrepublik Deutschland, in Głogów verliehen. Zu seinen Preisträgern zählen polnische Autoren der Grenzlandliteratur wie Paweł Huelle oder literarische Ikonen wie der inzwischen verstorbene Andrzej Szczypiorski.

Für Zbigniew Rybka wäre der Wiederaufbau des Theaters der bisherige Höhepunkt in der europäischen Geschichte von Głogów. Das hat inzwischen auch die Europäische Union erkannt. Bereits mehrfach wurde die Stadt ausgezeichnet: mit der Ehrenfahne des Europarates und mit der Europamedaille in Gold. Doch Brüssel hat auch Konkretes zu bieten. Wenn das Andreas-Gryphius-Theater 2008 fertiggestellt sein wird, soll dort ein Europäisches Jugendzentrum der EU eingerichtet werden. Neben Straßburg und Budapest wäre die Oderstadt Głogów dann für alle sichtbar auf der europäischen Landkarte angekommen.

Kilometer oderabwärts gelegene Gryfino anbot, waren keine »Ausflugsfahrten mit zollfreiem Einkauf«, wie es in den Prospekten hieß. Der Ausflug war hier auf das Nötigste beschränkt. Eine halbe Stunde auf dem Schiff, eine halbe Stunde Landgang, dann hieß es für die »Adler-Queen«, den »Adler-Steamer« und den »Adler-River« mit ihren jeweils 400 Plätzen wieder zurück auf Start.

Worum es bei diesem Tourismus ging, erklärte der 25jährige Jarosław Poderalski: »Zweimal die Woche fahre ich zwischen Gryfino und Gartz hin und her, um Schnaps zu besorgen.« Der Grund für Poderalskis Pendelbewegung auf der Oder: Er feierte bald Hochzeit. Die Familie rechnete mit 60 Gästen, auf jede Person kommt ein halber Liter Wodka, das macht 30 Liter, die er bis dahin zusammengekauft haben mußte. »Eine Flasche 96prozentiger ›Feinsprit‹ mit Wasser und Früchten verdünnt«, rechnete Poderalski vor, »entspricht etwa drei Litern Wodka.« Also mußte er insgesamt zehnmal fahren, um die Hochzeitsgäste zufriedenzustellen. »Kein Problem«, sagte Jarosław Poderalski. Er wußte: Andere kreuzten weitaus häufiger auf den Schiffen der Reederei Adler. Kein Wunder, kostete die Fahrkarte für die Kreuzfahrt zwischen Gryfino und Gartz doch nur einen Euro fünfzig. Doch dann drohte das Unheil: der Beitritt Polens zur Europäischen Union.

Polnische Oderschiffahrt in den 50er Jahren. Heute sieht man auf der Oder tagelang keinen Frachtkahn.

Von Tiefen und Untiefen. Die Schiffahrt auf der Oder

Er ist 56,05 Meter lang, 10,20 Meter breit und lächerliche 0,76 Meter tief. Der Seitenraddampfer »Riesa« ist das ideale Flußschiff für Touristen. Oder besser: Er war es. 1897 auf der Werft Dresden-Blasewitz als Oberdeckdampfer für Promenaden- und Eilfahrten auf der Elbe gebaut, wurde die »Riesa« im Jahre 1977 außer Dienst gestellt. Nun liegt sie vor dem Binnenschiffahrts-Museum in Oderberg. Als Museumsschiff. Das Schmuckstück des Hauses beherbergt seit 1979 eine Ausstellung über die Geschichte der Schiffahrt auf der Oder.

Daß Oderberg zum Standort für ein Museum der Oderschiffahrt gewählt wurde, ist kein Zufall. Schon immer war das Städtchen an der Alten Oder ein Ort für Händler, Schiffer und Schiffsbauer. Schon im Mittelalter war Oderberg berüchtigt für seine »Odersperre« und die »Oderberger Niederlage«. Um die vorbeifahrenden Kaffenkähne zu zwingen, ihre Waren drei Tage lang auf dem Oderberger Marktplatz niederzulegen und feilzubieten, hatte man am Ufer der alten Oder sogar eine Trutzburg errichtet, den sogenannten »Bärenkasten«, dessen Ruinen noch heute zu sehen sind.

Das Ende der »Adler-Queen«

All das erzählt mir Jan Niemiec, der Kapitän der »Adler-Queen«, als wir zwei Wochen nach diesem Beitritt wieder an Gartz vorbeifahren. Niemiec, mit dem ich mich auf meiner Oderreise bereits durch die Untiefen bei Brzeg Dolny geschraubt habe, sieht den Beitritt seines Landes mit einem lachenden und einem weinenden Auge. Mit einem lachenden, weil sein Land nun dazugehört, wie er es sagt. Mit einem weinenden, weil er bald arbeitslos sein wird. »Nach dieser Fahrt«, sagt er, »ist Schluß. Die Reederei hat beschlossen, die ›Adler-Queen‹ zu verkaufen.«

Auch in Gartz herrscht seitdem Untergangsstimmung. Wochenlang hatten der Gartzer Bürgermeister und

50 Bewohner mit einem Hungerstreik für eine Ausnahmegenehmigung gekämpft. Doch Brüssel ließ sich nicht erweichen. Ab 1. Mai 2004 gibt es auf der Oder keine Zollgrenze mehr, lautete das Argument, und damit auch keinen zollfreien Einkauf.

Jan Niemiec steuert seine »Adler-Queen« am Gartzer Anleger vorbei. Es ist ruhig, an Mittelmeerstimmung erinnert nichts mehr. »Vielleicht kommen eines Tages ja andere Touristen«, hofft Niemiec. Er selbst wird dann nicht mehr auf der Oder schippern. »Ich gehe ohnehin bald in Rente«, sagt er. Es klingt nicht traurig.

Der alte Acker bei Widuchowa

Während auf der deutschen Seite die Odergeschichten langsam zu Ende gehen, nähert sich auf der polnischen, die nun nicht mehr nur die rechte Seite ist, langsam der Großraum Stettin. In Widuchowa aber geht es noch einmal ländlich zu. In der Kleinstadt, in dem die beiden polnischen Landschaftsschutzparks Cedynia und Unteres Odertal ihren Sitz haben, ist auch das deutsch-polnisch-tschechische Bündnis »Zeit für die Oder« mit einem Projekt vertreten. Sein Name »Stary Żagon«, »Alter Acker«.

Alter Acker, das ist der Versuch von Saba und Jens Keller, vergessene Nutzpflanzen wiederzuentdecken und so zum Erhalt der Artenvielfalt beizutragen. Außerdem sollen die neuen-

Die Trockenlegung des Oderbruchs und der Bau des neuen Oderkanals von Güstebiese bis Hohensaaten tat der Entwicklung von Oderberg keinen Abbruch, obwohl es nun von der Oder abgeschnitten war. Der größte Teil der Schiffe ging damals ohnehin nach Berlin – über den Oder-Spree-Kanal ab Fürstenberg oder den Oder-Havel-Kanal, an dem Oderberg seither lag. Oderberg, hieß es bald, wurde der »Haupthafen Berlins«. Um die Wende vom 19. zum 20. Jahrhundert zählte man in Oderberg 15 Kahnbaufirmen. Näher am Markt konnte man gar nicht sein.

Und was das für ein Markt war. In der Ausstellung zur Oderschiffahrt auf dem Unterdeck der »Riesa« kann man sich ein Bild davon machen. 1899, ein Jahr nach dem Stapellauf des Personendampfers, verkehrten bereits mehr als 100 Dampfschiffe auf der Oder. Entsprechend groß war auch die Zahl der Dampfschiffsreedereien, von denen es 1900 bereits 31 gab. Die größten von ihnen waren die Schlesische Dampfer-Compagnie in Breslau und die Frankfurter Gütereisenbahngesellschaft mit je 15 Schiffen, die Breslauer Reederei vereinigter Schiffer mit 14 und die Reederei Friedländer mit 10 Dampfschiffen, gefolgt von der Dampfschiffahrtsgesellschaft Pomerania in Stettin mit 5 Schiffen.

Reine Personendampfer wie die »Riesa« waren auf der Oder allerdings in der Minderheit. Die meisten der Seitenrad- oder Heckdampfer wurden als Schlepper für die Oderkähne eingesetzt, einige wenige wurden auf den »Eilgüterverkehr« zwischen Stettin und Breslau geschickt. Welcher Verkehr damals auf der Oder herrschte, kann man vielleicht ermessen, wenn man sich nicht nur die Zahl der Dampfer, sondern auch die der Kähne vor Augen führt. Waren 1877 noch 2 461 Schleppkähne mit einer Tragfähigkeit von 179 405 Tonnen registriert, waren es 1913 bereits 4 427 Kähne mit einer Kapazität von 1 213 282 Tonnen. Damit fuhren auf der Oder 15,2 Prozent aller Schiffe in Deutschland,

Seitenraddampfer »Riesa« auf der Freifläche des Binnenschiffahrts-Museums Oderberg

mehr noch als auf dem Rhein mit 14,1 Prozent. Spitzenreiter war die Elbe mit 53,9 Prozent aller Binnenschiffe. Kurz vor dem Ersten Weltkrieg hatte die Oder mit 15 Millionen Tonnen im Jahr den Höhepunkt ihres Gütertransports erreicht. Das entsprach rund 20 Prozent des gesamten Verkehrs auf den deutschen Wasserstraßen.

In der Ausstellung auf der »Riesa« kann man auch erahnen, welchen Schub jene Erfindung brachte, die der junge Ingenieur Robert Fulton am 17. August 1807 in den Vereinigten Staaten von Amerika dem staunenden Publikum vorgestellt hatte. 27 Meilen legte sein Dampfschiff »Claremont« zwischen New York und Albany auf dem Hudson River zurück. Das Zeitalter der Dampfschiffahrt hatte begonnen, und nur

Im Innern der »Riesa« sind Ausstellungen und die Originaldampfmaschine zu sehen.

Modelle dokumentieren die Entwicklung der Oderschiffahrt vom Kaffenkahn bis hin zu den modernen Stromschubbooten

alten Gemüse-, Getreide und Blumensorten die Regionalvermarktung und -entwicklung fördern.

Ökologische Projekte in Polen? Gibt es das wirklich? Was die wenigsten wissen: Aufgrund des hohen Preises für Pflanzenschutzmittel wird in Polen auf den meisten Äckern biologisch produziert. Nur wird davon weniger Aufhebens gemacht als in Deutschland. Doch genau diese Werbung ist nötig, um die Produkte auch an den Mann und die Frau zu bringen. Ohne Vermarktung kein Überleben, so wird das in Zukunft auch in Polen sein. Schließlich hat das Land mit dem Beitritt zur EU die Agrarpolitik aus Brüssel übernommen. Die fördert keine Qualität, sondern Masse.

Über den »Alten Acker« freue ich mich aber noch aus einem anderen

30 Jahre später erreichte es auch die Oder. 1837 ließ der Kommerzienrat Ruffer aus Breslau beim Schiffsbaumeister Klawitter in Stettin ein Dampfschiff bauen, das den Namen »Victoria« erhielt. Auf welchen Strecken der erste Dampfer auf der Oder zum Einsatz kam, schildert der einstige Leiter des Binnenschiffahrts-Museums in Oranienburg, Max Rehberg:

»Das Dampfschiff ›Victoria‹ verkehrte von 1838 bis etwa 1855 zwischen Stettin, Schwedt und Küstrin. Sonntags früh fuhr der Dampfer von Stettin nach Schwedt, wo er gegen 11 Uhr eintraf. Um 2 Uhr unternahm er eine ›Spazierfahrt‹ zu den Saatener Bergen, von der er um 4½ Uhr nach Schwedt zurückkehrte. Um 5 Uhr trat er die Rückfahrt nach Stettin an. Mittwochs fuhr das Schiff über Schwedt nach Küstrin, Freitags zurück. Der Fahrpreis von Schwedt nach Stettin betrug 1 Taler 15 Silbergroschen, für Kinder unter 14 Jahren die Hälfte. ›Kalte Küche und Wein‹ waren an Bord zu haben.«

Der erste Oderdampfer war also ein Ausflugsdampfer, und die Ziele, die er ansteuerte, gehörten schon damals zu den beliebtesten an der unteren Oder. Namentlich die mehr

Alte Oder bei Oderberg um 1900. Postkarte aus den Beständen des Schiffahrts-Museums in Oderberg.

als 100 Meter hohen Saatener Berge zwischen Bellinchen und Niedersaaten gaben mit der kleinen Bergkirche in Niedersaaten den malerischen Höhepunkt einer Oderpartie ab.

Tatsächlich aber war das Geschäft der Oderschiffer alles andere als malerisch. Vor allem dann, wenn es nicht Personen zu befördern galt, sondern Erze, Kohle und andere Güter. Oft nämlich wurden die Waren am Hafen nur auf den Kahn geschüttet, wo sie von der Besatzung verstaut und vertäut werden mußten. Handarbeit also, und das nicht nur im 19. Jahrhundert, erinnert sich Kurt Kupsch, der 1933 als 15jähriger auf einem Oderkahn angeheuert hatte:

»1935, ich war 17 Jahre alt, machte ich meine erste Bekanntschaft mit Sackgut. Die SDC [Schlesische Dampfer-Compagnie – U. R.] bot in Breslau 550 to weißen Zucker nach Stettin an. Diese 550 to wurden mit LKW angefahren, mittels einer Rutsche in den Kahn befördert, und dort mußten die 5500 Zweizentnersäcke von der Schiffsbesatzung, das heißt den beiden Bootsleuten, das war damals ein Onkel

Grund. Zwischen Berlin, Frankfurt und Stettin sind in den letzten Jahren viele Projekte dieser Art entstanden, vom Öko-Speicher in Wulkow über den Erhalt und die Vermarktung alter Obstsorten in Greifenberg oder extensive Schafwirtschaft im Unteren Odertal. Darüber hinaus sind zahlreiche Städter in den Oderraum gezogen, aus Berlin wie auch aus Stettin. Vielleicht entsteht in Zukunft hier einmal eine deutsch-polnische Nachhaltigkeitsregion. Auch das wäre ein Schritt auf dem Weg der Oder nach Europa.

Stettin und Berlin

Europa scheint, je mehr ich oderabwärts komme, immer selbstverständlicher zu werden. Im Zwischenland zwischen Deutschland und Polen ist dieses Europa greifbar. Der Leiter des Nationalparks Unteres Odertal, Romuald Buryn, ist in Szczecin geboren, die zweit- und drittbeliebtesten Stettiner waren Deutsche, deutsch-polnischer und europäischer könnte es gar nicht zugehen. Doch dann, schon im Stettiner Stadtgebiet, ein unmißverständlicher Hinweis: »Szczecin zawsze Polski« – »Stettin für immer polnisch« steht auf einem Schild. Ich war vorgewarnt. Stettin hat ein ambivalentes Verhältnis zu den Deutschen, hatte ein polnischer Freund in Berlin gemeint und auf den nationalistischen Stadtpräsidenten geschimpft, der sich selbst als Antideutscher bezeichnet. Und er hat mir eine Lektüre mit auf den Weg gegeben, die wenigstens ein bißchen von dieser Ambivalenz erklären sollte.

In der soeben wiederaufgebauten Altstadt, der »jüngsten Altstadt Polens«, finde ich in einem Café ein freies Plätzchen und mache mich an die Lektüre. Wojciech Lizak erklärt das Dilemma Stettins mit dem fehlenden Zuzug von Eliten. Nach Breslau seien immerhin die Professoren der Lemberger Universität gekommen, Danzig habe seinen Ort auf der mythischen Landkarte gehabt, nur Stettin, die westlichste Stadt im »Wilden Westen«, war nach 1945 vor allem von Bauern besiedelt worden.

Ich blicke mich um. Von bäuerlichen Gesichtern keine Spur, über von mir und ich, angenommen und im Schiff ordnungsgemäß gestapelt werden. Der Steuermann stand an der Rutsche zum ›Aufrichten‹ und Zählen. Zweieinhalb Tage hat das gedauert. Ich war zwar stolz darüber, mitgehalten zu haben, aber daß ich an diesen Tagen keine Sehnsucht mehr hatte, abends etwa ins ›Lange S‹ oder in die ›Sonne‹ zum Tanzen zu gehen, nimmt man mir wohl ab.«

Zwei, drei oder manchmal vier Tage zum Löschen oder Aufnehmen der Ladung waren nichts Ungewöhnliches, und das bestimmte bis ins 20. Jahrhundert den Rhythmus einer Kahnfahrt. Welche Strecken und Ladungen ein Oderkahn der Schlesischen Dampfer-Compagnie Anfang des 19. Jahrhunderts hinter sich brachte, geht aus einem Bericht hervor, den ein gewisser Herr Thieleke 1906 »über die Tätigkeit eines unserer Kähne« erstattete:

»Migur traf am 14. Dezember 1904 mit 6 000 Ztr. Güter aller Art in Hamburg ein, entlöschte und überwinterte in Hamburg. Ueber Winter in Hamburg 6 258 Ztr. Güter eingeladen und wurde die Fahrt am 18. Februar 1905 vermittelst Schleppdampfer aufgenommen. Am 2. März 1905 Berlin, am 23. März 1905 Fürstenberg a/Od. passiert und am 3. April 1905 Breslau erreicht, wurde die Ladung bis auf 1 500 Ztr., mit welcher der Kahn am 7. April 1905 nach Cosel gefahren, in Breslau entlöscht.«

Nachdem die »Migur« in Cosel 6 000 Zentner Kohle geladen hatte, ging es auf die Rückfahrt nach Berlin, für das die Ladung bestimmt war. Am 26. April erreichte der Kahn auf seiner Talfahrt Breslau, am 1. Mai Fürstenberg und am 6. Mai die Hauptstadt. Herr Thieleke weiter:

»Die Entlöschung der Kohlen währte bis 17. Mai 1905 und fuhr das leere Fahrzeug am 18. Mai 1905 nach Stettin, um daselbst für Cosel O/S. bestimmte 6 000 Ztr. Erz einzuladen. Die Expedition ab Stettin erfolgte mittelst Schleppdampfer am 28. Mai 1905 (…) sodass die Ankunft in Cosel am 13. Juni 1905 erfolgte.«

Wiederum mit Kohle beladen, fuhr die »Migur« stromabwärts nach Berlin, mußte daraufhin eine Leerfahrt nach Breslau antreten und kam am 8. August 1905 erneut in Cosel an. »Des kleinen Wassers wegen«, so Thieleke, wurde nur die halbe Ladung genommen und abermals die Talfahrt angetreten. So ging es bis zum 5. Oktober, wo die »Migur« ein letztes Mal Kohle in Cosel unter Ladung nahm.

»In Cosel hat Kahn Nr. 62 eine aus 6000 Ztr. Gütern bestehende Ladung für Magdeburg bestimmt, geladen, fuhr am 17. Oktober von Cosel, erreichte am 23. Oktober Breslau, fuhr am 24. Oktober weiter, erreichte am 2. November 1905 Fürstenberg und mußte bis 10. November Schleusenrang abliegen. Die Ankunft in Magdeburg erfolgte dann am 18. November 1905. Am 3. Dezember 1905 war die Entlöschung beendet und kam der Kahn am 17. Dezember 1905 leer nach hier, um zu überwintern.«

In diesem Jahresrapport über die Tätigkeit der »Migur« ist alles enthalten, was die Oderschiffahrt zur damaligen Zeit ausmachte: ein Strom, der nur rund acht Monate im Jahr schiffbar war und damit vier bis fünf Tal- und Bergfahrten zwischen Coselhafen und Berlin/Stettin gestattete; halbe Ladung infolge des Niedrigwassers im Sommer; Kohle nach Berlin, Erze für Oberschlesien. Kein Vergleich zum Rhein also, dieser größten und meistbenutzten Wasserstraße Europas, die schon im 19. Jahrhundert einer Autobahn für Lastkähne und Schleppverbänden glich. Gleichwohl: Die Schiffahrt auf der Oder war im Kommen. Nicht von ungefähr wurde Cosel, der Umschlagplatz von Kohle aus Oberschlesien auf die Oder, Anfang des 20. Jahrhunderts zum zweitgrößten Binnenhafen des deutschen Reiches. Davor lag nur noch Duisburg-Ruhrhafen.

Damit noch mehr Güter auf die Oder kamen, ließ die 1874 in Breslau gegründete Oderstrombauverwaltung nicht nur die obere Oder zwischen Cosel und Breslau kanalisieren.

den Rynek Sienny, den neuen Altstadtmarkt, schlendern junge Paare, Studenten, Männer in grauen Anzügen. Geschäftig wirkt die Odermetropole, von der manche in Warschau meinen, sie läge am Meer, und überhaupt nicht bäuerlich. Doch Lizak hält dagegen. Seit der Wende hätten 40000 junge Menschen ihre Stadt verlassen, in Richtung Berlin, Posen oder Breslau. Weil die Stettiner Universität erst 1985 gegründet worden sei, habe sich keine akademische Elite bilden können. Aus der Bauernstadt, meint Lizak, sei allenfalls eine Stadt der Werftarbeiter geworden. Und, klingen mir die Worte meines Freundes in den Ohren, die Stadt, deren Bürger einen deutschfeindlichen Bürgermeister wählen.

Ich zahle meinen Latte Macchiato, packe die Lektüre in den Rucksack und mache mich auf zur Oder. Wo, wenn nicht am Hafen, würde mir die Stadt das Gegenteil beweisen können: Weltläufigkeit und Offenheit statt Engstirnigkeit und Überheblichkeit.

Unterhalb der Wały Chrobrego, der Hakenterassen, spüre ich, warum die Warschauer und wohl auch die Berliner Stettin so oft am Meer wähnen. Der Wind bläst mit steifer Briese, die Boote schaukeln im Fluß, auch wenn es nur Ausflugsboote sind, die Frachter gehen einige Kilometer abwärts vor Anker. Der wirkliche Hafen von Stettin ist zwar in Swinemünde, doch der Geruch der Hafenstadt findet sich auch vor den Hakenterrassen. Stettin, hatte mir mein Freund gesagt, habe sich schon immer mehr am Meer orientiert als am Fluß. Meer, das ist der Blick nach vorn, Frankfurt und Breslau liegen längst hinter einem.

Doch das ist nur die halbe Wahrheit. Geht es um Berlin, ist man in Stettin weniger selbstbewußt. Erst recht nicht, seitdem man immer wieder zu hören bekommt, Stettin würde wieder das werden, was es einmal war: der Hafen von Berlin. Breslau hat es da leichter, viel zu weit ist es von Berlin entfernt, um wieder Hinterland zu werden wie einst in Preußen. In Stettin ist Berlin jedoch nahe, manche meinen sogar, bedrohlich nahe.

Stettin vom Wasser aus

Am neuen alten Marktplatz ist wenig von der Skepsis zu spüren, die Stettins Weg nach Europa begleitet, vor der Stettiner Werft dagegen um so mehr. Bis zum Jahr 2001 galt die Stocznia Szczecińska als erfolgreichste Werft im ganzen Ostseeraum, erzählt Matthias Enger. Kurz danach ging sie pleite. Die Stadt war wie gelähmt. Und geschockt über die Managementfehler, die offenbar zur Pleite führten. Um den schlimmsten Schaden von der Stadt abzuwenden, griff die polnische Regierung zu einer ungewöhnlichen Maßnahme Die Stocznia Szczecińska wurde wieder verstaatlicht. Heute arbeiten in Stettin mit seinen 420 000 Einwohnern wieder 10 000 Menschen

Auch ein neues Oderschiff mußte her. Sogenannte »Berliner Maßkähne« wie die »Migur« mit einer Höchstladung von 360 Tonnen waren nun zu klein. 1889 ließ die Oderstrombauverwaltung deshalb einen Wettbewerb für das »beste Oderlastschiff« ausloben. Den ersten Preis gewann ein Kahn mit einer Länge von 55 Metern, einer Breite von 7,96 Metern und einem Tiefgang bei voller Ladung von 1,60 Metern. Die Höchstlast betrug 470 Tonnen. Dieser bereits mit eisernem Rumpf gebaute Schleppkahn ging als »Breslauer-« oder »Odermaßschiff« in die Geschichte der Oderschiffahrt ein. Mit dem Breslauer Maßkahn hatte die Oder also ein Schiff bekommen, das das Bild auf dem Fluß bis ins 20. Jahrhundert bestimmen sollte. Mitte der dreißiger Jahre hatte der Breslauer Maßkahn bereits einen Marktanteil von 40 Prozent. Berliner Maßkähne wie die »Migur« machten nur noch jeden dritten Schleppkahn auf der Oder aus. Kein Wunder, daß das Modell des Breslauer Maßkahns zu den Prunkstücken im Oderberger Museum gehört.

Im Schiffahrts-Museum von Oderberg sind aber nicht nur Zeugnisse von den Hochzeiten der Oderschiffahrt ausgestellt, sondern auch deren Anfänge dokumentiert. Und die waren alles andere als vielversprechend. So mußten im Mittelalter die Knechte den Bootsführern die beste Fahrrinne durch das Oderrinnsaal mit Strohwischen abstecken. Stromabwärts wurde gesegelt oder gestakt, stromaufwärts getreidelt. Wie ein solcher mittelalterlicher Kahn ausgesehen haben mag, zeigt ein Modell der Hohenwutzener Schiffergesellschaft: Zehn bis zwölf Meter lang waren die Kähne, anderthalb bis zwei Meter breit und einen halben Meter tief. Drei Mann Besatzung beförderten auf diesen »Kaffenkähnen« eine Ladung von bis zu zehn Tonnen.

Daß die mittelalterliche Oder, anders als der Rhein, keine vielbefahrene Wasserstraße wurde, war aber nicht nur das Werk des Flusses mit seinen Tiefen und Untiefen. Auch die Müller, die den Fluß für ihre Mühlräder nutzten und Schiffe

Die Schokoladenseite von Szczecin/Stettin: die Wały Chrobrego/Hakenterrassen

allenfalls durch sogenannte Schiffslöcher passieren ließen, standen der Schiffahrt im Wege. Hinzu kam die politische Großwetterlage im Oderraum. Die Konkurrenz der Kaufleute in den Oderstädten Breslau, Frankfurt und Stettin war keine Belebung für das Geschäft. Im Gegenteil: Nachdem Frankfurt und Stettin 1311 einen Vertrag geschlossen hatten, der für beide Städte ein Handelsmonopol auf der unteren Oder bedeutete, mußten andere Städte oderaufwärts auf ihre alten Schiffahrtsrechte verzichten. Crossen zum Beispiel durfte von nun an nur noch zwei mit Wein beladene Schiffe im Jahr nach Frankfurt schicken.

Aber auch das Bündnis Frankfurt–Stettin hielt nicht lange, wie Hans-Joachim Uhlemann in seiner Schiffahrts-

Die Jakobskirche in Stettin verweist auf die deutsche Besiedlung im Mittelalter.

geschichte der Oder schreibt: »1467 erhielt Stettin das Privileg, welches keinem Nichtstettiner die Durchfahrt durch den Stettiner Raum gestattete. Feindseligkeiten zwischen Stettin und Frankfurt führten nun dazu, daß Stettin die Sperrung der Oder durchsetzte und daraus schließlich gegen Ende des 16. Jahrhunderts ein zwanzigjähriges Handelsverbot der Märker mit Stettin resultierte.«

Die Mitgliedschaft im mittelalterlichen Städtebund der Hanse hatte nichts am Handelskrieg der beiden Städte an der unteren Oder ändern können. Frankfurt, von Stettin düpiert, wandte sich nun Breslau zu. 1490 schlossen beide Städte einen Vertrag ab, der den Frankfurter Historikern Monika Kilian und Ulrich Knefelkamp zufolge ein neues Monopol und eine neue Odersperre bedeutete. Für die hansischen Handelspartner sei dies ein Schock gewesen. Die Folge: Frankfurt und Breslau wurden auf dem Hansetag 1525 in Lübeck aus dem Städtebündnis ausgeschlossen.

Am Ausgang des Mittelalters und schon unter dem Zeichen beginnender sozialer und religiöser Unruhen war die Oder kein Kulturraum geworden, von dem die Impulse für die künftige Entwicklung ausgingen. Sie war nicht einmal ein einheitlicher Handelsraum. Jeder, ob in Breslau, Frankfurt und Stettin, wollte seine eigene Oder. Die Oder und mit ihr die Schiffahrt blieben im Spannungsfeld partikularer Interessen – denen der Kaufleute ebenso wie denen der Herrscherhäuser, zu denen der Oderraum gehörte. Mit dem Dreißigjährigen Krieg kam die Oderschiffahrt schließlich ganz zum Erliegen.

Wer die »Riesa«, das Oderberger Museumsschiff, verläßt, stößt am Ufer der Alten Oder unweigerlich auf den Radweg, der westlich von Oderberg beginnt und bis Eberswalde führt. »Treidelweg« heißt er und gehört zu den beliebtesten im Berliner Umland. Es sind aber nicht nur die zahlreichen Denkmäler der brandenburgischen Industriegeschichte, die

Angekommen in Europa:
Jugendliche auf den Stettiner Hakenterrassen

Angekommen im Kapitalismus:
die Innenstadt von Stettin

sich am Ufer des Finowkanals wie an einer Perlenschnur aneinanderreihen. Am Treidelweg läßt sich auch die Geschichte der preußischen Schiffahrt zwischen Berlin und der Oder nachvollziehen. Schließlich war der Finowkanal nach dem »Großen Graben« zwischen Oder und Spree die zweite Verbindung Berlins zur Oder und damit nach Schlesien und zur Ostsee. Eine Verbindung, die einmal mehr im Oderraum auf Friedrich den Großen zurückgeht.

Mit dem Bau der ersten Berliner Verbindung zur Oder, des Oder-Spree-Kanals, war bereits nach dem Dreißigjährigen Krieg begonnen worden. Mit den brandenburgischen Kurfürsten, die in der zweiten Hälfte des 17. Jahrhunderts auf der europäischen Landkarte auftauchten, war eine neue Macht im Oderraum ins Spiel gekommen. Auch Berlin wollte nun »seine eigene Oder« haben. Um den Anschluß der preußischen Garnisonsstadt an den Strom zu gewährleisten, begann der Große Kurfürst Friedrich Wilhelm 1662 mit dem Bau eines Kanals zwischen dem Müllroser See an der Spree und der Oder bei Fürstenberg. Bis 1668 waren

auf den vier Werften der Stadt sowie 6000 in der Verwaltung des Hafens.

Das alles erzählt Matthias Enger, während wir mit der »MS Dziewanna«, einem gecharterten Kahn, vor der Werft tuckern. Auch Enger hat sich Stettin und seine Wasserlage zum Broterwerb gemacht, allerdings nicht als Hafenarbeiter, sondern als Fremdenführer. Seit 1992 organisiert er zusammen mit seiner Frau Teresa Kurowska Stadtrundfahrten, Stadtspaziergänge und Ausflüge in und um Stettin. Die führen aber nicht nur in die Altstadt, sondern auch auf die Oder, in die Seenlandschaft rund um den Dąbie-See und ins Stettiner Haff.

Von der Wasserseite aus kann mir Enger eine überraschende Stadtansicht zeigen. Kaum haben wir den Anleger an den Hakenterrassen und die

Die Schiffahrt auf der Oder

Eine Flußreise durch Europa

Werften hinter uns gelassen, öffnet sich eine Flußlandschaft, die einem Märchenbuch entsprungen sein könnte. Die Ufer sind von wilden Gräsern bewachsen, hinter jeder Kurve bietet sich ein neuer Anblick. Doch die Idylle auf der Święta, diesem Seitenarm der Oder, trügt. »Hier steht nichts unter Naturschutz«, sagt Enger. »Rechtlich gesehen, ist hier alles Hafenerweiterungsgebiet.« Sollte die Stettiner Werft also wieder einmal boomen, wäre es an der Święta aus mit der Idylle.

Gleich hinter der Święta geht es in den Dąbie-See, einen riesigen Binnensee vor den Toren der Stadt, in dem sich das Süßwasser der Oder mit dem Salz- und Brackwasser des Haffs mischt. Was für Badefreude ein Hindernis sein mag, ist für Naturliebhaber ein Paradies. »Einmal hatte ich eine holländische Reisegruppe«, erinnert sich Enger. »Die haben gefragt, ob sie Biber und Dachse sehen können.« Kein Problem, hat ihnen Enger geantwortet, und die Seeadler, die bekommen sie gleich noch dazu.

Kein Zweifel, Matthias Enger und Teresa Kurowska haben mit ihren Bootsfahrten eine Marktlücke entdeckt. Wo sonst nur Butterschiffe mit Schnäppchenjägern unterwegs waren, haben sie den sanften Tourismus etabliert. Und der reicht nicht nur bis zur Święta oder dem Dąbie-See, sondern bis ins Stettiner Haff. Kaum hatte die Naturfreunde-Internationale das Haff 1992 als »Landschaft des Jahres«

14 Schleusen aus Eichenholz gebaut, der Inbetriebnahme des »Friedrich-Wilhelm-Kanals« stand nichts mehr im Weg.

Dieser Kanal, für den die Wasserbauer 4200 Eichen gefällt hatten, war aber bald zu klein, da nach dem Verlust der Stapelrechte in Frankfurt und Breslau auch der Handel auf der Oder wieder in Schwung gekommen war. Zwischen 1696 und 1716 ließ Kurfürst Friedrich III., seit 1701 König in Preußen, den Kanal zwischen Oder und Spree deshalb ausbauen. Die Schleusenkammern wurden gemauert, die Zahl der Schleusen verringerte sich auf elf.

Der Bau des »Großen Grabens« war ein Riesenerfolg. Und zwar für Berlin wie für den Breslauer Oderhandel. Bereits 1714 spricht der schlesische Kaufmann P. J. Marperger vom »unaussprechlichen Nutzen des Grabens für die Breslauer Kaufmannschaft«. Der neue Kanal, so Marperger, habe nicht nur den schlesischen Handel mit Berlin belebt, sondern auch einen neuen Wasserweg für den Handel mit Hamburg, Holland, England, Spanien und Portugal geschaffen.

»Aus Hamburg empfing Schlesien vor allem Spezereien, Zucker, Hering, Stockfisch, brasilischen und virginischen Tabak, Seiden-, Wollen- und Baumwollen-, Farb- und Drogeriewaren, Fischbein, Thran, spanische Früchte und Weine etc. Es exportierte auf diesem Wege besonders Garn, rohe und gebleichte Leinwand. Das erstere ging meist nach Holland, wo es weiter verarbeitet wurde.«

Kein Wunder, daß die preußischen Könige nach dem Erfolg des »Großen Grabens« einen neuen Kanal folgen ließen. 1743, da war der Großteil der Oder, einschließlich Schlesiens, schon preußisch, gab Friedrich II. den Startschuß für den Neubau des im Dreißigjährigen Krieg zerstörten Finowkanals zwischen Oder und Havel. Nicht nur mit Breslau sollte Berlin nun verbunden sein, sondern auch mit Stettin, das schon seit 1720 zu Preußen gehörte. Mit einer Schleusenbreite von 12 Metern und einer Länge von 41 Metern war zugleich der Startschuß für ein neues Oderschiff gefallen, den

Finowmaß- oder Finowkahn. Im Schiffahrts-Museum von Oderberg ist ein Modell dieses ersten Odermaßkahns ausgestellt. Bis zu 35 Meter lang waren die Schiffe aus Eichenholz und ein großes Geschäft für die Reeder. Finowkähne segelten noch bis in die zwanziger Jahre des 20. Jahrhunderts die preußischen Wasserstraßen hinab.

Der ausgebaute Finowkanal brachte der Schiffahrt in Oderberg neuen Schwung. Noch während des Dreißigjährigen Krieges hatte die Stadt ihr berüchtigtes Niederlagsrecht zur Begleichung von 53 Taler Steuerschuld aufgeben müssen. Kurz zuvor waren während der schwedischen Belagerung die Bewohner auf die Oderinseln geflohen. Sechs lange Jahre blieb Oderberg ohne Einwohner. Nicht einmal nach dem Ende des Krieges hatte sich Oderberg erholen können. Es sind nicht allzu viele zurückgekehrt in die Stadt, die einst eine der bedeutendsten der askanischen und brandenburgischen Markgrafen war. 1700, ein halbes Jahrhundert nach dem Westfälischen Frieden, zählte Oderberg nur 500 Einwohner. Mit dem Bau des Finowkanals aber begann sich das Blatt zu wenden. Als im Juni 1746 der neue Kanal eingeweiht wurde, pilgerten die Stadtväter voller Stolz an die Alte Oder. Der erste Kahn, der von der Havel kam, hatte 100 Tonnen Salz geladen und löschte seine Ladung im Salzmagazin von Oderberg. Berlin lag nun tatsächlich an der Oder. Sehr zum Leidwesen von Frankfurt allerdings, dem die Oder abhanden kam, zumindest als Schiffahrtsweg. Zwischen Fürstenberg und Hohensaaten, den Abzweigen der Kanäle nach Berlin, war die Binnenschiffahrt weitgehend zum Erliegen gekommen.

Der neuerliche Aufschwung kam nicht nur den Oderberger Kaufleuten zugute, sondern auch den Kahnbauern. Zwischen 1841 und 1900 wurden in der Stadt 11 Sägewerke und 15 Kahnbauereien errichtet. Gleichzeitig wurde der Oderberger See zum größten Holzlagerplatz in Norddeutschland. Zeitweise lagerten hier 500- bis 600tausend Meter Floßholz. Neben den Kahnbauereien entstand die Oderberger Werft,

Schachspieler in Stettin auf dem Plac Grunwaldzki

gekürt, gab Enger einen Radführer heraus, einen, wie er mir sagt, »der nicht wie die anderen an der deutschen oder der polnischen Seite haltmacht«. Einer Umrundung des Haffs steht nun nichts mehr im Wege.

Zurück auf den Hakenterrassen, kann ich meine Stettin-Tour entweder im 1913 erbauten Meeresmuseum beenden. Oder ich kann beim Bier auf die gegenüberliegende Oderinsel schauen, die von dieser Seite aus wie unbewohnt aussieht. Seit der Bootsfahrt mit Matthias Enger allerdings weiß ich: Sie ist bewohnt. Hunderte von Werftarbeitern haben sich hier zu Solidarność-Zeiten eine Datsche organisiert und weigern sich seitdem, die Insel zu verlassen. »Auch ein Stück Sozialgeschichte«, sagte Enger. Und ein Beleg für die Thesen von Wociech Lizak, denke ich bei mir. Manchmal erfährt man von der Flußseite aus mehr über eine Stadt als auf ihren Marktplätzen.

Das geteilte Haff

Matthias Enger hatte recht. Je nachdem, von wo man aufbricht zum Stettiner Haff, entdeckt man entweder das deutsche oder das polnische Haff. Zu DDR-Zeiten wurde das Stettiner Haff sogar umbenannt in Oderhaff. Man wollte oder sollte nicht mehr ohne Not an Stettin erinnert werden. Was machte es da schon, daß das Haff in Polen weiter Zalew Szczeciński hieß.

auf der 1927 anläßlich der Oderberger Gewerbeausstellung ein Maßkahn vollständig aus Eisen vorgestellt wurde, der 350 Tonnen tragen konnte. Zu dieser Zeit war bereits der neue Hohenzollernkanal in Betrieb, der 1918 nördlich des von Friedrich gebauten Finowkanals errichtet wurde. 1934 schließlich ging das Schiffshebewerk Niederfinow in Betrieb. Oderberg, unterhalb des Schiffshebewerks gelegen, war wieder auf halbem Wege zwischen Berlin und der Oder.

Der spektakuläre Ausbau der Kanäle zwischen Berlin und der Oder konnte allerdings nicht darüber hinwegtäuschen, daß die Oderschiffahrt selbst in der Krise war. Ganz im zynischen Duktus eines Militärs hatte der preußische General Helmuth Graf von Moltke bereits 1838 festgestellt:

»Wirklich glaube ich, daß man in 50 oder 100 Jahren solche trübseligen Ströme wie die Oder und Elbe, in welchen sich die Schiffer des Sommers mit Spaten durchgraben müssen, gar nicht mehr statuieren, sondern die sie umringenden Sandschollen mit ihrem Wasser begießen wird.«

Selbst die Freude über den Beginn der Dampfschiffahrt war nicht ungetrübt. Kaum waren die ersten Heck- und Seitenraddampfer auf der Oder aufgetaucht, hatte die Binnenschiffahrt mit einer neuen Konkurrenz zu kämpfen – der Eisenbahn. Vor allem Preußen war binnen kürzester Zeit zu einem Zentrum dieser Revolution in der Verkehrstechnik geworden. Bereits 1842 wurde der Eisenbahnverkehr zwischen Berlin und Stettin und zwischen Berlin und Frankfurt (Oder) aufgenommen. Im gleichen Jahr fuhren die ersten Züge zwischen Breslau und Oppeln. Das mährische Oderberg, die Namensschwester von Oderberg an der Alten Oder, wurde bald zu einem der wichtigsten Eisenbahnknotenpunkte in Mitteleuropa. Von hier gingen die Züge nach Preßburg und Wien, nach Krakau und Prag.

Die Wasserbaubehörden hatten auf die neue Konkurrenz bereits 1874 mit der Gründung der Breslauer Oderstrom-

Beschauliche Ruhe am Stettiner Haff, hier in Brzózki

bauverwaltung und der Entwicklung des Breslauer Maßkahns reagiert. Doch das allein, wußte man, würde nicht ausreichen, um es mit der Eisenbahn aufzunehmen. Am 6. Juli 1888 wurde deshalb ein Gesetz verabschiedet, dessen Folgen für die Oder mindestens so weitreichend waren wie die Begradigungen unter Friedrich dem Großen. Aus der Oder, deren Regulierung bislang vor allem auf dem Bau von Buhnen beruhte, sollte nach dem Vorbild des Rheins ein staugeregelter Strom werden, aus dem Fluß mit seinen Tiefen und Untiefen ein gigantischer Kanal.

In welchem Tempo die Oder zur Wasserstraße des deutschen Ostens ausgebaut wurde, zeigte sich vor allem in Schlesien. Kaum war das Gesetz vom 6. Juli 1888 verabschiedet,

Der kleine Fischerhafen in Altwarp ist noch heute in Betrieb.

An einer Stelle aber, daran bleibt beim Blick auf die Landkarte kein Zweifel, müssen beide Wege wieder zusammenlaufen, auch wenn die Grenze mittendurch geht. Die Rede ist von Nowe Warpno und Altwarp. Zwei Kleinstädte auf zwei gegenüberliegenden Landzungen, getrennt nicht nur vom Haffwasser, sondern auch von der Grenze zwischen der Bundesrepublik Deutschland und der Republik Polen.

Nowe Warpno, Neuwarp, erreicht man, wenn man sich von Stettin aus auf der Oderstraße Richtung Police auf den Weg macht. Es ist eine abwechslungsreiche, um nicht zu sagen, bizarre Fahrt, die ich mit dem Auto unternehme. Hinter den Hakenterassen und zahlreichen Kneipen am Wasser folgt zunächst der Hafen, der der Stadt eine ganz eigene Prägung gibt.

stellte die Regierung in Berlin 21,5 Millionen Reichsmark für den Ausbau zur Verfügung. Die dringendsten Maßnahmen waren die Kanalisierung der Oder von Cosel bis zur Mündung der Glatzer Neiße, der Bau neuer großer Schleusen bei Ohlau und Brieg, die Herstellung eines »Großschiffahrtswegs« bei Breslau sowie der Bau eines großen Umschlaghafens in Cosel.

Es war ein gewaltiges Werk, das die Oderstrombauverwaltung in Auftrag gegeben hatte. Bis in die zwanziger Jahre hinein wurden 24 Staustufen gebaut, das oberschlesische Industrierevier war nun auch für die Großbinnenschiffahrt mit Breslau verbunden. Aber auch die untere Oder zwischen der Mündung des Oder-Havel-Kanals in Hohensaaten und Stettin war in der Zwischenzeit ausgebaut worden. Von 1904 bis 1931 wurde zwischen Hohensaaten und Friedrichsthal ein neuer Kanal gebaut, das Zwischenoderland zwischen Kanal und Stromoder war nun ein künstlicher Polder. Insgesamt 129 wassertechnische Bauten waren errichtet worden, unter ihnen 4 Schiffsschleusen, 21 Kahnschleusen, 30 Deichlücken und 28 Brückenbauten.

Doch das gewaltige Werk, aus der Oder einen Kanal zu machen, wurde nicht vollendet. Der Zweite Weltkrieg brachte der Oder nicht nur die Grenzziehung zwischen Deutschland und Polen. Er bedeutete auch das Aus für den Ausbau zur europäischen Wasserstraße. Die polnische Regierung hatte kein Geld für den Bau weiterer Staustufen, selbst der Unterhalt der künstlichen Polder an der unteren Oder war zu teuer. So kam es, daß sich die Natur zurückholte, was ihr der Mensch abgetrotzt hatte. Zwischen Breslau und Hohensaaten wurde die Oder einer der letzten frei fließenden Flüsse in Europa.

Wer sich im Schiffahrts-Museum von Oderberg auf die Suche nach der jüngeren Geschichte der Oderschiffahrt macht, wird enttäuscht sein. Zwar ist hier und da von den Oderwerften in der DDR die Rede, die einen Großteil der Motorschiffe, die vom Stapel liefen, als Reparationsleistungen an die Sowjetunion liefern mußten. Auch die polnische Schifffahrt findet hin und wieder Erwähnung. All das kann freilich nicht darüber hinwegtäuschen, daß der Blick auf die Oder und ihre Schiffahrt 1945 abgebrochen ist. Nicht nur bei den Wasserbauern, auch im Museum von Oderberg geriet die Oder, der neue Grenzfluß in Europa, in Vergessenheit.

Es ist kein Zufall, daß dieses Vergessen einhergeht mit der Musealisierung. Schon 1953 wurde in Oderberg eine »Heimatstube« gegründet, aus der bald schon ein Spezialmuseum für Binnenschiffahrt werden sollte. 25 Jahre später wurde die »Riesa« zum Museum geschleppt. Seitdem ist Oderberg, die Stadt, in der die Oderschiffahrt zum Museumsgegenstand wurde, um eine Attraktion reicher. Sie ist die »Stadt mit Raddampfer«. Daß die »Riesa«, das Prunkstück des Oderberger Museums, niemals auf der Oder gefahren ist, tut dem Stolz keinen Abbruch.

Auf der anderen Seite: das Zentrum von Nowe Warpno/Neuwarp

Kein Vergleich zur wilden Romantik auf der Wasserseite, die ich kurz zuvor noch auf dem Boot mit Matthias Enger genießen durfte. Und dann Police, Chemieindustrie, überaltete Anlagen, schlechte Luft.

Doch hinter Police plötzlich, wie so oft an der Oder, Stille. Ich habe die Straße fast für mich, was nicht weiter verwundert, denn von hier aus geht es nur noch nach Nowe Warpno, und dann ist, wieder einmal, die Welt zu Ende. Einen Grenzübergang nach Deutschland hat man noch nicht gebaut, manche scherzen auch, der wäre gar nicht nötig. An der einzigen Landgrenze, die Polen mit Deutschland verbindet, seien so viele Schmuggler unterwegs, man würde gar nicht hinterherkommen, sie zu kontrollieren.

Natur pur. Abendstimmung im Nationalpark Unteres Odertal bei Criewen

Fluß(t)räume.
Welche Oder wollen wir?

Eine der beeindruckendsten Fotoarbeiten über die Oder stammt aus den fünfziger Jahren. Sie zeigt, so der Titel des Zyklus, das »Leben auf den Kähnen«. Wir sehen Männer mit nacktem Oberkörper, die Kohle in die Kessel schaufeln, ernste Gesichter beim Manövrieren der schwerfälligen Oderkähne, atemberaubende Totalen von Schleppverbänden, denen die Oder eine ebenso atemberaubende Kulisse ist.

Doch das ist nicht das überraschende an diesen Bildern. Kaum vorstellbar ist heute, daß dieses Leben auf den Kähnen über Monate hinweg ein Familienleben war. Und doch zeigen sich uns Kapitäne und Matrosen, denen die Freude über Kind und Kegel ins Gesicht geschrieben steht. Auf einem Kahn hat ein Oderschiffer neben Frau und Tochter sogar zwei Säuglinge an Bord gebracht. Andächtig, als sei es das natürlichste auf einem Fluß, schauen die drei auf die Kleinen im Kinderwagen und Korb. »Im Sommer«, heißt es in einer Anmerkung zu diesem Foto, »werden die Oderkähne zu Wohnungen.«

Daß es sich beim Zyklus »Das Leben auf den Kähnen« um polnische Kapitäne und Kähne handelt, drängt sich auf

Die Bewohner von Neuwarp

Nach einer kurzen Rast in Trzebież und 30 einsamen Kilometern erreiche ich schließlich Nowe Warpno. Malerisch umschließt das Haff die Altstadt, der ganze Stolz von Nowe Warpno. Eine historische Stadt am Ende der Welt, damit hatte ich nicht gerechnet. Doch dann klärt mich Andrzej Kotula auf. »Neuwarp hat bereits im 14. Jahrhundert die Stadtrechte erhalten und ist von den Schweden zur Festung ausgebaut worden. Die hat ihre Aufgabe aber eher schlecht als recht erfüllt. Gleich mehrfach wurde die Festung niedergebrannt, die Bewohner flüchteten nach Altwarp und bauten die Stadt dort wieder auf.«

Es ist schwer vorstellbar, daß die Flüchtlinge damals nicht mit dem

Mieczysław Wróblewskis Fotografien zeigen Leben und Arbeit auf den Oderkähnen.

Im Sommer wurden die Schiffe zu Wohnungen. Im Winter ging es in die Winterhäfen

Schiff aufs andere Ufer des Neuwarpner Sees gefahren sind. Doch der Blick auf die Landkarte läßt keinen Zweifel aufkommen. Der Weg am Ufer des Sees entlang mag vielleicht zehn Kilometer zählen. Heute nimmt der Landweg über den Grenzübergang Linken-Lubieszyn über 100 Kilometer in Anspruch.

Vielleicht war meine Vorstellung aber auch davon geprägt, daß man mit Neuwarp und Altwarp heute vor allem Schiffsverkehr verbindet. »Seit 1995 verkehren die Schiffe der *Adler*-Reederei«, sagt Kotula, der vor ein paar Jahren von Stettin an dieses Ende der Welt gezogen ist. »Damals beschloß man, am kleinen Hafen von Neuwarp eine Zollstation einzurichten.« Danach gab es kein Halten mehr. Neuwarp wurde eines der Lieblingsziele

diesen Fotografien nicht in den Vordergrund. Es ist allenfalls beiläufig zu erkennen – am Kloster Lubiąż im Hintergrund oder am Abzeichen auf einer Kapitänsmütze. Die Oder, jener Fluß, der erst wenige Jahre zuvor polnisch geworden war, spiegelt in diesen Fotografien nichts von der Ideologie der »wiedergewonnenen Gebiete«, die die Texte von Historikern, Archäologen, Soziologen und Ethnologen dieser Zeit durchzieht. Die Botschaft der Bilder ist eine andere: Hier muß nicht mehr behauptet werden, hier wird bereits gearbeitet und gelebt. Willkommen auf der Oder, der wichtigsten Wasserstraße der jungen polnischen Volksrepublik.

Die Bilder vom Leben auf den Oderkähnen stammen von Mieczysław Wróblewski, einem Fotografen, der im Hauptberuf als Kapitän die Oder befuhr. Sie wären wahrscheinlich in Vergessenheit geraten, hätte sie nicht Stanisław Januszewski wiederentdeckt und in der Sammlung seines »Offenen Technikmuseums« in Breslau ausgestellt. Januszewski hat sich seit den achtziger Jahren der Erforschung der Technikgeschichte verschrieben, allerdings nicht als Histo-

Bald nach dem Krieg wurde die Oder zur wichtigsten Wasserstraße der Volksrepublik Polen.

Schleppverbände prägten das Bild der Oderschiffahrt bis in die 50er Jahre.

riker, der er von Beruf ist, sondern als Sammler und Spurensucher von Alltagsgegenständen und Zeugnissen aus der Arbeitswelt. Dabei geht es ihm nicht um die bloße Kultivierung der Vergangenheit, wie er sagt, sondern auch darum, aktuelle Fragen zu stellen. Für den Strom, der den Oderschiffern auf den Fotos von Mieczysław Wróblewski Alltag war, lautet die Frage: Welche Oder wollen wir?

Nirgendwo in Polen arbeitet man an der Beantwortung dieser Frage mit solchem Nachdruck wie am Plac Powstańców Warszawy in Breslau. Im weitläufigen Gebäude der niederschlesischen Woiwodschaftsverwaltung hat ein Mann seinen Sitz genommen, der im Auftrag Warschaus gekommen ist. Sein Name ist Zbigniew Dubniański. Seine Mission: Beauftragter der polnischen Regierung für das »Programm für die Oder 2006«. Es sind andere Bilder als die vom »Leben auf den Kähnen«, die in den Fluren vor den Büros von Dubniański und seinen Mitarbeitern hängen. Zu sehen sind Luftaufnahmen von Stauwerken, Überlaufkanälen, Schleusen – Bilder

der deutschen Schnäppchenjäger, die mit den Butterschiffen aus Altwarp zu Hunderten kamen. Und es wurde zu einer reichen Gemeinde. Überall entstanden Basarstände, Geschäfte, Fischbratereien und Pensionen, sogar ein Nachtklub wurde im bis dahin beschaulichen Fischerdörfchen eröffnet. Neuwarp war nicht mehr am Ende der Welt, sondern eine Grenzstadt zur Bundesrepublik.

Die ist es bis heute noch, meint Kotula und freut sich, daß die Adler-Reederei den Fährbetrieb mit Altwarp auch nach dem 1. Mai 2004 aufrechterhalten hat. Nach dem polnischen EU-Beitritt und dem Aus für die Butterfahrten hofft Kotula nun auf die richtigen Touristen. Und auf die Heimattouristen. Kaum war er nach Nowe Warpno gezogen, begann sich Kotula nicht mehr nur mit der Geschichte seiner Stadt zu beschäftigen, sondern auch Kontakt aufzunehmen zu ihren alten Bewohnern. Sein nächstes Ziel: die Altneuwarpner und die Neuwarpner zusammenzubringen.

Der Schmetterling

Vielleicht, denke ich – da bin ich schon auf der deutschen Seite –, erklärt der Blick auf die Landkarte nicht alles. Abgesehen von der rotgestrichelten Linie, die die Staatsgrenze markiert, macht das Stettiner Haff auf der Karte, die mir Kotula zum Abschied geschenkt hat, keinen einer kanalisierten Oder, die dem Betrachter suggerieren: Hier ist einer gekommen, der eine Vision hat, einer, der das gewaltige Werk von Menschenhand, dessen Vollendung der Krieg verhindert hatte, am liebsten heute als morgen fortsetzen würde. Dann vielleicht, so die Botschaft der Bilder, wird wieder ein Leben auf den Kähnen möglich sein, auch wenn es keine Kähne mehr sind, die die Oder befahren, sondern Motorgüterschiffe und große Schubverbände.

Im Büro von Zbigniew Dubniański hängen allerdings keine Bilder, hier stehen Aktenordner, schrumpft die Vision augenblicklich zum Verwaltungsakt. Auch persönlich wirkt Dubniański nicht wie einer, dessen Arbeit kurz vor der Vollendung steht. »Das Oderprogramm wird 2006 nicht zu Ende sein, obwohl es so heißt«, sagt er. »Es ist vielmehr auf Jahrzehnte angelegt.« Dann beginnt er aufzuzählen, was in diesen Jahrzehnten bewerkstelligt werden soll: ein neues, gigantisches Staubauwerk in Ratibor, der Überflutungskanal in Oppeln, der Bau neuer Retentionsflächen, darunter auch neuer Polder, die Instandsetzung und der Ausbau der Deiche, die Wiederaufforstung im Einzugsgebiet der Quelloder, die Fertigstellung der Staustufe Malczyce, die Planung der nächsten Staustufe in Lubiąż.

Der leibhaftige Nachfolger Friedrichs des Großen, des ersten Architekten einer neuen Oder, ist Dubniański tatsächlich nicht, eher ist er der Moderator eines Vorhabens, von dem jeder weiß, daß es ein paar Nummern zu groß ist, chronisch unterfinanziert und in seinen Zielsetzungen oft widersprüchlich. »In das Programm gingen von Anfang an zwei verschiedene Vorstellungen ein«, räumt Dubniański ein. »Mein Vorgänger als Regierungsbeauftragter betonte eher den technischen Aspekt des Hochwasserschutzes und der Wasserwirtschaft, der polnische Umweltminister dagegen die Notwendigkeit der ökologischen Entwicklung. Das Ergebnis ist also ein Kompromiß.«

Tatsächlich besteht das nach der Jahrhundertflut 1997 aus

Die Oder, wie sie sich die Wasserbauer vorstellen: das Wehr Bartoszowice in Breslau.

der Taufe gehobene und 2001 vom polnischen Sejm verabschiedete Oderprogramm aus drei nebeneinander existierenden Bestandteilen: dem technischen und naturnahen Hochwasserschutz, der Energiegewinnung sowie der Instandhaltung und dem Ausbau der Oder als Wasserstraße. Daß die beiden erstgenannten Ziele den Großteil der veranschlagten drei Milliarden Euro verschlingen werden und damit wenig Geld bleibt, um die Schiffahrtsbedingungen auf der Oder zu verbessern, weiß auch Dubniański. Die Staustufe in Malczyce, hofft er, wird 2009 fertig. Ob die nächste Stufe in Lubiąż gebaut wird, steht noch in den Sternen. Auch ein Regierungsbeauftragter kann heute keine Flüsse mehr versetzen.

Die Grenzoder als Paradies für Schnäppchenjäger ...

geteilten Eindruck mehr. Viel faszinierender als die Grenze ist ohnehin die Topographie, die das Haff und die ihm vorgelagerten Inseln Usedom und Wollin hervorbringt. Wie ein Schmetterling sehen die beiden Inseln auf der Landkarte aus, ein Schmetterling im Fluge. Und sind die Mündungsarme der Oder, der Peenestrom, die Swine und die Dievenow nicht im Begriff, diesen Schmetterling zu umarmen? Flüsse, heißt es, sind die Verlängerungen des Meeres ins Land. Im Oderdelta sind Oderstrom und Ostsee auf Distanz zueinander gegangen, und im Haff haben sie einen großen Binnensee gefunden, der genau über der Einhaltung des fragilen Gleichgewichts wacht. Selbst das Wasser ist hier eine Mischung aus salzigem Seewasser und dem Süßwasser des Oderstroms.

Welche Oder wollen wir? Welche Zukunft für einen Fluß, dessen Geschichte ebenso viele Tiefen und Untiefen aufweist wie seine Schiffahrt? Ist die Vision von Zbigniew Dubniański, dem Beauftragten der polnischen Regierung für das Oderprogramm, reif für die Wirklichkeit? Oder wollen wir eine ganz andere Oder, kein Leben auf den Kähnen mehr, sondern einen Fluß, der zwischen Brzeg Dolny und Hohensaaten noch immer frei fließt und damit einer der letzten naturnahen Flüsse in Europa ist?

Oder stellen sich Fragen wie diese gar nicht mehr? Daß das Oderprogramm mehr Schein als Sein ist, glaubt Arkadiusz Förster schon lange. Förster ist Kommunikationschef der Odratrans, der größten Reederei in Polen, das war sie schon zu Zeiten der Volksrepublik. Damals hieß die Firma »Żegluga na Odrze« und betrieb Kähne wie die »Jarowid«, deren Alltagsleben Mieczysław Wróblewski so eindrucksvoll festgehalten hat. Das »Ż« trägt die neue Aktiengesellschaft noch heute auf dem Firmenemblem.

Ihren Firmensitz hat die Reederei, die 351 Kähne und Küstenschiffe unter der Flagge mit dem »Ż« fahren läßt, am städtischen Hafen von Breslau in der ulica Kleczkowska 50. »Breslau ist vor Malczyce und Koźle der größte Binnenhafen an der polnischen Oder«, sagt Förster mit einigem Stolz, »doch der Güterumschlag geht Jahr für Jahr zurück. Der Großteil der Kähne fährt nur noch von Oberschlesien nach Breslau, die zweite Strecke ist Stettin–Berlin. Auf der frei fließenden Oder dazwischen findet kaum noch Binnenschiffahrt statt, der Wasserstand erlaubt es nicht.«

Dies vor Augen, hat Förster wenig Hoffnung in das »Programm für die Oder 2006«. »Größer könnte der Widerspruch doch nicht sein«, sagt er resigniert. »Auf der einen Seite wird der Ausbau der Wasserstraße versprochen, auf der anderen Seite gehen die Investitionen in den Wasserbau Jahr für Jahr um 20 Prozent zurück.« Eine Zeitlang, auch Förster weiß es, konnte das gutgehen. Nicht nur die Fotos von

Mieczysław Wróblewski geben Zeugnis von einer Renaissance der Oderschiffahrt nach dem Zweiten Weltkrieg, sondern auch die Statistik. Jahr für Jahr stieg das Transportaufkommen der polnischen Reeder, bis es 1980 wieder den Höchststand erreicht hatte, die die deutsche Oderschiffahrt 1914 verzeichnen konnte: 15 Millionen Tonnen im Jahr.

Doch dann ging es rapide bergab, die mangelnde Instandsetzung der Wasserstraße forderte ihren Tribut. »Heute werden in ganz Polen nur noch sieben Millionen Tonnen transportiert.« Förster hat die Zahlen im Kopf, und er formuliert sie zur Anklage. »Sieben Millionen Tonnen, das sind 0,6 Prozent des gesamten Gütertransports in Polen. Andere Länder haben dagegen erkannt, daß die Binnenschiffahrt der umweltfreundlichste Transportweg ist. In den Niederlanden hat der Transport auf den Wasserstraßen einen Anteil von 46 Prozent. Auf dem Rhein beträgt die jährliche Transportmenge 200 Millionen Tonnen.«

Arkadiusz Förster macht keinen Hehl daraus, daß Odratrans inzwischen die Konsequenzen gezogen hat. »Natürlich sind wir für den Ausbau der Oder, aber wir können nicht warten, bis endlich etwas passiert. Den großen Teil unseres Umsatzes machen wir heute nicht mehr auf der Oder, sondern in Westeuropa, auf der Elbe, auf dem Rhein, auf der Mosel.« Nicht das Jahr 2006 ist demnach das entscheidende Jahr für Försters Reederei, es war der 1. Mai 2004. Mit dem Beitritt Polens zur Europäischen Union fiel auch das sogenannte Kabotageverbot. »Früher durften wir mit unserer Ladung zum Beispiel von Stettin nach Rotterdam fahren, dort löschen, neue Ladung aufnehmen und wieder nach Polen zurück. Heute können wir auch Güter von Rotterdam nach Amsterdam transportieren, wir müssen also gar nicht mehr nach Polen zurück. Westeuropa ist auch unser Markt geworden.«

Während Haushalter und Wasserbauer noch über den Ausbau der Oder streiten, hat Polens größte Reederei ihr Urteil

… gehört seit dem polnischen EU-Beitritt der Vergangenheit an.

Das freilich ist, gerade im Sommer, nicht immer von Vorteil. Wegen der Nährstoffeinfuhr aus der Ostsee kommt es nicht selten zu Algenbildung, und das Wasser nimmt eine bräunliche Färbung an, die so manchem Touristen die Lust am Baden nimmt. Die 1999 gegründete Internationale Kommission zum Schutz der Oder hat deshalb ein Küstenzonenmanagement ins Leben gerufen, das die Zufuhr von Schadstoffen reduzieren und die Entwicklung eines nachhaltigen Tourismus am Haff befördern soll. Auch die deutschen und polnischen Planer haben das Potential entdeckt, das das Haff darstellt, wenn es erst einmal aus der Randlage, auch der in den Köpfen, heraus ist.

Der Blick auf die Landkarte – ich kann ihn nicht lassen – verheißt in

Das Oderprogramm 2006 umfaßt auch den Hochwasserschutz: im Bild die Oder und der Oderkanal in Opole/Oppeln

längst gefällt. Sie hat die Oder aufgegeben. Was aber ist die Zukunft der Oder, wenn nicht die einer Wasserstraße?

In der ulica Białoskórnicza 26 in Breslau herrscht wie immer geschäftiges Treiben. In dem kleinen zweistöckigen Haus, das sich einmal an die Breslauer Stadtmauer duckte und nach dem Krieg wiederaufgebaut wurde, hat die »Niederschlesische Stiftung für ökologische Entwicklung« ein paar Büroräume gefunden. Anders als in den Büroräumen von Zbigniew Dubniański oder der Firma Odratrans verkehren hier keine Oderbeauftragten in Schlips und Kragen, sondern in Wollpullovern und Jeans. »Ökologie und Naturschutz, das sind auch in Polen die Themen der Zukunft, vor allem an der Oder«, sagt Krzysztof Smolnicki, der Geschäftsführer der Stiftung. »Aus der Wasserstraße ist inzwischen ein Naturraum geworden, der in Europa seinesgleichen sucht«, freut er sich und fängt an aufzuzählen: die Grenzmäander an der tschechisch-polnischen Grenze, die Auenwälder und Altarme zwischen Brzeg Dolny und Glogau, das Schwemmland zwischen Cigacice und Krosno und natürlich die Oder an der polnisch-deutschen Grenze, die über 40 Jahre lang sich selbst überlassen war und von der Natur nach und nach zurückerobert wurde. Insgesamt 43 schützenswerte Gebiete hat Smolnickis Stiftung mit dem polnischen WWF zusammengetragen. Sie alle sollen von der polnischen Regierung als sogenannte Natura-2000-Gebiete an die Europäische Union gemeldet werden. Mit diesem Netzwerk von Schutzgebieten will Brüssel Lebensräume und Arten schützen, die wichtig für den Erhalt der biologischen Vielfalt in Europa sind.

Smolnicki sitzt im Besprechungsraum im Keller der ulica Białoskórnicza und zeigt die Natura-2000-Broschüre, die seine Stiftung zusammen mit dem WWF herausgegeben hat. Das ambitionierteste Unterfangen der beiden Umweltschutzorganisationen ist allerdings der Oderauenatlas. In diesem ebenso umfangreichen wie kleinteiligen Kartenwerk wird die Schutzbedürftigkeit der jeweiligen Naturräume nachgewiesen, von der Oderquelle in Tschechien bis zu den Mündungsflüssen in die Ostsee. Mit ihren Aktivitäten haben die Umweltschützer den Oderraum als gemeinsamen tschechischen, polnischen und deutschen Raum ins Bewußtsein gerückt. Nicht zuletzt deshalb sieht Smolnicki den Naturschutz an der Oder als europäisches Thema. In der ulica Białoskórnicza werden die polnischen Aktivitäten im tschechisch-polnisch-deutschen Aktionsbündnis »Zeit für die Oder« koordiniert. Und der Titel der Natura-2000-Broschüre von Smolnickis Stiftung und dem WWF lautet: »Mit der Oder nach Europa«.

diesem Falle folgende Sehenswürdigkeiten: die ausgedehnten Wälder und Heiden auf der Südseite des Haffs, die Städte Wolin und Kamień Pomorski links und rechts der Dziwna/Dievenow, der Nationalpark Wolin mit seinem Wisenreservaten und der Steilküste, das wieder in Schwung gekommene Seebad Międzyzdroje, die Hafenstadt Świnoujście, die Kaiserbäder auf Usedom, Wolgast, die Stadt der Windmühlen und schließlich das wunderbare deutsche Haffstädtchen Ueckermünde, von wo aus der Weg nach Altwarp führt. Ans Ende der Welt?

Auf der Suche nach Vineta

Meine Flußreise auf der Oder neigt sich dem Ende entgegen. Ein Rätsel aber gilt es noch zu lösen. Die Quelle der Oder kenne ich nun, auch die Städte, die an ihr liegen, die tschechischen, die polnischen und deutschen und auch die deutsch-polnischen. Wo aber ist ihre Mündung? Wo dieser Mündungsarm, den der deutsche Geograph Adam von Bremen als den Ort beschrieb, an dem das sagenhafte Vineta gelegen hat, die reichste Stadt des Abendlandes, die slawische Metropole an der Oder.

Vineta war das Atlantis der Ostsee, ein Mythos, der die Dichter und Künstler bis heute beschäftigt. Sechs Vineta-Opern wurden bereits komponiert; auf Usedom finden alljährlich

Vineta-Festspiele statt; Vineta war der Vorwand, mit dem der Dokumentarfilmer Volker Koepp noch vor dem Fall der Mauer einer anderen Ruine, der DDR, auf die Spur kommen wollte. Die Vinetasage gibt aber nicht nur Stoff für Spektakel, sie sagt auch etwas aus über die christliche Aneignung des ehemals heidnischen Oderraums.

Das Märchen von Vineta könnte man so beginnen lassen: »Es war einmal eine sehr reiche Stadt. Die Stadt hieß Vineta, und mit dem Wohlstand wurden die Bewohner hochmütig und verschwenderisch.« Weil Hochmut und Verschwendungssucht in Märchen bestraft werden müssen, nahm das Unheil alsbald seinen Lauf. »In einer stürmischen Novembernacht brach eine gewaltige Sturmflut los. Vineta versank im Meer, und seitdem hört man an Ostersonntagen die Glocken der Stadt dumpf aus dem Wasser hervorklingen.« Alle hundert Jahre, endet das Märchen, tauche die unglückliche Stadt aus dem Meer, um vielleicht von einem Sonntagskinde erlöst zu werden. Bislang ohne Erfolg.

Soweit die Sage, ein christliches Lehrstück gegen die ungläubige und unglaublich reiche Slawenstadt. Daß Vineta nicht wegen des Unglaubens seiner Bewohner zerstört wurde, sondern weil die Dänen, Ende des 12. Jahrhunderts ihre Herrschaft über den Ostseeraum durch einen Kriegszug ausgedehnt haben – geschenkt.

Die Ökologen haben die Frage beantwortet, welche Oder sie wollen: einen naturnahen Flußraum, dessen Schönheit auch die Grundlage für die Entwicklung eines sanften Tourismus ist. Und der bringt andere Bilder hervor als die von stolzen Oderkapitänen und gigantischen Stauwerken. Zum Beispiel die von Grzegorz Bobrowicz. In den Räumen der Niederschlesischen Stiftung für ökologische Entwicklung sind sie allgegenwärtig. Zu sehen sind Seeadler, Schwarzstörche, Napoleoneichen, Lerchensporn, Bläulinge, Eisvögel und immer wieder die Auenlandschaft, die manch einen schon dazu hingerissen haben, die Oder mit dem Amazonas zu vergleichen. Ist nach den Träumen der Wasserbauer nun also die Zeit der Träume von Naturschützern und Ornithologen gekommen?

Nachdem im Juli 1997 die Wassermassen der Oder ganze Städte und Landschaften unter sich begraben und nahezu 100 Menschen in den Tod gerissen hatten, stand zunächst eine andere Frage auf der Tagesordnung. Sie lautete: Welche Oder wollen wir auf keinen Fall? Die Bilder der Jahrhundertflut sind noch heute in frischer Erinnerung, und sie haben sich eingeschrieben ins kollektive Gedächtnis vom »wilden Fluß«. Wie an vielen Orten an der Oder hängt im Hotel Polonia in Ratibor noch immer ein Foto der Oderflut. Bis zum Tresen der Rezeption war das Hochwasser 1997 gekommen. Unvorstellbar ist das, auch heute noch. Und dennoch ist es das Datum, an das sich die Rezeptionistin erinnert, wenn sie an die Oder denkt. »Ansonsten«, räumt sie ein, »schenkt man dem Fluß wenig Aufmerksamkeit, er fließt durch die Stadt, aber was haben wir sonst mit Breslau oder Stettin zu tun?«

So hatte die Oderflut von 1997, jene vielleicht wichtigste Zäsur in der Biographie des Flusses seit 1945, auch ihr Positives. Sie warf nicht nur die Frage auf, welche Oder man in Zukunft wollte, sie machte diese Frage zur Aufgabe, der sich Tschechen, Polen und Deutsche gleichermaßen zu stellen hatten. Mit dem Hochwasser von 1997 begann die Geschichte der Oder als europäischer Fluß und damit auch das weite Feld der Vergleiche. Wollte man die Oder wie die Weichsel, naturnah und romantisch, über drei Viertel des Jahres allerdings nicht schiffbar? Oder sollte sich die Oder, einmal mehr, am Rhein orientieren, dieser Autobahn für Binnenschiffer, die man begradigt und kanalisiert hat wie kaum einen anderen Strom in Europa? War nicht die Elbe der Oder am ehesten ein Maßstab, ein Strom mit Tiefen und Untiefen, vor allem aber mit herrlichen Auenwäldern und naturnahen Flußlandschaften? Ein Paradies nicht mehr für die Binnenschiffer, sondern für Radfahrer und Erholungssuchende?

Mit der Oder als europäischem Fluß beschäftigen sich seitdem aber nicht nur tschechische, polnische und deutsche Regierungsbeamte und Umweltschützer, sondern auch die Verkehrsexperten in Brüssel. Noch bevor mit den Verhandlungen über eine Erweiterung der Europäischen Union begonnen wurde, hatte die Europäische Kommission im April 1994 Leitlinien für den Aufbau eines transeuropäischen Verkehrsnetzes (TEN-V) vorgelegt. Auch in Brüssel wußte man, daß mit offenen Grenzen und zunehmendem LKW-Verkehr der Kollaps auf den Straßen drohte. Schnelle und leistungsfähige Autobahnen, Schienenwege und Wasserstraßen schienen daher der beste Weg, die Verkehrsströme in geordnete Bahnen zu lenken.

Für die damalige Bundesregierung begann damit ein Wettlauf mit der Zeit, schließlich galt es, so viele Verkehrstrassen wie möglich im Brüsseler Programm unterzubringen. Oberste Priorität hatte dabei das Verkehrsprojekt Deutsche Einheit Nummer 17, der Ausbau des Mittellandkanals und des Elbe-Havel-Kanals von Hannover bis Berlin. Als »europäisch« galt dieses Vorhaben deshalb, weil im weiteren Verlauf über den Oder-Havel-Kanal auch das polnische Stettin an die Wasserstraße angeschlossen werden sollte. Eine

Wo aber lag der mythische Ort der Oder und der Ostsee? Im Grunde gab es nur drei Möglichkeiten. Die Inseln Usedom und Wollin, die dem Stettiner Haff vorgelagert sind, lassen dem Wasser an drei Stellen einen Weg in die Ostsee. Ganz im Westen liegt der Peenestrom, der Usedom vom vorpommerschen Festland trennt. In der Mitte scheidet die Swine die beiden Inseln und im Osten die Dievenow Wollin vom westpommerschen Küstengebiet. Drei Möglichkeiten, das scheint mir überschaubar, zumal eine Expedition zum sagenhaften Vineta zugleich eine Reise ans Ende des Oderlaufs ist. Welche Mündung Adam von Bremen auch gemeint hat, an ihrem Ende war das Meer, die Ostsee, das Baltische Meer, wie es die Polen nennen.

Vineta in Peenemünde?

Lag Vineta am Peenestrom? Zunächst einmal liegt am Peenestrom Peenemünde, eines der Rüstungszentren der Nationalsozialisten. 1936 war die »Heeresversuchsanstalt« gegründet worden, in der bereits erste Raketenversuche gestartet wurden. Später, da hatte sich das Blatt des Kriegs schon gegen seine Urheber gewendet, sollte in Peenemünde die »Vergeltungswaffe« V2 gebaut werden, die den Deutschen noch im letzten Moment den »Endsieg« garantieren sollte. Mit Vineta hatte all dies nicht zu tun, allenfalls

Zur Oder als Geschichtslandschaft gehören auch zahlreiche Ruinen wie diese in Uraz.

Schiffahrtsverbindung von Rotterdam bis Stettin, nicht übers Meer von der Nord- zur Ostsee, sondern mitten durchs Land, das war ganz nach dem Geschmack der Binnenschiffer und ihrer Lobby in den Wasser- und Schiffahrtsämtern des Bundes. Daß die Binnenschiffahrt nicht nur in Polen, sondern auch in Deutschland rückläufig und der gerade fertiggestellte Rhein-Main-Donau-Kanal ein wirtschaftlicher Flop war, störte die Lobbyisten wenig.

Doch schon ein Jahr später kam der Rückschlag. Unter den 14 Verkehrsprojekten, die die Brüsseler Kommission 1995 in ihre Prioritätenliste aufnahm, waren zwar zahlreiche Ost-West-Verbindungen über den ehemaligen Eisernen Vorhang hinweg. Der Schiffahrtsweg zur Oder aber fehlte. Er sollte, hieß es vage, von weiteren Prüfungen abhängig gemacht werden. Das ist mittlerweile zehn Jahre her, doch an der Priorität der Europäischen Union hat sich wenig geändert. An der Politik der Bundesregierung allerdings auch nicht. Das Verkehrsprojekt Deutsche Einheit zwischen Hannover und Berlin ist weitgehend vollendet, nun steht der Weiterbau zur Oder auf dem Programm. Und der bedeutet nicht nur den Bau eines völlig neuen Schiffshebewerkes bei Niederfinow, sondern auch den Ausbau der Hohensaaten-Friedrichsthaler-Wasserstraße. Nicht mehr das Breslauer Maßschiff ist nun das Maß aller Oderdinge, sondern die »Wasserstraßenklasse V-a« für Schubverbände und Großmotorschiffe mit einer Länge von 110 und einer Breite von 11,40 Metern. Das ist schließlich europäische Norm, lautet das Argument.

Europäische Normen bestehen allerdings auch für den Naturschutz. Der wäre von einem solchen Ausbau massiv betroffen. Die Hohensaaten-Friedrichsthaler-Wasserstraße führt nämlich mitten durch die Kernzone des Nationalparks Unteres Odertal. Und der ist seit seiner Gründung 1995 zum Symbol für den Schutz der naturnahen Oder an der deutsch-polnischen Grenze geworden. Um den Ausbau zu verhindern, hat sich das tschechisch-polnisch-deutsche Umweltbündnis »Zeit für die Oder« deshalb an die Europäische Union gewandt. Sowohl der Ausbau der Havel-Oder-Wasserstraße als auch der Bau einer neuen Staustufe bei Lubiąż würden den Zielen des Naturschutzes widersprechen. So steht man nun auch in Brüssel vor der Frage: Welche Oder wollen wir?

Und dort kann sie ebensowenig beantwortet werden wie in Berlin und Warschau. Auf der einen Seite treibt die EU-Kommission die Ausweisung von schützenswerten Natura-2000-Gebieten voran, auf der andern verfolgt sie einen Traum, der mit dem Ausbau der Oder längst nicht zu Ende wäre. Wie schon Karl der Große erwägen auch die Brüsseler Verkehrsplaner den Bau einer Verbindung von Elbe und Oder zur Donau. Dieser 1 600 Kilometer lange Doppelkanal durch Tschechien, die Slowakei und Österreich würde zwar, wie es der Publizist Ernst Paul Dörfler ausgerechnet hat, den Bau von 80 Staustufen, zwei bis drei Schiffshebewerken, zwei bis drei Tunneln und ein oder zwei Kanalbrücken bedeuten. Doch dann wären Elbe und Oder endlich mit dem Schwarzen Meer verbunden. Manchmal können aus Träumen auch Hirngespinste werden.

In Frankfurt (Oder) weiß man dies schon lange, dort ist die Zeit der Träume mit dem Aus für die Chipfabrik zu Ende gegangen, seitdem ist Frankfurt aufgeschlagen in der Wirklichkeit. Keiner hat das so eindrucksvoll in Szene gesetzt wie der Filmemacher Hans-Christian Schmid in seinem Kinofilm »Lichter«. Die Träume, von denen dieser Film erzählt, drehen sich nicht mehr um Erfolg, sondern einzig darum, ein vorzeitiges Scheitern zu verhindern, in Frankfurt wie auch in Słubice auf der andere Seite der Oder.

Mitunter ist die Stadt der Wirklichkeit aber auch ein Stück voraus. Während man in Berlin, Breslau und Stettin noch vom »europäischen« Leben auf den Kähnen träumt, hat

Herbst im Niederoderbruch zwischen Oderberg und Freienwalde

mit dem Hochmut, den man ihm zugeschrieben hat.

Gleichwohl ist Vineta nicht weit von Peenemünde entfernt. Zumindest nicht in Gestalt seiner touristischen Inszenierung. Jedes Jahr zu Ostern läßt das Seebad Koserow die Vinetaglocken klingen, denn in Koserow ist man sich sicher: Wir sind Vineta. Nun ist es aber so, daß Koserow zwar an der Ostsee liegt, nicht aber am Peenestrom, mithin an keiner Odermündung. Ach was, erklärt man mir am Strand. Mit der Geschichte hat sich auch die Beschaffenheit des Mündungsraums verändert. Auf einer Landenge zwischen Achterwasser und Pommerscher Bucht gelegen, könne der Peenestrom auch bei Koserow in die Ostsee gemündet sein.

Nicht nur Berge versetzt der Glaube also, sondern auch Flüsse. Was Peenemünde betrifft, so ist es übrigens tatsächlich versetzt worden. Weil die Preußen nach der Eroberung Usedoms und Wollins im 18. Jahrhundert keine Zölle an die Schweden zahlen wollten, die noch immer das vorpommersche Festland mit Wolgast beherrschten, wurde Peenemünde als Hafen aufgegeben, und ein anderer trat an seine Stelle – Swinemünde.

Variante Swinemünde

Swinemünde also, die Stadt am mittleren Oderabfluß, der preußische Hafen, der dort im 18. Jahrhundert gebaut wurde. Dazu war es zunächst erforderlich, die Swine schiffbar zu machen. In Swinemünde wiederholt sich damit die Geschichte von Trockenlegung, Damm- und Deichbau unter Friedrich dem Großen, die ja die Geschichte des gesamten Oderraums ist. Selbst Siedler aus dem Ausland ließ der Preußenkönig ins neue Hafenstädtchen an der Ostsee kommen.

Den Aufstieg zur Hafenstadt kann man am Plac Słowianski, dem Slawenplatz in Świnoujście, beobachten. Ich stehe am Kai, hinter mir das Schiffahrts- und Fischereimuseum, vor mir die Hafendocks. Zusammen mit Stettin ist Świnoujście heute nach Gdynia/Gdingen der wichtigste polnische Hafen. Deshalb haben die polnischen

Frankfurt, die Stadt, die dem Namen nach noch an der Oder liegt, der die Wasserstraße aber längst abhanden kam, das Zeitalter nach der Binnenschiffahrt eingeläutet. Tourismus lautet seitdem das Zauberwort. Unweit des Ziegenwerder ist der neue Bootsanleger schon fertig, nicht nur Sportboote können dort halten, sondern auch Ausflugsschiffe wie die »MS Fürstenberg«. Sechsmal die Woche legt die »Fürstenberg« von Frankfurt ab, dann geht es flußauf zur »Steilen Wand« oder flußab nach Lebus. Zweimal im Monat fährt die Fürstenberg sogar nach Krosno Odrzańskie und nach Kostrzyn auf der polnischen Seite. Man will etwas abhaben in Frankfurt vom Trend auf den deutschen Flüssen. Immer weniger Beschäftigten in der Binnenschiffahrt stehen immer mehr Jobs bei der Fahrgastschiffahrt entgegen.

Nicht umsonst erinnert man sich in Frankfurt wieder gerne an die Schilderungen Theodor Fontanes. In seinen »Wanderungen durch die Mark Brandenburg« heißt es über die Passagier- und Touristenschiffahrt auf der Oder:

»Die Passagierboote gehen von Frankfurt aus zweimal wöchentlich, Mittwoch und Sonnabend, und machen die Fahrt nach Küstrin in zwei, nach Schwedt in acht, nach Stettin in zehn Stunden.«

Fontane wußte aber auch um die Schwierigkeiten, die die Oder nicht nur der Binnen-, sondern auch der Fahrgastschiffahrt aufgab. Die Benutzung der Schiffsverbindungen, schrieb er, »erfolgt mehr stationsweise und auf kleineren Strecken als für die ganze Tour«. Grund für diese »stationsweise« Nutzung war zum einen die Konkurrenz durch die Eisenbahn, die die Reisenden, so Fontane, »eher und sicherer ans Ziel führt«. Das weitaus größere Hindernis für die Oderschiffahrt waren aber die natürlichen Schwankungen des Wasserstandes, »und zwar um so mehr, als es bei niedrigem Wasserstande vorkommt, daß die Fahrt auf Stunden unterbrochen oder gar wohl ganz eingestellt werden muß. Die Regulierung des Oderbetts, ein in den Zeitungen ste-

Flußkreuzfahrt im schwimmenden Luxushotel »Frédéric Chopin«

hend gewordener Artikel, würde diesem Übelstande vielleicht abhelfen und eine Konkurrenz der Dampfschiffe mit der Eisenbahn möglich machen. Damit hat es aber noch gute Wege; Flußregulierungen sind nicht unsere starke Seite, und so werden sich die beiden Passagierboote, die jetzt das Bedürfnis decken, noch längere Zeit mit dem Publikum behelfen müssen, das jetzt zu ihnen hält.«

Deutlicher hätte die Ökonomie der Passagierschiffahrt auch heute nicht beschrieben werden können. Dies gilt ebenso für das »Publikum«, von dem Fontane sagte, daß man nicht umhinkomme, sich mit ihm behelfen zu müssen:

»Dies Publikum, wenn auch nicht zahlreich, ist immerhin mannigfach genug. Tagelöhner, die auf die Güter, Handwer-

Kommunisten während der Potsdamer Konferenz Josef Stalin auch überreden können, die künftige Grenze zu Deutschland in diesem Grenzabschnitt nicht entlang der Oder und der Swine, sondern westlich von Stettin und Swinemünde verlaufen zu lassen. Für die heutigen Bewohner ist das allerdings etwas mißlich. Die Innenstadt von Świnoujście liegt nämlich am westlichen Swineufer. Um nach Stettin zu kommen, müssen die Autofahrer also über die Swine setzen, mit einer Fähre. Die fährt zwar umsonst, aber es dauert. Aber auch auf der westlichen Seite ist Schluß. Der Grenzübergang Świnoujście-Ahlbeck ist den Fußgängern vorbehalten. So ist Świnoujście heute als Hafenstadt das Tor zur Welt. Für die Autofahrer ist es eine Insel.

Über Vineta habe ich nichts in Erfahrung bringen können in Świnoujście, wohl aber über die weitere Entwicklung der Stadt unter den Preußen. Als nach dem Wiener Kongreß 1815 auch Vorpommern und Wolgast an die Preußen fielen, war der neue Hafen in Swinemünde eigentlich bedeutungslos. Daß er dennoch ausgebaut wurde, lag wohl daran, daß die Stettiner Reeder inzwischen die Zeitersparnis geschätzt haben, die der Weg über die Swine in die Ostsee bedeutete. Dieser Weg ließ sich sogar noch verkürzen. Statt über Lebbin und die Alte Swine sollte der Weg nun direkt vom Haff ins Meer führen. Zum Durchbruch im wahrsten Sinne des

ker, die zu Markte ziehen, dazu Kaufleute und Gutsbesitzer, auch gelegentlich Badereisende, besonders solche, die in den schlesischen Bädern waren. Nur eine Klasse fehlt, der man sonst wohl auf den Flußdampfern unserer Heimat, besonders im Westen und Süden zu begegnen pflegt: der Tourist vom Fach, der eigentliche Reisende, der keinen andern Zweck verfolgt, als Land und Leute kennenzulernen.«

Nach diesem »Touristen vom Fache« suchen die Reeder an der Oder heute noch, allein er hat sich bislang nicht blicken lassen. Als die Butterschiffe mit ihren zollfreien Schnäppchen nach dem EU-Beitritt Polens am 1. Mai 2004 ihren Betrieb einstellen mußten, brach die Fahrgastschifffahrt auf der unteren Oder zusammen. Die Reederei Adler, die die Schnäppchenjäger von Gartz nach Stettin und zurück fuhr und mit Preisen »billiger als in Polen« geworben hatte, mußte ihre Oderschiffe verkaufen oder anderweitig einsetzten. Nun fahren sie auf der Nord- und auf der Ostsee. Auf der polnischen Seite hielt die Nachfrage ebenfalls nicht mit dem Angebot stand. Das »Wodolot«, ein Schnellboot, mit dem man von Stettin nach Swinemünde fahren konnte, ist inzwischen eingestellt. Nun heißt es wieder, mit dem Auto und dem Zug zu reisen. Nicht mehr eine knappe Stunde liegt Stettin vom Meer entfernt, sondern fast zwei Stunden.

Einen Ausweg aus diesem Dilemma schien vor einigen Jahren die im holsteinischen Neustadt ansässige Reederei Deilmann gefunden zu haben. Im März 2002 wurde das neueste Flußkreuzfahrtschiff der Reederei auf den Namen »MS Chopin« getauft und ging auf der Oder auf Jungfernfahrt. Seinem Optimismus gab Reeder Peter Deilmann damals wortreich Ausdruck: »Wenn ich ein neues Schiff für das Fahrtgebiet Oder in Auftrag gebe, dann muß der Name zu dieser Region passen. Daher fiel der Name auf das polnische Musikgenie Frédéric Chopin, gefeierter Pianist des 19. Jahrhunderts und als Klavierkomponist Schöpfer einer neuen Epoche. Aber es muß auch die Taufpatin zu einem Schiff mit diesem Namen und diesem Einsatzgebiet passen. Die Oder, lange Zeit Grenzfluß zwischen politischen Welten, kann nun ihrer neuen Bestimmung als Verbindung zwischen Polen und Deutschland gerecht werden.«

Unterstützt wurde Deilmanns Optimismus von Studien, die namentlich der Flußkreuzfahrt eine große Zukunft versprachen. »Flußreisen liegen voll im Trend«, heißt es in einem Gutachten der Premicon AG. »Ob Reiseberichte in Zeitungen und Zeitschriften, Musiksendungen von Bord im Fernsehen, Fernsehserien rund um Flußkreuzfahrtschiffe oder kommerzielle Werbung für die Flußkreuzfahrten in Printmedien, Funk und Fernsehen – die Aufmerksamkeit in den Medien gibt den deutlichen Nachfrageanstieg und das zunehmende Interesse für Flußreisen von seiten der Touristen wieder.«

Als die »MS Chopin« auf ihrer Jungfernfahrt am 29. März 2002 in Frankfurt (Oder) eintraf, war die Begeisterung riesengroß. Die Medien schwärmten vom »Fünf-Sterne-Hotel auf der Oder«, rühmten den Luxus der 40 Kabinen und die exquisite Ausstattung der Flußkreuzers mit Restaurant, Lounge, Bibliothek und Boutique. Vor allem aber schien mit der »MS Chopin« der alte Traum derer wahr geworden, denen die Oder mehr war als bloße Wasserstraße. Der Tiefgang des 83 Meter langen und 9,5 Meter breiten Luxusschiffes betrug lediglich 105 Zentimeter. Endlich hatte man begonnen, die Schiffe dem Fluß und nicht mehr den Fluß den Schiffen anzupassen.

Allein das Unternehmen ist gescheitert. Der Zuwachs der Fahrgastschiffahrt findet sich andernorts, auf der Oder ist er bislang noch nicht angekommen. Im Sommer 2005 fährt die »Frédéric Chopin« nicht mehr zwischen Berlin und Breslau, sondern die Route Potsdam–Stralsund und auf der Ostsee.

Wortes kam es nach der Gründung des Kaiserreichs. Seitdem heißt der Swinekanal auch »Kaiserfahrt«.

Viel Preußen, viel Polen, Vineta – Fehlanzeige. Ich war erstaunt. Sollten sich die Polen überhaupt nicht um die Vinetasage kümmern? Kein Interesse daran haben, daß Vineta nicht bei Koserow liegt, sondern auf der polnischen Seite?

Ist Vineta Wollin?

Am dritten Mündungsarm der Oder weiß ich: Die Vermutung war falsch. Nicht nur der Berliner Arzt und Forscher Rudolf Virchow hatte bereits 1871 festgestellt: »Vineta ist Wollin.« Auch als Wolin schon polnisch war, wurde Virchows These weiterverfolgt. Nach jahrelangen Grabungen hatte der Stettiner Archäologe Władysław Filipowiak nach dem Krieg mehrere Stadtviertel und vier Häfen freigelegt. Für ihn stand ohne Zweifel fest: Vor ihm lag Vineta, die sagenhaft reiche Stadt. Die Odermündung, von der Adam von Bremen gesprochen hatte, war also die Dievenow, die nun Dziwna heißt.

Für Filipowiaks These sprach einiges, nicht zuletzt die Geschichte Wollins selbst. Ihre Anfänge nahm die Stadt am linken Ufer der Dziwna bereits im 7. und 8. Jahrhundert. Es waren Fischer und Bauern, die einen regen Handel über die Oder und die Ostsee begründeten und den Grundstein für den späteren Reichtum der Stadt legten. Denn reich war Wollin ohne Zweifel. Zwischen dem 10. und dem 12. Jahrhundert zählte die slawisch-wikingische Stadt 10 000 Einwohner und damit zu den größten Städten Mitteleuropas. Nicht umsonst nannte man Wollin auch das »Byzanz des Nordens«.

Die Ausgrabungen von Filipowiak haben einen Teil dieses Reichtums zutage gefördert. Allein die Hafenanlagen waren größer als gewöhnlich. Ein Kai brachte es auf eine Länge von 300 Metern. Im polnischen Wolin machte man sich seitdem keine Gedanken mehr um den Standort des Vineta der Sage. Die Sache war klar.

Die vergessene Odermündung

Ende 2002 aber war alles wieder offen. Ein Archäologe und ein Hobbyforscher behaupteten allen Ernstes, eine neue, ein vierte, eine vergessene Odermündung entdeckt zu haben, und beriefen sich dabei auf den polnischen Historiker Jan Długosz. Der hatte im Gegensatz zu Adam von Bremen nicht eine, sondern mehrere Odermündungen beschrieben:

»Ihre Quelle«, schrieb Długosz über die Oder, »befindet sich bei einer Stadt namens Odra. Sie mündet über vier Arme aus einem großen Sumpfland; der erste bei dem Dorf Swinia, was in der polnischen Umgangssprache Schwein heißt, der zweite bei

Der Tourismus an der Oder, muß man sich seitdem eingestehen, findet nicht auf dem Fluß statt, sondern an seinen Ufern. So wiederholt sich, was schon im Mittelalter der Grund dafür war, daß der Oderraum kein zusammenhängender Wirtschafts- und Kulturraum geworden ist. Die Oder war und ist ein Strom, den man eher kreuzt als befährt, den man nur abschnittsweise, auf Brücken und Fähren, zu sehen bekommt, ein Fragment also und auch ein Hindernis für den »Geist des Flusses«, den der französische Historiker Lucien Febvre für den Rhein ausgemacht hat. In der künftigen Literatur über die Oder wird man sich weiterhin mit Versen und Tagebuchaufzeichnungen wie denen von Joseph von Eichendorff begnügen müssen, der am 14. November 1809 seine Oderfahrt auf dem Schiff abbrach und die Reise nach Berlin auf dem Lande fortsetzte.

Ganz ohne Tourismus muß die Oder dennoch nicht auskommen und auch nicht ohne ein Bild ihrer selbst. Das zumindest glaubt Elżbieta Marszałek. Ihr ehrgeiziges Ziel ist es, den individuellen Tourismus an der Oder ins kollektive Bewußtsein des Flusses zu bringen. »Die Frage lautet«, sagt die Vizepräsidentin der polnischen Meeres- und Flußliga und Dozentin an der Stettiner Fachhochschule für Ökonomie und Tourismus: »Wie kann man all die Städte, die an der Oder liegen, all die Bürgermeister, Tourismusmanager, Wasserfreunde zusammenbringen? Wie kann man ein Bewußtsein dafür schaffen, daß der Oderraum eine Zukunft im Tourismus hat? Wie kann man etwas für diese Zukunft tun?«

Um diesem Ziel näher zu kommen, hat sich Marszałek 1996 mit »Komodor« Włodzimierz Grycner zusammengetan und den »Flis Odrzański«, das »Oderfloß«, aus der Taufe gehoben. Es ist das ganze Gegenteil vom »Fünf-Sterne-Hotel auf der Oder«, das man seitdem Jahr für Jahr an der Oder erleben kann. Wir sehen: muskulöse Männer in historischen Ulanen-Uniformen, winkende Zaungäste am Ufer, abenteu-

Wassertourismus auf der Oder. Viele Städte setzen auf Paddler und Kanufahrer.

erlich zusammengezimmerte Flöße, auf denen Zelte stehen und Fahrräder, unzählige Boote und Kähne als Entourage eines Oderzugs, der bunter und bizarrer nicht sein könnte.

Auf der einen Seite die professionelle Managerin, auf der andern der weitgereiste Kapitän, der mit seinen Schiffen auf den Weltmeeren fuhr, am Ende seines Berufslebens aber wieder zur Oder zurückkehrt – diese Mischung hatte Erfolg. Mittlerweile ist die Liste derer, die die alljährliche Floßfahrt von Brzeg nach Stettin unterstützen, ein »Who is Who« der Oderregion. Mit dabei sind Abgeordnete des Sejm, die polnischen Minister für Erziehung, Sport, Infrastruktur und Umwelt, die Marschälle der Woiwodschaften Niederschlesien, Lebuser Land und Westpommern, die Präsidenten der

Nostalgietourismus: Das Museumsschiff »Andreas« beim Schifferfest in Oderberg

großen Oderstädte, aber auch Vereine und Verbände wie Marszałeks Hochschule, die Vereinigung »Partner für die Oder« und nicht zuletzt der Bürgermeister der größten deutschen Oderstadt Frankfurt. Mit dem traditionell gebauten Oderfloß, das von Hunderten von Schiffen und Booten begleitet wird, hat es Marszałek geschafft, den Fluß, der sie alle verbindet, 16 Tage im Jahr in den Mittelpunkt zu stellen. Nicht als Hochwasserereignis, sondern als kunterbuntes Touristenspektakel mit zahlreichen Veranstaltungen und Kirmes selbst in den kleinsten Ortschaften.

Während auf dem Rhein Güter und Touristen noch immer in Massen transportiert werden, ist auf der Oder das Zeitalter des individuellen Erlebens angebrochen. Die neuen Bilder, die die Oder hervorbringt, haben die vom »Leben auf den Kähnen« oder die Baustellenbilder von riesigen Stauwerken abgelöst. Sie finden sich auf den Powerpointfolien der Tourismusmanager in Frankfurt, Stettin und Breslau, aber auch auf den Negativen oder Speicherchips der Fotoapparate, auf denen Radfahrer, Wasserwanderer, Ruhesuchende und Träumer »ihre Oder« festhalten. Es ist eine andere, eine persönlichere Oder als die der Visionen, die man sich immer von ihr gemacht hat. Ganz so, wie es Olga Tokarczuk, die Poetin der Grenzlandliteratur an der Oder, formuliert:

»Sollte es sich plötzlich erweisen, daß Staatsgrenzen entgegen allen Erwartungen beweglich und Fremdsprachen mühelos erlernbar sind, daß Hautfarbe und Form der Wangenknochen nur unter ästhetischem Gesichtspunkt eine Rolle spielen und daß wir uns in jeder beliebigen Stadt und in jedem Hotel genauso zurechtfinden können wie in jedem Buch, ganz gleich, wie exotisch der Name des Autors klingt, falls wir also aufgrund irgendeiner Verwirrung völlig unsere Orientierung verlieren sollten, dann rate ich jedem, sich auf den eigenen Fluß zu besinnen.«

In Tokarczuks Annäherung an die Oder als Orientierung in einer zunehmend unübersichtlicheren Welt klingt darüber hinaus die andere, die kollektive Seite dieses europäischen Flusses an – die Oder als Erinnerungsort für Deutsche, Polen und Tschechen. Auch hier haben sich Netzwerke gebildet, arbeiten deutsche und polnische Historiker und Bürgerinitiativen zusammen an einer Odergeschichte, die nicht mehr ideologisch determiniert ist, sondern konkrete Spurensuche, die nicht mehr trennt, sondern die verschiedenen Stimmen zusammenfügt zu einer kollektiven Erzählung des »wachsenden und immer wieder zerstörten Zusammenhangs«, wie es Karl Schlögel nennt. Daß die Oder von ihrer Schönheit allein nicht leben kann, wußte schon Theodor Fontane zu einer Zeit, als der Fluß noch gar keine Grenze war.

dem Dorf Dziwno, was auf polnisch seltsam heißt, der dritte bei dem Dorf Pijana, was auf polnisch Schaum heißt, der vierte bei dem Städtchen Wollgosch.«

Für Klaus Goldmann und Günther Wermusch, den Archäologen und den Hobbyforscher, war deshalb klar: Es gab in der Vergangenheit einen vierten Oderabfluß. Nach monatelangem Quellen- und Kartenstudium meinten sie ihn auch gefunden zu haben. Es handele sich, so ihre These, um einen eiszeitlichen Abfluß, von dem heute noch die Mündung der Recknitz in den Ribnitzer See und damit in die Ostsee übriggeblieben sei. Vineta habe also in der Nähe der heutigen Stadt Barth westlich von Rügen gelegen.

Ist das Rätsel am Ende meiner Oderreise also gelöst? Ich bin etwas erschöpft, der Kopf weigert sich, den 268 Seiten langen Argumenten von Goldmann und Wermusch zu folgen. Warum läßt man die Frage nicht offen, so offen wie die Oder, die sich auf ihrem Weg ins Meer auch nicht entscheiden muß? Woher die Sehnsucht nach dem Ort der Sage? Ist es die Hoffnung, vom Reichtum vergangener Zeiten profitieren zu können?

Ich beschließe, mir die Fahrt nach Barth zu schenken, und beende meine Oderreise in Dziwnów, dort, wo die Dziwna in die Ostsee mündet. Es ist ein typischer polnischer Ostseeort, der mich begrüßt, mit zahllosen Geschäften und Buden, Pensionen und

Restaurants, Fischbratereien und Imbißständen, und überall gibt es Gofry, Waffeln mit Sahne. Ich quartiere mich in einer unscheinbaren Pension ein und mache mich, wie alle hier, auf den Weg zum Strand. Denn das ist, was in Dziwnów zählt: der Strand, ein weißer, feinkörniger, weicher Ostseestrand. Die Dzwina, die dem Ort den Namen gegeben hat, liegt am Ende des Strandes, über eine Klappbrücke geht es nach Wolin. An der Mole setze ich mich mit dem Rücken an eine Kaimauer und öffne eine Büchse Bier. Mein Blick geht nicht auf den Fluß, er geht aufs Meer. Rauh ist sie, die Ostsee, nur selten ohne Schaumkronen. Am Horizont ein paar Tanker, hinter ihnen muß Bornholm liegen und hinter Bornholm Schweden, weiter östlich dann die baltischen Länder, Finnland, Rußland, ein anderes Europa als das an der Quelle. Am Ende der Flüsse, habe ich einmal gelesen, liege immer ein Abschied, der Übergang vom Fluß ins Meer und damit in die Ewigkeit. Ich nehme einen Schluck Bier. Die Oder, deren schneebedeckte Quelle viele hundert Kilometer hinter mir liegt, hat sich um diesen Abschied herumgedrückt. Sie hat sich bereits ins Haff verabschiedet. Und gibt bis heute den Forschern ihre Rätsel auf. Ich habe keine Fragen mehr, ich bin am Meer.

»Dieser ›Eigentliche‹ fehlt noch, aber er wird nicht immer fehlen; denn ohne das unfruchtbare und mißliche Gebiet der Vergleiche betreten zu wollen, so sei doch das eine hier versichert, daß an den Ufern der Oder hin allerlei Städte und reiche Dörfer liegen, die wohl zum Besuche einladen können, und daß, wenn Sage und Legende auch schweigen, die Geschichte um so lauter und vernehmbarer an dieser Stelle spricht.«

Es sind tatsächlich neue Bilder, die sich auf den Fotos der Touristen und Bewohner finden: Städte, Landschaften und Regionen, die ihre Brüche nicht verbergen können und die die Zäsuren, die ihnen die Geschichte auferlegt hat, als Chance zu einem Neubeginn begreifen. Vielleicht müßte man all diese Bilder, die romantischen wie die vernarbten, die traurigen wie die fröhlichen, die von Krieg, Mord und Vertreibung, die von den kleinen Vergnügen und den großen Hoffnungen, von Haß und seiner Überwindung, die vielen schwarzweißen und die neuen bunten, an den Ufern der Oder zeigen, aufgehängt an einer langen Leine. Vielleicht würde ein solcher Bilderreigen mehr über die individuellen und kollektiven Hoffnungen in der Oderregion sagen als der Streit um Schleusen und Naturschutzgebiete. Es wäre nicht mehr und nicht weniger als die Inbesitznahme eines Flusses durch die, denen er erst seit mehr als einem halben Jahrhundert Heimat ist. Eine kurze Zeit im Leben eines Flusses, aber eine genügend lange, um zu sagen: Unser Fluß, hier wie dort.

ANHANG

Zeittafel

9000 bis 8000 v. Chr. Ende der Eiszeit im nördlichen Europa. Beim Rückzug der Eismassen entstehen Moränen und Urstromtäler. Entstehung des Stettiner Haffs.

200–100 v. Chr. Besiedlung Schlesiens durch die germanischen Stämme der Lugier, Wandalen sowie der Oder-Warthe-Gruppe.

2. Jahrhundert Der Geograph Ptolemäus gibt der Oder den lateinischen Namen Viadrus.

500–600 Slawische Maravni besiedeln das Gebiet der oberen Oder. Entstehung von Morava/Mähren. Auch in Schlesien lassen sich slawische Stämme nieder.

um 800 Beginn der Christianisierung in Mähren unter Karl dem Großen.

um 900 Gründung der Grenzburg Vratislavia, des späteren Breslau/Wrocław.

965 Der deutsche Kaiser Otto I. nennt als Grenze des Bistums Meißen den Fluß »Odera«. 966 nimmt der polnische Herzog Mieszko I. den christlichen Glauben an.

972 Schlacht von Zehden. Mieszko wehrt den Versuch ab, die deutschen Grenzen weiter nach Osten zu verschieben.

um 1000 Die Pomoranen siedeln von der Weichselmündung bis zur unteren Oder.

1000 Mieszkos Sohn Bolesław Chrobry vereint die slawischen Völker zwischen Oder und Weichsel. Kaiser Otto III. überreicht das päpstliche Dokument zur Gründung des Erzbistums Gnesen. Weitere Bistümer sind Kolberg und Breslau. Polen ist als selbständige Kirchenprovinz und souveräner Staat anerkannt.

1075 In seiner Hamburger Kirchengeschichte erwähnt Adam von Bremen die Oder und beschreibt sie als slawischen Siedlungsraum.

1137 Nach langwierigen Auseinandersetzungen zwischen Böhmen und Polen wird Schlesien mit dem »Glatzer Pfingstfrieden« polnisch. Die Bindung an die polnische Krone ist locker, mit den schlesischen Piasten bildet sich eine eigene Herrscherlinie heraus.

1163 Gründungsurkunde des Klosters Leubus durch Bolesław Wysoki.

1211 Erste urkundliche Erwähnung der Oderschiffahrt. Mönche aus Leubus dürfen zweimal im Jahr Boisalz aus Guben an der Neiße über die Oder nach Schlesien bringen.

1201–38 Heinrich I. von Schlesien holt deutsche Siedler in sein Herzogtum. Zahlreiche Kirchen und Klöster werden gegründet. Beginn der sogenannten Ostsiedlung.

1241	Zerstörung Breslaus nach einem Einfall der Mongolen. Wiederaufbau des Marktes in seiner heutigen Form. Zahlreiche Städte werden nach deutschem Stadtrecht gegründet.
1311	Frankfurt und Stettin erhalten von den Pommernherzögen über die Oder freien Zugang zur Ostsee. Beginn der Konkurrenz mit den schlesischen Kaufleuten.
1335	Schlesien wird böhmisch.
1354	Frankfurt und Stettin werden Mitglied der Hanse, Breslau folgte 1387.
14. und 15. Jahrhundert	Pestepidemien, Hungersnöte und Hussitenkriege in Schlesien.
15. Jahrhundert	Der polnische Historiker Jan Długosz beschreibt die Oder als räuberischen Fluß.
1506	Einweihung der Viadrina als brandenburgische Landesuniversität in Frankfurt (Oder).
1526	Böhmen und Schlesien werden österreichisch. Die Habsburger Dynastie ergreift dort Maßnahmen gegen die Reformation.
1605–20	Bau des ersten Finowkanals als Verbindung zwischen Havel und Oder.
1618–48	Dreißigjähriger Krieg. Andreas Gryphius verfaßt in Glogau das Sonett »Threnen des Vatterlandes«.
1662–68	Der Große Kurfürst Friedrich Wilhelm läßt den Neuen Graben zwischen Oder und Spree bauen. Beginn der Schiffahrt zwischen Berlin und Breslau.
1702	Gründung der Leopoldina in Breslau als Jesuitenhochschule.
1720	Stettin wird preußisch.
1730	Enthauptung Kattes vor den Augen des Kronprinzen Friedrich in Küstrin.
1736	Nach einer Hochwasserkatastrophe beauftragt Friedrich Wilhelm I. den niederländischen Deichbaumeister Simon Leonhard von Haerlem mit Maßnahmen zum Hochwasserschutz im preußischen Odergebiet.
1740	Friedrich II. wird König. Mit dem ersten Schlesischen Krieg werden große Teile Schlesiens preußisch. Damit ist nahezu der gesamte Oderraum in preußischer Hand.
1743–46	Neubau des im Dreißigjährigen Kriegs zerstörten Finowkanals.
1746–53	Trockenlegung des Oderbruchs durch den Bau eines neuen Kanals zwischen Güstebiese und Hohensaaten.
1756–63	Dritter Schlesischer Krieg.
1772	Erste Teilung Polens zwischen Preußen, Habsburg und Rußland. Preußen wird auf Kosten Polens europäische Großmacht.
1795	Dritte polnische Teilung. Der polnische Staat verschwindet von der europäischen Landkarte.
1806	Besetzung Breslaus durch Napoleon.
1810	Säkularisierung in Preußen. Das Kloster Leubus wird zum Profanbau.
1811	Verlagerung der Viadrina nach Breslau.
1813	Aufruf des preußischen Königs Friedrich Wilhelm III. »An mein Volk« in Breslau.
1819	Ausbau des Oderstroms, vor allem durch den Bau von Buhnen.
1837	Mit der Inbetriebnahme der »Victoria« beginnt auf der Oder die Dampfschiffahrt.
1842	Erste Eisenbahnlinie im Oderraum von Berlin nach Stettin.
1846	Einweihung der Breslauer Bahn. Die ersten Schleppdampfer verkehren auf der Oder.
1848	Märzrevolution. Berliner Aufständische befreien den polnischen Revolutionär Ludwik Mierosławski.
1862	Bismarck wird preußischer Ministerpräsident. Beginn des Kulturkampfes im Posener Land
1874	Gründung der Oderstrombauverwaltung des Deutschen Reiches mit Sitz in Breslau.
1889	Wettbewerb für ein der Oder angemessenes Schiff, der »Oder- oder Breslauer Maßkahn« gewinnt.

1890–1914 Verlängerung des Klodnitzkanals von Cosel bis Gleiwitz. Verbindung der Oder mit dem oberschlesischen Revier.

1890–1933 Regulierung der Oder zwischen Cosel und Dyhernfurth. 24 Staustufen werden gebaut. Zwischen Dyhernfurth und Hohensaaten bleibt die Oder ein frei fließender Fluß.

1905–23 Ausbau des Großschiffahrtswegs Berlin–Stettin. Zu den Baumaßnahmen gehören der Bau des Hohenzollernkanals zwischen Oranienburg und Niederfinow parallel zum alten Finowkanal sowie der Bau der Hohensaaten-Friedrichsthaler-Wasserstraße westlich der Stromoder mit zahlreichen Wehren und Einlaßbauten. Die Oder wird neben dem Rhein zur Hauptwasserstraße des Deutschen Reiches.

1918 Nach dem I. Weltkrieg kehrt der polnische Staat auf die europäische Landkarte zurück. Oderstädte wie Frankfurt oder Breslau werden zu »Bollwerken« gegen das Slawentum erklärt.

1921 Schlesische Aufstände. Oberschlesien wird nach einer Volksabstimmung geteilt: Der Westteil kommt zu Deutschland, der östliche Teil mit Kattowitz gehört fortan zu Polen.

1925 Beginn des Baus der »Oderstellung« am linken Oderufer.

1931 Gründung der »Volksdeutschen Forschungsgemeinschaften«. Ihr Ziel: Nachweis des deutschen Charakters der verlorenen Ostgebiete und Revision des Versailler Vertrags.

1939 Deutscher Überfall auf Polen. Beginn der Vertreibungen polnischer Bürger aus dem »Warthegau« ins »Generalgouvernement«.

1945 Auf der Potsdamer Konferenz wird die Westverschiebung der polnischen Grenzen beschlossen. Oder und Lausitzer Neiße werden zu Grenzflüssen.

1944–47 Vertreibungen von Polen aus den an die Sowjetunion gefallenen Gebiete Ostpolens und der Deutschen aus den an Polen gefallenen Ostgebieten Deutschlands. Neubesiedlung der polnischen Westgebiete als »wiedergewonnener Gebiete«.

1950 Anerkennung der polnischen Westgrenze durch die DDR im Görlitzer Vertrag.

1965 Beginn der Aussöhnung zwischen Deutschen und Polen auf Initiative polnischer Bischöfe. In einem Brief heißt es: Wir vergeben und bitten um Vergebung.

1970 Warschauer Verträge zwischen der Bundesrepublik Deutschland und der Volksrepublik Polen.

1972–80 Öffnung der Grenze zwischen der DDR und der Volksrepublik Polen. Erste Begegnungen zwischen ehemaligen deutschen und polnischen Vertriebenen östlich der Oder.

1990 Endgültige Anerkennung der Oder-Neiße-Grenze. Breslau nimmt das Wappen aus der Habsburger-Zeit wieder an und legt den Grundstein für die heutige »Stadt der Begegnungen«.

1991 Öffnung der deutsch-polnischen Grenze für den visafreien Reiseverkehr.

1994 Wiedergründung der Universität Viadrina in Frankfurt (Oder). Ein Drittel der Studenten kommt aus Polen.

1997 Hochwasserkatastrophe an der Oder. In Tschechien und Polen sterben bis zu 100 Menschen.

2001 Verabschiedung des polnischen Regierungsprogramms Oder 2006 zur Verstärkung des Hochwasserschutzes und Ausbau der Oder. Auf der deutschen Seite soll die Wasserstraße Berlin-Stettin ausgebaut werden.

2004 Beitritt Polens und Tschechiens zur Europäischen Union.

Verwendete Literatur

Adam, Bo: Die verpaßte Chance. Berliner Zeitung, 28. August 2002.

Andruchowytsch, Juri: Mittelöstliches Memento. In: ders./Andrzej Stasiuk: Mein Europa. Frankfurt a. M. 2004.

Ausstellungskatalog Museum Viadrina Frankfurt (Oder): Junkerhaus. Frankfurt (Oder) 2003.

Bereska, Henryk: Fährmann. In: Kleist-Museum Frankfurt (Oder) (Hrsg.): Oder–Rhein 2004. Grenzen im Fluß. Frankfurt (Oder) 2004.

Białecki, Tadeusz/Chmielewski, Zdzisław/Kozłowski, Kazimierz: Szczecin w dokumentach 1945. Szczecin 1980.

Bienek, Horst: Podróż w krainę dzieciństwa. Spotkanie ze Śląskiem. München, Wien, Gliwice 1993.

Bińkowska, Iwona: Breslau. Fotos aus der Wende vom 19. zum 20. Jahrhundert. Wrocław 2000.

Blask, Falk / Kaschuba, Wolfgang (Hrsg.): Europa an der Grenze. Ost Odra West Oder. Münster 2003.

Bullion, Constanze von: Ein Actionfilm am Wall. In: taz, 28. Juli 1997.

BUND (Hrsg.): Nachhaltige Entwicklung in der Oderregion. Projektbeispiele.

Bürgerinitiative Antikomplex (Hrsg.): Zmizelé Sudety/ Das verschwundene Sudetenland. Katalog 2004.

Cepl-Kaufmann, Gertrude / Johanning, Antje: Mythos Rhein. Kulturgeschichte eines Stromes. Darmstadt 2003.

Chutkowski, Janusz: Głogów w XX wieku. Głogów 2004.

Chwin, Stefan: »Grenzlandliteratur« und das mitteleuropäische Dilemma. In: Transodra 17, Oktober 1997.

Codex Diplomaticus Silesiae. In: Breslauer Stadtarchiv, Urkunde Leubus No. 14.

Collegium Polonicum (Hrsg.): Słubice. Geschichte, Topografie, Entwicklung. Słubice 2003.

Conrads, Norbert: Schlesien. Berlin 1994.

Czarnecki, Grzegorz/ Kotla, Ryszard: Szczecin. Podróż nostalgiczna. Szczecin 2000.

Davies, Norman/Moorhouse, Roger: Die Blume Europas. Breslau. Wrocław. Vratislawia. München 2002.

Denk, Ernst Otto: Der Gott der Oder. In: Landkreis Märkisch-Oderland, Jahrbuch 2004.

Die Oder. Hrsg.: Landeszentrale für politische Bildung Baden-Württemberg 1996.

Dörfler, Ernst Paul: Wasserstraßen. In: Kafka. Zeitschrift für Mitteleuropa 9/2003.

Dubilski Petra: Usedom. Köln 2002.

Eichendorff, Joseph von: Poezje. Gedichte. Warszawa 1977.

Ders.: Tagebuchaufzeichnungen 1809. In: Herbert Hupka (Hrsg.): Die Oder – geliebt und unvergessen. Leer 1992.

Emmerling, Ryszard (Hrsg.): Powodzie na Śląsku Opolskim od XII do XX w. Opole 1997.

Engel, Evamaria: Frankfurt (Oder) und die Hanse. In: Verein der Freunde und Förderer des Museums Viadrina Frankfurt (Oder) (Hrsg.): Frankfurter Jahrbuch 2003/2004.

Fahlbusch, Michael: Grundlegung, Kontext und Erfolg der Geopolitik vor 1933. Thesenpapier, vorgelegt zur 39. Jahrestagung der Gesellschaft für Geistesgeschichte 30. 10.–1. 11. 1997 in Potsdam.

Febvre, Lucien: Der Rhein und seine Geschichte. Frankfurt a. M. 1994.

Fontane, Theodor: Wanderungen durch die Mark Brandenburg. Zweiter Teil: Das Oderland. Berlin 1997.

Freytag, Gustav: Soll und Haben. Waltrop, Leipzig 2002.

Gäding, Marcel: Todesurteil für ein Zuhause. In: Berliner Zeitung, 13. September 2004.

Garbacz, Krzysztof: Zielona Góra. Spacer z przeszłością. Zielona Góra 2003.

Garčic, Jindřich: Olomouc. Průvodce mestem a blízkým okolím. Olomouc 1996.

Gawin, Izabella/Schulze, Dieter/Vetter, Reinhold: Schlesien. Deutsche und polnische Kulturtraditionen in einer europäischen Grenzregion. Köln 2002.

Gesellschaft für interregionalen Kulturaustausch und Stowarzyszenie Instytut Śląski (Hrsg.): Wach auf, mein Herz, und denke. Zur Geschichte der Beziehungen zwischen Schlesien und Berlin-Brandenburg von 1740 bis heute. Berlin, Oppeln 1995.

Glogauer Anzeiger 1995, Heft 3.

Głogów – Wiederaufbau der Glogauer Altstadt. Hrsg.: Urząd Miejski w Głogowie, Wydział Public Relations. Głogów 2003.

Goldmann, Klaus/Wermusch, Günter: Vineta. Die Wiederentdeckung einer versunkenen Stadt. Bergisch Gladbach 1999.

Gryphius, Andreas: Gedichte. Eine Auswahl. Text nach der Ausgabe letzter Hand von 1663. Hrsg. von Adalbert Elschenbroich, Stuttgart 1996.

Ders.: Gesamtausgabe der deutschsprachigen Werke. Hrsg. von Marian Szyrocki/Hugh Powell. Bd. 1 u. 2. Tübingen 1964.

Habersetzer, Karl-Heinz: Andreas Gryphius 1616 bis 1664. Ein kleines Lebensbild. Hrsg. vom Museum Glogau und der Stiftung Kulturwerk Schlesien in Würzburg 1994.

Haffner, Peter: Grenzfälle. Zwischen Deutschen und Polen. Frankfurt a. M. 2002.

Hähle, Günter: Swinemünde. Świnoujście. Stadt zwischen den Machtblöcken 1945–2000. Solingen 2001.

Herder-Institut Marburg (Hrsg.): Annäherungen. Ansichten von Glogau. Marburg 2003.

Herrmann, Kurt: Die Entwicklung der Oder vom Natur- zum Kulturstrom. Berlin 1930.

Hessheimer, Stefan: Das Oderbruch. Architektur einer Landschaft. Groß Neuendorf 1998.

Hochwasserberichte 1947 und 1997. Hrsg. vom Wasser- und Schiffahrtsamt Eberswalde. Veröffentlicht unter www.wsa-eberswalde.de.

Horoszko, S./Müller, B./Schmook, R.: Die Oder als Kulturlandschaft. Über Geschichte und Alltag in der deutsch-polnischen Grenzregion. Stettin o. J.

Ilkosz, Jerzy/Störtkuhl, Beate: Hans Poelzig in Breslau. Architektur und Kunst 1900 bis 1916. Delmenhorst 2000.

Internationale Kommission zum Schutz der Oder vor Verunreinigung (Hrsg.): Aktionsprogramm Hochwasserschutz im Einzugsgebiet der Oder. Wrocław 2004.

Dies.: Odereinzugsgebiet. Das Hochwasser 1997. Wrocław 1999.

Internationales Aktionsbündnis Zeit für die Oder: Oderrundbriefe.

Ioannis Dlugossi Historiae Polonicae Liber Primus. Francofurti 1711.

Irgang, Winfried: Die Besiedlung Schlesiens im 13. Jahrhundert unter besonderer Berücksichtigung der Stadtgründungen zu deutschem Recht. In: Glogau - Verleihung des Stadtrechts vor 750 Jahren. Hrsg.: Towarzystwo Ziemi Głogowskiej. Głogów 2003.

Iwasiów, Inga: Płynne granice. In: Pogranicza 2/2004.

Jajeśniak-Quast, Dagmara/Stokłosa, Katarzyna: Geteilte Städte an Oder und Neiße. Berlin 2000.

Jakubczakowa, Zofia: Erinnerungen. Aufgez. von Henryka Wolna. In: I wrócę do swego domu. Wydawnictwo Ministerstwa Obrony Narodowej. Warszawa 1981.

Kalicki, Włodzimierz: Breslau, das Zuhause von Paweł und Małgorzata. In: Transodra 17, Oktober 1997.

Kaminski, Nikola: Andreas Gryphius. Stuttgart 1998.

Keller, Paul: Mutter Oder. In: Ein Buch vom Kriege. Erzählungen und Dichtungen von Paul Keller und anderen. Schweidnitz 1916.

Kerski, Basil (Hrsg.): Preußen. Erbe und Erinnerung. Essays aus Polen und Deutschland. Potsdam 2004.

Kleist, Heinrich von: Briefe 1793–1804. dtv-Gesamtausgabe, Band 6, München 1964.

Klepper, Jochen: Der Kahn der fröhlichen Leute. Leipzig 2003. Erstausgabe: Stuttgart 1933.

Klöppel, Klaus: Breslau entdecken. Berlin 2004.

Knefelkamp, Ulrich/Griesa, Siegfried (Hrsg.): Frankfurt an der Oder 1253–2003. Berlin 2003.

Kopacki, Andrzej: Preußen in Polen. Eine Frage der Rezeption. In: Dialog 55–56, 2001.

Korbelářová, Irena/Wawrecka, Henryk u. a.: Ostrava 1880–1939. Ostrava 2000.

Kostryńskie Pompeje. Album fotograficzny. Bydgoszcz 2000.

Krajewski, Marek. Tod in Breslau. München 2002.

Kraśnicki, Andrzej jr.: Moje miasto. Szczecin 2002.

Kuckart, Judith: Lenas Liebe. Köln 2002.

Kunisch, Johannes: Friedrich der Große. München 2004.

Kupsch, Kurt: Historisches vom Strom. Beiträge zur Geschichte der Oderschiffahrt. Jahrbuch 1997. Duisburg 1997.

Lawaty, Andreas/Orłowski, Hubert: Deutsche und Polen. Geschichte. Kultur. Politik. München 2003.

Lesser, Gabriele: Ränke um Jackson Park. In: taz, 24. März 2000.

Libert, Lutz: An der unteren Oder. Horb/N. 2002.

Lüderitz, Jörg: Neumärkisches Lesebuch. Berlin 2004.

Łukaszewicz, Dariusz: Preußische Exorzismen. In: Dialog 55–56, 2001.

Magris, Claudio: Donau. Biographie eines Flusses. München, Wien 1988.

Marszałek, Elżbieta: Odrzański szlak wody. Informator turystyczny. Szczecin 2003.

Mateiciuc, Zdeněk: Altvaterland. Odry 2002.

Matuszak, Joanna: Odermotive in der deutschen und polnischen Literatur. Vortrag auf der Tagung »Die Oder zwischen deutsch-polnischen Realitäten und Imaginationen. Interdisziplinäre Betrachtungen einer mitteleuropäischen Landschaft« im Collegium Polonicum in Słubice 10.–12. Oktober 2001 (unveröffentlichtes Ms.).

Mönninghoff, Wolfgang: Nationalpark Unteres Odertal. Berlin 1997.

Niekrawietz, Hans: Oderlieder. Würzburg 1984.

Oderregio (Hrsg.): Transnationale Konzeption zur raumordnerischen Hochwasservorsorge im Einzugsgebiet der Oder. 2001.

Ovid, Metamorphosen. In deutsche Hexameter übertragen v. Erich Rösch. Zürich, Düsseldorf 1996.

Penck, Albrecht: Deutscher Volks- und Kulturboden. In: Volk unter Völkern. Bücher des Deutschtums, Band 1. Breslau 1925.

Peschken, Anne/Pisarsky, Marek: Dialog Loci. Kunst an einem verlorenen Ort. Hilden 2004.

Peszko, Andrzej: Brzeg. Warszawa 2002.

Piskorski, Jan (Hrsg.): Pommern im Wandel der Zeiten. Szczecin 1999.

Piskorski, Jan/Hackmann, Jörg/Jaworski, Rudolf (Hrsg.): Deutsche Ostforschung und polnische Westforschung im Spannungsfeld von Wissenschaft und Politik. Osnabrück, Poznań 2002.

Popłoński, Jan/Rutkiewicz, Ignacy: Die Oder. Warszawa 1977.

Rada, Uwe: Berliner Barbaren. Wie der Osten in den Westen kommt. Berlin 2001.

Ders: Zwischenland. Europäische Geschichten aus dem deutsch-polnischen Grenzgebiet. Berlin 2004.

Rehberg, Max: Zur Geschichte der Dampfschiffahrt auf den märkischen und angrenzenden Wasserstraßen. Zitiert nach Uhlemann, Joachim: Die Oder. Gelsenkirchen 1999.

Reschke, Karin: Über den Liebeskummer rettet die Musik hinweg. In: FAZ, 3. Februar 2005.

Rothmeyer, Christa: Europa erlesen. Mähren. Klagenfurt 1997.

Sandrart, Joachim von: Academia nobilssima Artis pictoriae. Nürnberg, Frankfurt a. M. 1683. Übersetzt von Hans Sallaberger für den Ausstellungskatalog: Michael Willmann (1630–1706). Salzburg 1994.

Schirmer-Mertke, Erika: ... und die Oder fließt noch immer. Lieder und Gedichte in niederschlesischer Mundart. Hrsg. vom Bund der Vertriebenen, Landesverband Thüringen o. J.

Schlögel, Karl: Im Raume lesen wir die Zeit. München, Wien 2003.

Ders.: Die Oder. Vorüberlegungen zur Kulturgeschichte eines europäischen Stromes. In: Krystyna Gabryjelska/Ulrich Knefelkamp (Hrsg): Brückenschläge. Kulturwissenschaften in Frankfurt (Oder) und Breslau. Berlin 2000.

Ders.: Oder. Strom zwischen den Zeiten. In: ders.: Promenade in Jalta und andere Städtebilder. München 2001.

Ders.: Von der nationalen Ostforschung zur integrierenden Ostmitteleuropa-Forschung. Vortrag anläßlich des Symposiums »Gemeinsames Kulturerbe als Chance« am 20. September 2004 Berlin.

Schmidt-Häuer, Christian: Die Weisen von Glogau. In: Die Zeit 45/2003.

Schneider, Rolf: Die Reise nach Jarosław. Rostock 1974.

Schuhmann, Steffen/Veihelmann, Tina: Aurith-Urad, Manuskript, April 2004. www.anschlaege.de.

Schultheis, Silja/Schuster, Robert: Ohne Fleiß kein Preis. Das Hultschiner Ländchen im Wandel der Zeit. In: Landeszeitung 16/2002.

Seibt, Ferdinand/Borsdorf, Ulrich u. a. (Hrsg.): Transit Brügge – Novgorod. Eine Straße durch die Europäische Geschichte. Katalog des Ruhrlandmuseums Essen 1997.

Seiderer, Ute (Hrsg.): Panta rhei. Der Fluß und seine Bilder. Leipzig 1977.

Siemion, Piotr: Picknick am Ende der Nacht. Berlin 2000.

Sikula, Petr: Moravskoslezský kraj. Ostrava.

Skrzypczak, Witold: Opactwo cyterskie w Lubiążu. In: Przegląd Polski, 19. Mai 2000.

Smolak, Marzenna: Zerstörung einer Stadt. Breslau 1945. Wrocław 2000.

Šonka, Jaroslav: Erinnerungen einer Sudetotschechin. In: Sudetenland 1/2003.

Spiegelberg, Karl: Das Oderstromsystem. Frankfurt (Oder) 2001.

Stein, Volkmar: Joseph von Eichendorff: Ein Lebensbild. Obraz życia. Würzburg 2001.

Stiftungsurkunde des Klosters Leubus von 1175. Aus dem Schlesischen Urkundenbuch. Hrsg. von H. Appelt (1963), Nr. 45.

Stroheker, Tina: Polnisches Journal. Aufzeichnungen von unterwegs. Tübingen 1998.

Dies.: Pommes Frites in Gleiwitz. Eine poetische Topographie Polens. Tübingen 2003.

Strzyżewski, Wojciech (Hrsg.): Bytom Odrzański. Zarys dziejów. Bytom Odrzański/Zielona Góra 2000.

Świerkosz, Krzysztof/Obrdlik, Petr: Natura 2000 w Dolinie Odry. Wrocław 2002.

Szczecinianie Stulecia. Piątek Trzynastego Wydawnictwo. Łódź 2000.

Sznajder, Marek: Nadbór jako źródło. In: Dolnośląska. Panorama samorządowa. Wrocław 2000.

Thum, Gregor: Die fremde Stadt. Breslau 1945. Berlin 2003.

Tietze, W.: Die Oderschiffahrt. Leipzig 1906.

Tokarczuk, Olga: Die Macht der Oder. In: Kafka. Zeitschrift für Mitteleuropa 9/2003.

Traba, Robert: Wo liegt Preußen? In: Dialog 55–56/2001.

Uhlemann, Hans-Joachim: Die Oder. Ihre Entwicklung vom Natur- zum schiffbaren Strom. Gelsenkirchen 1999.

Urban, Thomas: Deutsche in Polen. Geschichte und Gegenwart einer Minderheit. München 2000.

Ders.: Von Krakau bis Danzig. Eine Reise durch die deutsch-polnische Geschichte. München 2000.

Vereinigung für Stadt-, Regional- und Landesplanung (Hrsg.): Grenzerfahrungen. Gemeinsame Stadtentwicklung im deutsch-polnischen Grenzraum. Berlin 2003.

Wawoczny, Grzegorz: Racibórz nieznany. Racibórz 2003.
Wilke, Karl: Oderberg. In: Angermünder Kreiskalender 1912.
Wolff, Kathrin/Heerwagen, Dierk/Kröner, Ray: Entdeckungen links und rechts der Oder. Berlin 2003.
Worch, Thomas: Das Oderbruch entdecken. Berlin 2003.
WWF Deutschland/WWF-Auen-Institut: Oderauenatlas. Ettlingen 2000.
WWF Deutschland/WWF Polska/Dolnośląska Fundacja Ekorozwoju (Hrsg.): Grenzmäander der Oder. 2003.
Zeller, Michael: Die Reise nach Samosch. Cadolzburg 2003.
Żurakowski, Bogusław: Pogranicze. In: Konstanty Damrot: Wierzy wybrane. Wrocław 1965.

Bildnachweis

Blutke, Günter: S. 4, 194
Czernenko, Adam: S. 125
Denk, Ernst-Otto, Bad Freienwalde: S. 12
Dubniański, Zbigniew: S. 82, 83, 199
Fest, Heide/Pressestelle Europa-Universität Viadrina, Frankfurt (Oder): S. 131, 136
Hartung, Bernd: S. 19, 185, 186, 187, 189
Jocher, Roman: S. 35, 150, 151, 152
Klimek, Stanisław: S. 67, 80, 81
Poprawski, Lech: S. 47, 202, 213
Rada, Uwe: S. 11 unten, 13, 22, 23, 25, 32, 33, 41, 50, 51, 57 unten, 58 rechts, 68, 69, 70, 71, 88, 94, 95, 106, 107, 110, 111, 112, 113, 115, 121, 139, 142, 143, 149, 153, 154, 155, 166, 167, 168, 171, 172, 180, 191, 192, 193
Schmidt, Oliver: S. 15, 54, 57 oben, 58 links, 59, 64, 73, 176
Schwand, Inka: S. 8, 42, 61, 74, 85, 140, 145, 165, 206
Wilke, Hansjörg: S. 2
Wraszcz, Mateusz: S. 156, 160, 161, 162
Wróblewski, Mieczysław, aus der Sammlung der Stiftung Offenes Technikmuseum in Breslau unter der Leitung von Stanisław Januszewski: S. 176, 196, 197
Zöllner, Rolf: S. 18, 28, 29, 39, 200, 201

Akg-images: S. 98, 109
Archiv Stiftung Brandenburg, Haus Brandenburg, Fürstenwalde: S. 147 unten
Binnenschiffahrts-Museum Oderberg: S. 181
Herder-Institut Marburg, Bildarchiv: S. 147 oben
multiprint-design, Oderberg: S. 214
Museum Viadrina, Frankfurt (Oder), V/K1-610: S. 30
Reederei Peter Deilmann, Neustadt in Holstein: S. 209
Ullstein-Bilder-Dienst: S. 26, 116
WWF-Deutschland: S. 223

Binkowska, Iwona: Breslau. Fotografien aus der Zeit zwischen den beiden Weltkriegen. Wrocław 2004, S. 130 und 131: S. 78 und 79
Brauburger, Lucia: Abschied von Lübchen. Bilder einer Flucht aus Schlesien. Mit Fotografien von Hanns Tschira. Berlin 2004, S. 14 und 15: S. 93
Dziurla, Henryk: Universität Wrocław. Der Leopoldinische Komplex. Wrocław 1997, S. 2: S. 135

Historische Postkarten: S. 103, 159, 179

Karte des Odereinzugsgebietes (grün) mit den rechten und linken Nebenflüssen

Widmung und Dank

Für Lea und Tim, Ulrike Enders und Inka Schwand

Die Arbeit an diesem Buch wurde gefördert aus dem Grenzgängerprogramm der Robert-Bosch-Stiftung.

Mein Dank gilt all jenen, die an der Entstehung dieses Buches beteiligt waren, vor allem aber Mateusz Hartwich, der das Manuskript durchgesehen und viele wertvolle Hinweise beigesteuert hat. Zahlreiche Anregungen verdanke ich ebenfalls Karl Schlögel, der die Oder als einer der ersten auf die europäische Agenda gesetzt hat, sowie Ruth Henning und Andrzej Kotula, den unermüdlichen Netzwerkern auf beiden Seiten der deutsch-polnischen Grenze. Weiterhin zu danken habe ich für Rat und Tat Felix Ackermann, Joanna Matuszak, Jan Piskorski, Olga Tokarczuk, Jaroslav Šonka, Günter Blutke, Oliver Schmidt, Michael Kurzwelly, Uta Blechschmidt, Mariusz Urbanek, Maciej Łagiewski, Jerzy Ilkosz, Izabela Jopkiewicz, Steffen Schuhmann, Tina Veihelmann, Ute Badura, Jens Adam, Krzysztof Smolnicki, Manfred Krauß, Beata Halicka, dem Binnenschiffahrtsmuseum Oderberg und – einmal mehr – meinen Kolleginnen und Kollegen in der taz.

Mit 138 Abbildungen

ISBN 3-378-01079-7

1. Auflage 2005
© Gustav Kiepenheuer Verlag GmbH, Berlin 2005
Einbandgestaltung gold, Anke Fesel/Kai Dieterich
Druck und Binden Offizin Andersen Nexö, Leipzig
Printed in Germany

www.gustav-kiepenheuer-verlag.de